国家自主性理论及其中国适用性

State Autonomy Theory and Its Applicability in China

刘召 著

中国社会科学出版社

图书在版编目(CIP)数据

国家自主性理论及其中国适用性/刘召著.—北京：中国社会科学出版社，2016.1

ISBN 978-7-5161-7735-8

Ⅰ.①国… Ⅱ.①刘… Ⅲ.①国家理论—应用—国家—行政管理—研究—中国 Ⅳ.①D63

中国版本图书馆CIP数据核字(2016)第045795号

出 版 人 赵剑英
责任编辑 喻 苗
责任校对 董晓月
责任印制 李寡寡

出 版 中国社会科学出版社
社 址 北京鼓楼西大街甲158号
邮 编 100720
网 址 http://www.csspw.cn
发 行 部 010-84083685
门 市 部 010-84029450
经 销 新华书店及其他书店

印 刷 北京君升印刷有限公司
装 订 廊坊市广阳区广增装订厂
版 次 2016年1月第1版
印 次 2016年1月第1次印刷

开 本 710×1000 1/16
印 张 14
字 数 251千字
定 价 49.00元

国家社科基金后期资助项目

出 版 说 明

后期资助项目是国家社科基金设立的一类重要项目，旨在鼓励广大社科研究者潜心治学，支持基础研究多出优秀成果。它是经过严格评审，从接近完成的科研成果中遴选立项的。为扩大后期资助项目的影响，更好地推动学术发展，促进成果转化，全国哲学社会科学规划办公室按照“统一设计、统一标识、统一版式、形成系列”的总体要求，组织出版国家社科基金后期资助项目成果。

全国哲学社会科学规划办公室

摘　　要

国家自主性是马克思主义国家理论的重要组成部分，除了经典的工具主义国家观，国家的相对自主性也是马克思和恩格斯予以重要关注和广泛探讨的话题。此后，以密利本德和波朗查斯为代表的西方马克思主义对国家相对自主性的理论观点作了进一步阐释，在一定程度上丰富和发展了马克思主义的国家理论。20 世纪 80 年代兴起的“回归国家学派”，以国家自主性为核心概念与分析框架，来解释当代各种经济社会问题，把国家自主性理论研究推向了一个新阶段。本书把研究视角集聚于回归国家学派及其国家自主性理论，以此评价其理论得失并探讨该理论的中国适用性问题，同时对中国现代国家构建与国家治理的理论与实践作出相关性思考。

20 世纪 70 年代中后期，西方比较社会科学研究领域突然兴起了一股新的思潮，那就是众多领域的学者前所未有且不约而同地把目光投向国家，重新认识国家在经济发展与社会变革中的重要作用。此后，各种思想不断交织、碰撞，最终导致在 20 世纪 80 年代形成一个新的学术流派——“回归国家学派”。回归国家学派的主要代表人物有西达·斯考切波、斯蒂芬·克拉斯纳、彼得·埃文斯等，尽管这些学者在一些具体问题上并未达成一致，但他们的观点却有一个共同之处，那就是坚持把国家视为独立行动主体，强调国家自主性与国家能力。国家自主性理论的兴起背景是社会中心理论的因应困境。20 世纪五六十年代，西方学术界的主流理论学派是多元主义和结构功能主义。前者把国家视为各种利益集团争夺自身利益的“角斗场”，后者则把国家视为一个系统转换的“黑箱”。尽管两者观点存在分歧，但在把社会而不是国家视为研究中心这一点上却是殊途同归。第二次世界大战以后，“看得见的手”在西方发达国家被频繁运用。伴随新兴民族国家建立，人们也逐渐意识到西方的自由民主体制并不是可以简单复制的模板。由此，社会中心论在解释各种政治社会现象时显得捉襟见肘。在此过程中，以密利本德、波朗查斯等为代表的西方马克思主义学者引入“国家相对自主性”这一概念，试图对社会中心论的观点加以纠正。

国家相对自主性理论为深入认识西方资本主义的新发展提供了一定帮助，但从本质上并未脱离社会中心论的研究范式。正是在对社会中心论理论批判和国家相对自主性理论继承的基础上，回归国家学派重新解释并发展了国家自主性理论。根据回归国家学派的观点，国家自主性意指作为一种对特定领土与人口实施控制的强制性组织，国家可能会确立并追求一些并非仅仅反映社会利益集团尤其是强势利益集团利益的目标。

回归国家学派国家自主性理论的提出，引起了人们对“国家”问题的再度关注，而创造经济发展奇迹的“东亚模式”更是为这一理论提供了佐证。20 世纪 80 年代的西方正是新自由主义盛行之时，回归国家学派强调国家自主性，一定意义上也是对新自由主义理论在实践中的某种纠正。回归国家学派重新把国家拉回学术研究中心，一定程度上弥补了社会中心论的理论不足，为当代众多经济社会问题提供了一个新的分析视角。国家自主性理论在国家自主性的概念，国家自主性的生成及其影响因素，以及国家自主性与国家能力关系等方面确实给出了自己的观点。另外，这一理论也存在较为明显的理论不足。尽管回归国家学派一再强调他们无意于根本否定社会中心论，也不是要回归到彻底的国家中心主义，但从其理论推演来看，这样的嫌疑并未消除。在回归国家学派那里，国家更多被描述为一个“独立的行动者”，国家自主性则更多以专断性国家权力的形式表现出来。由于国家自主性理论在“精英主义”和“制度国家主义”之间摇摆不决（在更多时候偏向前者），致使其在概念界定与理论推演上均显得含混不清，再加之研究方法过于单一和受到西方中心主义的影响，导致其理论解释受限。

20 世纪 90 年代初，中国学者开始跟进国家自主性的理论研究，这种积极学习的态度无疑值得赞赏。另外，国内研究也存在浅尝辄止和自说自话的问题，更有甚者不顾国情生搬硬套，给理论和实践均带来了一定程度的误导。应当看到，国家自主性理论在中国既有其适用性语境，例如，市场运行的失灵纠偏，社会转型的权威凝聚，公共决策的正义维护以及全球化进程中的压力应对需要自主性国家提供制度基础与能力依托。同时与英美等西方发达国家相比也存在适用性限度，主要表现为：国家构建的历史与现实背景存在差异，国家与社会关系格局具有自身独特性，国家权力与国家能力未能实现有效均衡，以及国家行政管理体制有待进一步完善等。来自当前中国公共政策领域的案例表明：公共利益与个人利益的冲突对国家自主性形成了一定的挑战，公共治理多元主体的复杂交互，以及国家权力与国家能力的错综融合对国家自主性的生成产生了重要影响，国家自主性在一些政策领域甚至出现了某种程度的“弱化”。但需要指出的是，中国当前存在的所谓“国家自主性弱化”，实际上是政府权力过度膨胀且缺乏制约而政府能力结构性弱化的一种表现，这与西方发达国家因国家权力分散而导致的国家自主性弱化并非同一概念。中国实践同时表明，片面强调国家中心与国家权力自主性，很有可能会导致“孤立式国家自主性”和绝对化的国家理性。本研究认为，主体间性的分析路径可以摆脱国家中心与社会中心这种非此即彼的思维模式，有利于准确理解国家自主性的应有内涵。国家自主性并不意味着国家行动对社会支持的拒斥，更不代表国家权力的无限扩张。由“孤立式国家自主性”向“互动式国家自主性”转向，更有利于实现国家自主与社会自主的和解。

国家权力的制度化是现代国家的本质特征，对国家自主性现象作出制度性反思是现代国家构建和国家治理现代化的基本要求。国家自主性的制度安排从实质上就是国家权力的制度安排，具体到中国实际就是：其一，规约专断性国家权力，构建有限政府；其二，完善基础性国家权力，构建有效政府。为此，需要从国家与社会互动的视角完善相关制度机制。一是合理界定国家治理的边界，使国家在其擅长的领域行事。二是在宪法法律、公共财政、责任伦理以及社会权力等层面编织“制度的笼子”，规范和约束国家权力。三是构建公共服务型政府，推动政府制度创新，提升国家治理能力尤其是政府的公共物品供给能力，不断满足人民日益增长的公共服务需求。四是拓展民主参与的渠道，强化并落实人民监督，创新人民民主的实现形式，不断扩大人民民主。五是培养积极公民，培育公共精神，完善和发展第三部门组织，持续增强社会发展活力，不断提升社会治理水平。

目　　录

导　言

一　选题背景与研究主题

20世纪70年代中后期，西方比较社会科学领域突然兴起了一股对国家的兴趣，“无论是作为研究对象还是被用作解释研究者感兴趣的现象的原因，作为一个行为主体或一种制度组织的国家都受到了高度重视，来自所有主要学科不同理论倾向的学者对此进行的研究为数已十分可观，所探讨的领域也非常宽广”①。然而在此之前，“国家”的概念却很少有人提及。20世纪五六十年代，西方政治科学的主流研究视角仍是多元主义和结构功能主义，社会中心论是其主要的解释方法，因此即便是在政治领域，国家都要沦落为“过时”的概念。“‘政府’主要被视为一个平台，经济性的利益集团或规范化的社会运动在其中或者相互斗争或者彼此结盟，从而塑造公共政策决策。”② 然而，第二次世界大战以后，国际形势发生了一系列新的重大变化。首先，凯恩斯主义在西方国家备受推崇，国家宏观调控成为一种通用做法，公共支出在许多西方国家蓬勃发展。其次，伴随殖民主义帝国体系的解体与新兴民族国家的建立，人们也认识到西方的自由民主体制并不是可以随意复制的“万能模式”。最后，20世纪70年代中叶，以英美为代表的西方发达国家在激烈的国际竞争中面临的风险与压力越来越大，国家与政府再次被寄予厚望。所有这一切，使得社会中心论在解释各种社会变革与政治现象时显得捉襟见肘。在此背景下，以西达·斯考切波（Theda Skocpol）、彼得·埃文斯（Peter Evans）等人为代表

① 〔美〕彼得·埃文斯等:《找回国家》，方力维等译，生活·读书·新知三联书店2009年版，第2页。

② 同上书，第3页。

的“回归国家学派”①，在对社会中心论（多元主义与结构功能主义）进行理论批判，以及“国家相对自主性”（西方马克思主义）理论继承的基础上，提出“找回国家”（Bringing the state back in），重新强调国家的行为主体地位及其对经济社会发展的重要作用，从而掀起了国家自主性与国家能力的研究热潮。

西方学术界对于国家自主性议题的讨论是一个不断深化的过程。有学者认为，马克思是国家自主性理论的先驱。② 尽管无论是马克思还是恩格斯都没有直接明确地提出“国家自主性”的概念，但毫无疑问，国家自主性的观念是马克思主义国家理论的一个不可分割的组成部分，同时也是马克思和恩格斯给予特别关注并广泛探讨的议题。西方马克思主义者沿着马克思和恩格斯的思路对国家自主性理论进行了拓展，同时明确地提出了“国家相对自主性”的概念。波朗查斯（Nicos Poulantzas）认为，国家相对自主性意指“国家对阶级斗争领域的关系，特别是其针对权力集团的阶级和派别的相对自主性，并扩大到针对权力集团的同盟和支持力量的相对自主性”③。密利本德（Ralph Miliband）也认为，作为一个阶级行动时，国家在事实上拥有高度的自主权和独立性，而非统治阶级可以任意操纵的简单的工具，作为国家自身，具有一种相对的自由。④ 结构功能主义学派的亨廷顿则把自主性视为政治制度化水平高低的一个重要标准，他认为自主性就是政治组织和政治程序独立于其他社会团体和行为方式而生存的程度，衡量政治机构的自主性要看其是否具有有别于其他机构和社会势力的自身利益和价值。⑤ 20 世纪七八十年代，随着国家中心主义的复兴，国家自主性问题的讨论日益深化。斯考切波在对法、俄、中三个国家的社会革命进行比较研究时指出了国家的潜在自主性问题，即国家不应当仅仅被理解为社会力量展开争斗的场所，它更是一套以执行权威为主，并对此加以

① 回归国家学派的主要代表人物斯考切波在其成名作《国家和社会革命》一书中建议，研究国家的方法可以合适地标以“组织的”和“现实主义的”，因此有学者也称这一学派为“组织现实主义”。参阅杨雪冬《国家的自主性与国家能力——组织现实主义国家理论述评》，载《马克思主义与现实》1996 年第 1 期。

② 张勇、杨光斌：《国家自主性理论的发展脉络》，载《教学与研究》2010 年第 5 期。

③ 〔希腊〕尼科斯·波朗查斯：《政治权力与社会阶级》，叶林等译，中国社会科学出版社 1982 年版，第 285 页。

④ 〔英〕拉尔夫·密利本德：《英国资本主义民主制》，博铨译，商务印书馆 1988 年版，第 114—117 页。

⑤ 〔美〕塞缪尔·P. 亨廷顿：《变化社会中的政治秩序》，王冠华等译，上海人民出版社 2008 年版，第 16 页。

良性协调的强制性行政、政策与军事组织。[①] 此后，她又进一步指出，国家自主性就是国家相对于各种社会经济力量而自主行动的能力，它意味着"作为一种对特定领土和人民主张其控制权的组织，国家可能会确立并追求一些并非仅仅是反映社会集团、阶级或社团之需求或利益的目标"[②]。

本研究所探讨的国家自主性理论主要是基于回归国家学派的相关论点与论述，当然，这其中也必然会涉及其他学派的观点与主张。另外，一般认为，国家自主性在作用向度上主要包含两个维度：国家的外部自主性与国家的内部自主性。前者主要指向的是国家与国家之间的领土与主权关系（国家与国家）；后者则指向于一国内部国家官僚集团与其他社会利益团体之间的关系（国家与社会、阶级与阶级）。由于国家的外部自主性更多归属于国际政治与国际关系的研究领域，因此，本研究将主要在第二个维度上使用国家自主性的概念。

本研究的主要概念界定：

1. 国家与政府。本研究将在原有意义上使用回归国家学派所界定的"国家"概念。在回归国家学派那里，国家被定义为对固定领土中的人口实施暴力控制和政治统治的强制性组织体系。这一概念既吸收了马克思的国家观点，同时也承继了韦伯的国家理念。尽管两人在国家概念解释方式上存在很大差异，但无论是马克思，还是韦伯实际上都倾向于把国家界定为一整套强制性的组织体系。本研究使用的"政府"概念是广义上的大政府概念，泛指一切国家政权机关，其内涵接近于上述"国家"的概念。因此，除特殊说明外，本研究不对"国家"与"政府"的内涵作进一步区分。在回归国家学派那里，同样也没有对这两个概念加以区分，无论是"国家"还是"政府"均被视为一种强制性政权组织和一个与"社会"相对应的领域。此外，本研究使用的"国家"概念在英文中的表述是"state"而非"nation"或"country"，因为前者更加强调"政权"意义上的国家，而后两者则分别把侧重点放在了"民族"与"领土"的意义层面。

2. 国家自主性。这一定义综合了回归国家学派的相关观点，意指作为一种对特定领土与人口实施控制的强制性组织，国家可能会确立并追求一些并非仅仅反映社会利益集团尤其是强势利益集团利益的目标。本研究对国家自主性概念的界定是双重性的，或者说是中性的，即国家自主性与公

---

① 〔美〕西达·斯考切波：《国家与社会革命》，何俊志、王学东译，上海世纪出版集团2007年版，第30页。

② 〔美〕彼得·埃文斯等：《找回国家》，方力维等译，生活·读书·新知三联书店2009年版，第10页。

共利益没有必然联系，它既可能促进公共利益，同时也可能会危害公共利益。这一界定源于对国家的双重属性以及人的双重属性的认识。

3. 专断性国家权力与基础性国家权力。这两个概念来源于英国学者迈克尔·曼有关社会权力的论述，是本研究讨论国家自主性议题的核心概念。曼认为国家的自主性权力包括两个组成：其一是专断性国家权力（despotic power），即国家精英可以在不必与市民社会团体进行惯例化、制度化商谈而有权采取行动的范围。其二是基础性国家权力（infrastructural power），它指的是国家事实上渗透市民社会，在其领土范围内有效实施政治决策的能力。[①] 专断性国家权力属于个别性权力，强调的是政策制定，支配性色彩较浓；而基础性国家权力则属集体性权力，强调的是政策执行，支配性色彩相对较弱。[②] 回归国家学派主要是从专断性国家权力的视角来解释国家自主性的。

4. 国家权力与国家能力。在本研究中，国家权力有两层含义。其一，中文语境下的“国家权力”基本等同于西方学界的“专断性国家权力”。其二，作为一种统称，是专断性国家权力与基础性国家权力的总和。本研究主要使用的是第一层含义（作统称时除外）。国家能力则是国家通过制度安排来贯彻公共政策和协调社会生活的能力，其本质是一种政策执行力，在本研究中其内涵接近于“基础性国家权力”一词。

二 国内外研究现状

（一）国外相关研究现状

尽管国家自主性的理论观点可以追溯到马克思恩格斯、西方马克思主义甚至是结构功能学派，但毫无疑问，国家自主性理论研究在回归国家学派那里得到了更大程度的推进。作为当代西方社会科学的一个重要流派，回归国家学派提出“把国家带回”，重新认识国家在经济发展与社会变革中的重要作用，在西方学界引起了很大反响。回归国家学派重新把国家拉回学术研究的中心，一定程度上弥补了社会中心论的理论缺陷，同时也为

---

① Michael Mann, *States, War and Capitalism*, New York: Basil Blackwell, 1988, pp. 5 – 8.

② 现实中，两种国家权力之间的界限并非泾渭分明，有时甚至存在相互转化的可能。参阅〔英〕迈克尔·曼《社会权力的来源》（第二卷·上），陈海宏等译，上海世纪出版集团2005年版，第7—8页。

当代许多政治、经济与社会问题提供了一种新的解释框架。20 世纪 70 年代以来，国家自主性理论在解释土耳其、日本、埃及等国家的社会变革，以及东亚和拉美的经济发展方面确实产生了重要影响，不少学者接受了这一理论并加以广泛运用。例如，斯特潘（Alfred Stepan）对拉丁美洲“包容性”或“排斥性”统合主义政体的考察，特里姆伯格（Ellen Kay Trimberger）对日本明治维新、土耳其的凯赛尔革命、埃及的纳赛尔革命以及 1968 年秘鲁政变的比较研究，斯考切波（Theda Skopol）对法国、俄国和中国革命的比较研究，克拉斯纳（Stephen D. Krasner）对 20 世纪美国在国际投资方面外交政策连续性的研究等。这些学者运用国家自主性的理论分析框架，来解释不同国家的经济改革、社会革命以及公共政策的制定与实际执行等重大议题，扩展并丰富了国家自主性的理论内容，同时也在一定程度上推动了政治科学研究方法的某些创新。

作为国家自主性理论的领军学者，斯考切波在《找回国家》一书中曾对国家自主性理论作过一个总结性的概括。她认为，20 世纪 70 年代后期，在社会中心论（多元主义与结构功能主义）的因应困境下，以国家作为行为主体和一种制度结构的观点变得流行起来一点都不奇怪，国家自主性理论为分析经济发展与社会变革提供了一种新的视角。国家中心主义不仅能够解释极权主义国家和发展中国家，也可以应用于英美等西方发达国家。[①] 波齐（Gianfranco Poggi）也充分肯定了国家自主性的理论价值，认为国家中心论（国家自主性理论）将国家视为一整套有着自己的特定利益，专注于积聚和行使政治权力的自主的制度体系，这一表述超越了结构功能主义的观点，同时也不同于马克思主义的观点，这种以国家为中心的立场如果正确地运用，会比社会中心论的观点更具说服力。[②] 曼（Michael Mann）则对国家自主性理论保持谨慎的乐观，他指出，回归国家学派的国家自主性理论内在地包含两种不同的观点。其一是“真正的精英主义”，强调国家精英支配社会的个别权力，及其为实现自身利益而进行各种政治运作。其二是“制度国家主义”，强调的则是国家的集体性权力以及国家制度对一切政治运作者的影响与制约，国家自主性与特定政治制度的自律逻辑之间具有密切相关性。曼肯定了制度国家主义的观点，认为这一观点具有更为广泛的解释力，同时他也对真正的精英主义观点的适用范围作了必要限

---

① 〔美〕彼得·埃文斯等：《找回国家》，方力维等译，生活·读书·新知三联书店 2009 年版，第 7 页。

② 〔美〕贾恩弗朗哥·波齐：《国家：本质、发展与前景》，陈尧译，上海世纪出版集团 2007 年版，第 99 页。

定，认为它可能更适用于解释极权主义国家。①

与此同时，也有不少学者对回归国家学派及其倡导的国家自主性理论提出了批评。结构功能主义的主要创始人阿尔蒙德（Gabriel A. Almond）在《国家的回归》一文中对回归国家学派此前有关结构功能主义的批判作出公开回应，同时也对“新国家中心主义”的相关论点提出了反驳。阿尔蒙德认为，“回归国家运动”并不是一次“范式”的转移，也没有扮演建设性角色，它对多元主义、结构功能主义以及西方马克思主义等政治科学理论的指责（称其为社会中心论），无论是在理论上还是实践上都是站不住脚的。虽然，它把制度的尤其是行政管理的历史拉回到政治科学研究的中心，引起了学界的关注，但仅就这一点算不上理论创新，因为文献检索表明，20 世纪 30 年代以来，类似把“国家”视为一种制度与行政体系的文献已经不在少数。“新国家主义”未能提出任何能弥补当前理论不足或更具有解释力的分析模式，它对传统理论的忽视仅仅是一种“高昂且不必要的浪费”，它抛弃政治学严谨的学术传统，带来的却是一种模棱两可的说辞。② 另外一位美国学者米切尔（Timothy Mitchell）则认为，国家自主性的理论观点充满了理想主义色彩。他指出，国家是一个很难界定的概念，它与社会之间的界限也往往不可捉摸。回归国家学派试图运用一种不同的方式来对国家作出界定——将国家视为区别于社会同时又部分或完全自主的制度实体。另外，回归国家学派却否认在国家与社会之间划定界线的困难性：他们通过将国家简化为一个决策主体和一个狭隘且理想化的概念，在很大程度上回避了对这个问题的讨论。③ 杰索普（Bob Jessop）在梳理国家自主性相关批判论点时也指出，试图在国家领域与社会领域之间划出清晰的界限，进而通过对这些领域进行孤立的研究，并不能提供一种完整的说明。这一做法有把局部的且不断动态发展的区分具体化、绝对化的嫌疑。它既没有考虑诸如法团主义、政治网络以及由于国家机关和其他社会领域之间的纽带而产生出来的国家治理者之间的分工等情况的存在，也排除了国家与社会之间的各种可能的重合形式。④

---

① 〔英〕迈克尔·曼：《社会权力的来源》（第二卷·上），陈海宏等译，上海世纪出版集团 2005 年版，第 55—60 页。

② Gabriel A. Almond, The Return to the State, *The American Political Science Review*, Vol. 82, No. 3, 1988, pp. 853 - 874.

③ Timothy Mitchell, The Limits of the State: Beyond Statist Approaches and Their Critics, *The American Political Science Review*, Vol. 85, No. 1, 1991, pp. 77 - 96.

④ 〔英〕B. 杰索普：《国家理论的新进展——各种探讨、争论点和议程》，艾彦译，载《世界哲学》2002 年第 1 期。

多姆霍夫（G. William Domhoff）对国家自主性理论的适用性问题提出了批评，认为国家自主性理论并非什么理论创新，只是对少数理论家而言的“新鲜玩意”①。此后，他在考察美国的政治现实后进一步认为，美国政府是一个权力分割的政府，且完全向各种社会势力开放，国家很容易受到选举过程中各种宰制关系，以及企业共同体和政策网络的影响，因此，国家自主性理论无法有效解释美国的实际。② 米格代尔（Joe S. Migdal）也对国家自主性理论的适用性提出了质疑，他指出现实国家具有多样性的特征，即“国家的实践”是多样化的，无论是整个国家还是单个的官僚机构，其各个组成部分和不同的国内外的利益集团，往往是分裂的而不是铁板一块。“国家的各个碎片（缺乏整合的部分）和其（在国内外的）盟友们往往同国家的其他部分，乃至整个国家及其盟友之间相互敌对。这些被疯狂地联结起来的联盟和帮派，使得参与其中的国家机构经常违背国家整体逻辑而行事，最终无法履行其职责。”③ 此后，他又进一步指出，虽然国家中心论的分析路径确实对第三世界国家在直觉上具有很大的吸引力，但国家中心论并不必然适用于发展中国家实际，如果照搬欧美经验，可能会犯“只关注捕鼠器的设计而不了解老鼠的实际情况的错误”④。

在上述学术争论中，“国家中心”还是“社会中心”成为最为根本的分歧。回归国家学派的多数学者认为，国家自主性理论强调国家的行动主体地位和制度安排角色，是对社会中心论的超越，它恢复了国家应有的学术中心地位，同时成为解释国家权威性行动的一个有效视角。与此相对，以阿尔蒙德为代表的结构功能主义学派则强调，国家自主性理论并不是一种理论创新，它以过多模棱两可的概念取代政治学原有的严谨的学术传统，会给广大青年学者带来误导。对待同一问题，不同流派的学者基于不同的理论旨趣会给出不同的观点，然而，一旦结合具体的实践，就必须充分考虑相关理论的适用性问题。回顾国家自主性的理论争议，我们认为以下两个问题必须引起特别关注：其一，作为国家与社会关系的两种解释路径，国家中心论与社会中心论都不应走向极致，片面强调国家与社会中的任何一方都不可能正确处理好两者之间的关系。为建构其理论体系，回归

---

① 〔美〕威廉·多姆霍夫：《谁统治美国？——权力、政治和社会变迁》，吕鹏、闻翔译，译林出版社 2009 年版，第 47 页。

② 同上书，第 378—380 页。

③ 〔美〕乔尔·S. 米格代尔：《强社会与弱国家——第三世界的国家社会关系及国家能力》，张长东等译，江苏人民出版社 2009 年版，中文版序言，第 3—4 页。

④ 同上书，前言第 5 页。

国家学派对社会中心论进行了某些批判与矫正，但有时一些理论演绎却因此走向极致，例如在回归国家学派的某些论述中，国家自主性失却其应有的制度性内涵，甚至简化为国家权力精英的自主性，这无疑是剑走偏锋。此外，回归国家学派对国家中心主义和积极国家观的过多偏爱，也导致其在国家自主性概念界定、理论推演以及研究方法等诸多方面都产生了一些问题。其二，国家自主性的理论解释力尚需接受不同国家政治发展与国家治理实践的进一步考量。尽管国家自主性理论提供了一种可供借鉴的分析视角，但对这一理论究竟在何种程度上适用于发展中国家，回归国家学派尚缺乏进一步的思考。多数学者倾向于认为国家自主性理论可以有效解释发展中国家实际，但对这一理论的具体适用性尤其是其适用限度问题并没有深入考察，而有关中国适用性问题的探讨更是少之又少。

（二）国内相关研究现状

20 世纪 90 年代初期，国内学者开始对国家自主性理论进行跟进研究。1993 年，孙立平把美国学者巴基和巴里克合作的一篇文章《国家在非西方社会经济发展中的作用》译成中文发表在《国外社会科学》上，成为最早介绍国家自主性理论的国内学者之一。[①] 此后，孙立平又专门撰文指出，国家自主性与国家的相对强度在很大程度上是一致的，他所说的相对强度就是国家与社会中主要的利益集团相比而言的力量强度，也就是亨廷顿所谓的政治制度相对于社会力量的超越性。此外，孙立平还进一步把国家自主性理论运用于中国问题的解释，认为改革前的中国社会是一个总体性的社会结构，在这种社会结构下出现了一种矛盾现象，即一方面国家处在压倒一切的地位之上，在决策层面享有高度自主性，另一方面由于社会组织层面低度整合，又导致国家在政策执行方面能力虚弱。改革开放后，中国国家与社会的关系发生了一些变化，但并没有按照理论上的国家与社会的分离脉络发展，而是形成了一种法团主义（corporatism）式的社会结构。在这一结构下，国家以各种名义不断干预经济生活，导致政府非但未能超脱于市场之外，反而成为经济活动的活跃行动者和利益主体，最终导致国家自主性削弱。[②]

在理论探索方面，林尚立对马克思主义“国家的相对自主性”理论作

---

① 〔美〕巴基、巴里克：《国家在非西方社会经济发展中的作用》，孙立平译，载《国外社会科学》1993 年第 1 期。

② 孙立平：《向市场经济过渡过程中的国家自主性问题》，载《战略与管理》1996 年第 4 期。

出了阐释，认为独立性（自主性）是国家与生俱来的特性，国家的相对自主性主要通过国家职能的行使加以实现。国家脱离社会所形成的相对自主性包含实质上的相对自主性与形式上的相对自主性。前者是指国家作为统治阶级的统治工具独立于社会大众利益之外，国家服务于统治阶级。后者则是指国家作为社会关系的协调者，独立于社会各阶级之外，国家服务于所有阶级。① 陈炳辉也是较早对西方马克思主义国家的相对自主性问题进行探讨的学者，他在《试析“国家的相对自主性”》一文中对国家相对自主性理论的起源、代表人物、主要观点等问题作了详细的介绍。② 郁建兴对马克思的政治哲学尤其是马克思的国家理论进行了持续、系统的研究，在《马克思国家理论与现时代》一书中，他分别从经济统治的多元决定作用、国家与统治阶级、集团政治与官僚自主性三个层面对马克思主义和西方马克思主义有关国家自主性的理论观点进行了归纳阐释。③

杨雪冬则是国内学术界较早关注回归国家学派国家理论的学者，在对组织现实主义（回归国家学派）国家理论的起源、代表人物、主要观点以及研究方法等问题进行整体回顾之后，他指出，组织现实主义国家理论的核心就是“国家可能具有的自主性”。综合回归国家学派的观点，他从三个方面对国家自主性进行了理论阐释：其一，国家自主性的实现是国家的本质要求。作为一支独立于社会的力量，国家有其自身利益要求，国家在一定程度上可以违背统治阶级的意志，发动各项改革。其二，存在国际环境压力。在国际环境压力下，国家官员往往会被迫追求战略转移，在此过程中，国家有可能会违背社会利益集团的意志行事。其三，要实现国家自主性，必须有一个组织上团结的国家官僚集团，为此就需要建立一支专业化的官僚队伍，同时确保统治阶级在经济上与其他利益集团分离且形成统一的意识形态。④

时和兴较早从国家权力限度的分析视角来探讨国家自主性问题，这从某种意义上还原了国家自主性概念应有的中性色彩。他认为，理解国家自主性问题应当注意以下几个方面：其一，完善的权力结构和统一的国家权力是国家自主性的根本表现形式。其二，国家权力所指向的公共

① 王沪宁：《政治的逻辑：马克思主义政治学原理》，上海人民出版社 1994 年版，第 151—158 页。

② 陈炳辉：《试析“国家的相对自主性”》，载《理论学习月刊》1994 年增第 1 期。

③ 郁建兴：《马克思国家理论与现时代》，东方出版社 2007 年版，第 153—189 页。

④ 杨雪冬：《国家的自主性与国家能力——组织现实主义国家理论述评》，载《马克思主义与现实》1996 年第 1 期。

利益与各种利益集团所追求的特殊利益的分离程度是国家自主性的决定因素。其三，国家自主性是一种公共政策制定的动态过程，在这一过程中，国家自主性的程度通过国家权力独立于社会强势利益集团的程度以及公共政策与公共利益的契合程度体现出来。其四，国家自主性的最终结果表现为公共政策的执行能力。① 他指出，国家发展的过程同时也是国家限度不断暴露的过程，回归国家学派强调国家自主性和国家行动能力增长在政治发展中的意义，却有意无意回避了政治增长带来的负效应甚至是合法性危机。②

还有学者从（政治）现代化的视角来阐述国家自主性的重要意义。陈舟望认为，国家自主性对于一国的政治现代化意义重大，国家自主性程度既是衡量政治现代化水平的重要标准，也是政治现代化顺利推进的重要保证。③ 李景鹏认为，国家与社会关系是我国走向现代化过程中无法回避的重大问题，转型的社会容易产生各种冲突，这些冲突若不能得到有效控制就可能会导致社会崩溃，因此社会需要建立一个独立的权威对此加以调控，这就是国家自主性产生的缘起。此外，他还指出国家自主性既包含积极方面也包含消极方面，积极方面是指国家能够超越社会特殊利益集团，消极方面则是指国家自主性也可能包含国家自身的某些特殊利益。④ 在国家自主性与国家构建的关系方面，徐勇认为，自主性是衡量国家理性化的重要标志之一，构建现代民主国家就必须引入自主性的概念。⑤ 慕良泽与高秉雄认为，现代国家构建要充分结合国际和国内两个层面的条件和要素，增强和完善国家的自主性和合法性。国家自主性包含两个层面：其一是静态方面，国家主权的独立、统一和国家权力组织结构的完善。其二是动态层面，国家从一定的公共利益出发，独立决策并付诸实施。⑥

全球化与国家自主性的关联性也是国内学者较为感兴趣的议题。汪永成认为，在任何一个民族国家中，各种利益集团都会对政府的政策施加压力，这时的政府自主性主要体现为政府承受、化解这些压力的能力。但随

---

① 时和兴：《关系、限度、制度：政治发展过程中的国家与社会》，北京大学出版社 1996 年版，第 121—124 页。

② 同上书，第 241 页。

③ 陈舟望：《政治现代化与国家自主性》，载《理论与现代化》1998 年第 1 期。

④ 李景鹏：《走向现代化中的国家与社会》，载《学习与探索》1999 年第 3 期。

⑤ 徐勇：《现代国家建构中的非平衡性和自主性分析》，载《华中师范大学学报》2003 年第 5 期。

⑥ 慕良泽、高秉雄：《现代国家构建：多维视角的述评》，载《南京社会科学》2007 年第 1 期。

着经济全球化程度的不断深化，政府的这一能力受到严峻挑战。[①] 刘春荣也认为，全球化是一个复杂多变的历史进程，它对民族国家的政治发展形成了重要挑战。具体到国家自主性有双重影响：一是国际层面，表现为主权尤其是经济主权受到削弱，二是国内层面，表现为“非特定利益团体的政治制度与政治秩序”被其他政治体系的代言人、团体和意识形态所渗透。[②]

还有一部分学者把国家自主性理论引入地方政府，以此探讨地方政府的自主性问题。沈德理认为，地方自主性是指“以地方政府为代表的利益主体自主参与市场竞争和资源配置，自我设计、自我管理、自我发展的权利（权力）能力及其活动”。在国家转型中，通过权益博弈、路径选择与制度创新，促进区域经济社会的全面协调发展，是地方自主性的主要意义。[③] 何显明则指出，在市场化的改革进程中，地方政府在中央下放的各种自主权的基础上，利用自身的信息优势和中央政府无法及时有效监督其行为的弱点，获取了一个极大的“自主选择空间”，这一弹性空间的存在使得地方政府有可能对市场改革做出不同的反应，进而导致区域经济发展的差异性。[④]

从上述文献考察来看，国内学者有关国家自主性的理论研究主要集中在以下三个方面：一是国家自主性理论的引介与述评。主要包括对国家自主性理论的起源、流派、主要观点、学术价值等问题进行回溯、分析，如林尚立对马克思主义国家相对自主性理论的探讨，杨雪冬对回归国家学派国家自主性的理论分析等。二是结合其他政治社会科学议题对国家自主性理论进行拓展性研究。例如结合国家与社会关系、政治现代化、现代国家构建以及全球化等问题探讨国家自主性的具体内涵、意义及表现形式等。三是运用国家自主性理论对中国问题进行理论探讨和实证性分析。例如孙立平对改革开放前后中国社会结构的比较研究，时和兴对国家限度问题的探讨等。我们注意到，尽管近年来国内有关国家自主性理论的研究在逐年增多，但现有研究更多还是停留在前两个层次，即以观点介绍、概念辨析以及理论阐释等述评性文章为主，而结合中国实践尤其是具体公共政策实践的实证性研究还相对较少。

---

① 汪永成：《试论经济全球化对民族国家行政管理的影响》，载《中国行政管理》1998 年第 4 期。

② 刘春荣：《全球化与民族国家：建构开放条件下的政治观》，载《复旦学报》（社会科学版）2000 年第 5 期。

③ 沈德理：《简论地方政府自主性》，载《海南师范学院学报》（社会科学版）2003 年第 4 期。

④ 何显明：《市场化进程中的地方政府行为逻辑》，人民出版社 2008 年版，第 51 页。

具体而言，国内相关研究还存在以下几个问题：其一，国家自主性理论的中国适用性问题缺乏深入探讨。总的来看，国内许多学者是把国家自主性作为一个成熟的理论框架加以运用的，并没有对这一理论的中国适用性尤其是适用限度问题做进一步辨析。值得注意的是，中国在诸如现代国家构建的历史承继，国家与社会的强度对比，国家权力自主性的具体表现，以及官僚制的成长现状等许多方面都与西方发达国家存在较大差异。若忽视个性因素而生搬硬套国外理论，可能会给实践带来误致。例如，有学者提出所谓的中国“国家自主性弱化”的问题，其实更多是专断性国家权力过度膨胀的结果，这与西方语境下因国家权力分散而导致的国家自主性弱化并不是同一概念。其二，国家自主性的概念理解存在偏差。国家自主性本身是一个中性的词语，它说明了国家存在自我利益这样一个客观现实。作为国家的一种基本属性，国家自主性行为与其结果之间并没有必然联系。“国家的利益”既有可能是其宣称的公共利益也有可能异化为国家官员的个人利益。我们注意到，除了李景鹏、时和兴等少数学者外，其他不少学者都未能准确理解国家自主性的应有内涵，主要表现是仅仅从正面意义上解释国家自主性。一些学者甚至把国家自主性视同于国家利益的超然性，把国家自主性等同于国家行为的公益性与合理性，例如有学者认为，国家自主性的精神内核在于其公共性，“国家自主性指的是国家作为社会公共利益的代表，超越于社会利益集团，为实现社会公共利益目标而自主行事”①。还有学者认为，“国家自主性核心应该在于对公共利益的追求和维护，具体体现为国家通过自身的能力和行为对不同利益群体的超越，以提供更好和更多的公共产品”②。应当指出，国家自主性意味着国家利益相对于强势利益集团的某种独立性，但并不意味着这一独立性就自然指向公共利益，因为我们无法排除另外一种情况，即“公共利益”可能仅仅只是国家官僚追求个人利益的张目。其三，“地方政府自主性”的表述有待商榷。应当指出，沈德理等人所探讨的“地方自主性”与本研究所探讨的国家自主性在内涵上不尽相同。沈德理认为，地方自主性包含中央和地方关系与国家和社会关系两个层面，但他其实更多是从中央与地方之间的权力博弈、现有权力结构下地方政府的制度创新等层面来论述地方政府自主性的。何显明在分析地方政府自主性时，基本也是按照中央与地方关系的维度来进行的，其目的在于探求现有体制下地方政府自主活动的空间

① 郑庆基：《市民社会视野下国家自主性透析》，载《重庆社会科学》2006 年第 6 期。

② 任勇：《国家自主性：政治发展中的一个变量》，载《重庆社会科学》2003 年第 3—4 期。

及其行为逻辑，进而为地方政府治理创新寻求可能路径。因此我们认为，上述学者所探讨的“地方自主性”更加接近于西方学术界的“地方自治”（local autonomy）一词，不应归属本研究所探讨的国家自主性议题。

三　研究目的与意义

（一）理论层面

在理论层面，本研究的关注点在于以下三个方面：其一，作为一种解释路径，国家自主性理论的学术价值具有重要启示，但其理论缺陷同样不可忽视。其二，中国与西方有着不同的论说语境，若不考虑中国实际就盲目照搬照用，可能会给理论与实践带来双重危害。其三，国内学界在引介西方政治学或行政学理论时，存在某种“拿来主义”倾向，这一倾向不利于中国相关理论学科的健康发展。

回归国家学派对国家自主性消极层面的有意无意忽视，与其拒斥社会中心论的理论旨趣有很大关系。为凸显国家作为行动主体的重要性，回归国家学派对社会中心论展开了激烈的批判，同时也力图在概念界定等方面与后者作出区分。所以，尽管回归国家学派多次声称，强调国家自主性并不意味对社会中心论的根本否定，也不代表要回转到彻底的国家中心主义，但其在概念界定、理论推演乃至研究方法上并未能消除这样的嫌疑。正如有学者所言，回归国家学派“把国家带回”的同时，却“踢走了社会”。在上述理论旨趣导引下，国家自然而然地被想象成“公共利益的代言人”，国家自主性也很容易被披上了“大公无私”的外衣。

西方学者对国家自主性消极层面意义的回避，也与其“西方中心主义”的思维惯性有关。回归国家学派的代表人物诺德林格就认为，他所说的国家自主性主要意指民主国家的自主性，其有关国家自主性与国家能力的言论在任何意义上都不会与选举、言论与结社自由等民主形式相抵触，“虽然国家几近垄断了可威胁和限制其反对者的强制权，但其显著意义不能低估，主张民主国家的自主性，并未暗示强制。同样，关于国家自主性的任何主张都不意指非法活动或那些实质内容被非法隐藏的行动”①。虽然回归国家

① 〔美〕埃里克·A. 诺德林格：《民主国家的自主性》，孙荣飞等译，江苏人民出版社 2010 年版，第 34—35 页。

学派也曾以国家自主性为分析框架对发展中国家进行研究，但其理论推演逻辑并未脱离发达国家的论说语境。由此可见，国家自主性理论的主要分析对象仍然是资本主义国家，尤其是一些实行民主宪政的资本主义国家，如美国、英国等。这些国家具有多元主义传统，同时国家权力又相对分散，因此国家自主性相对较弱，当然这种“弱自主性”主要是专断性权力而非基础性权力的弱化，国家的整体行动能力还是相当有效的。在这种情况下，西方学者更加倾向于强调强化专断性国家权力以提升国家自主性，而有关专断性权力超越限度可能引发的消极作用自然不在重点讨论范围之内。

如果说西方学者对国家自主性消极层面的忽略是一种理论简化的话，那么国内学者避谈国家自主性消极层面的做法就很难理解。因为在当前的中国，所谓的“国家自主性弱化”其实恰恰是专断性国家权力过度膨胀且缺乏必要约束的结构性后果。在这样一种既定现实下，我们需要做的绝不是强化专断性国家权力来提高国家自主性，相反，应制约专断性国家权力以使国家自主性保持在合理的限度之内。积极的国家观与消极的国家观是相辅相成的，对国家权力的扩张保持适度的警觉不仅是应当的而且是必要的。怀揣“幽暗意识”，重视人性恶的一面，恰恰是有效防堵和化弥人之私欲的前提。[①] 尽管从应然上说，我们确实需要对国家履行正义充满信任，但信任却是建立在不信任机制基础上的。正如有学者所言，合理的不信任对于一个民享社会的政治责任来说是必要的，它并不具有破坏性，“民主的成分越多，就意味着对权威的监督越多，信任越少”[②]。任何拥有权力的人至少部分地怀有为自身利益而滥用权力的动机，国家被视为理所当然的“大公无私”忽略了以下可能，即国家官员会利用公共权力谋取私利。因此，我们没有理由忽视国家自主性的消极层面，对于中国这样一个缺乏民主传统的国家而言，尤应如此。

此外还要指出的是，学习西方理论决不能奉行简单的“拿来主义”，“西方的月亮并不必然比中国的圆”。就目前来说，国内学术界对于西方政治学、行政学理论的学习，基本上仍然是一种“拿来主义”，要不就是不加辨别，人云亦云，想当然地认为“别人的就是我们的”，要不就是不顾国情、生搬硬套，“为赋新词强说愁”。这样一种不加鉴别的“拿来主义”，不仅不会有利于中国相关理论学科的发展完善，更为重要的是，它可能会给理论自身及其相关实践带来不可估量的危害。

① 张灏：《幽暗意识与民主传统》，新星出版社 2010 年版，第 23 页。

② 〔美〕马克·E. 沃伦：《民主与信任》，吴辉译，华夏出版社 2004 年版，第 1 页。

（二）实践层面

实践层面，本研究的关注点在于：结合中国国家治理实际，探讨国家自主性理论的解释力及其限度，以国家自主性制度安排为目标导向，明确中国现代国家构建的可能进路。

国家自主性理论在中国有其适用性基础，更有其适用性限度。一方面，经济转轨、社会转型、政治稳定以及全球化带来的压力需要国家权威及其制度安排加以应对。另一方面，国家构建的不同历史与现实背景，“强国家—弱社会”的社会格局，专断性权力过度膨胀而基础性权力相对不足的国家权力现状，以及“官僚有余”而“理性不足”的行政管理体制又决定现实中国无法照搬西方经验。为使国家自主性理论更好地适用中国实际，必须在现代国家构建的背景下对其进行重新解读。

随着我国经济体制改革的不断推进，行政管理体制改革以及更广泛意义上的政治体制改革，国家与社会关系的重构乃至现代国家的构建问题正在引起社会各界关注。尽管新中国成立后尤其是改革开放三十多年来，中国的国家建设取得了很大进步，但我们还是应当清醒地认识到，在中国的政治文明与现代国家建设的过程中仍存在一些不容忽视的问题，例如，国家权力的制度化水平仍然不高，“人治”代替法治的现象时有发生；国家权力缺乏有效的监督制约，公共权力侵害个人权利的现象仍大量存在；宪法对政府权力的规约能力有限，宪法相关的执行制度机制亟待建立健全；政府能力尤其是执法能力与政策执行能力亟待进一步提升；党政不分、以党代政的问题一直未能得到很好解决，党政关系有待进一步理顺；政府诚信缺失现象较为严重，政府信任状况不容乐观；贪污腐败屡禁不止等。总之，中国现代国家建设的征途任重而道远，国家治理体系与治理能力现代化的目标实现仍然需要付出更多努力。

现代国家构建是现代化的一个重要内容，探讨中国的现代国家建设与国家治理问题自然不能无视西方现代国家构建的既有理论与实践。另外，中国的现代国家构建显然也不可能完全照搬西方经验。毫无疑问，现代国家构建的过程与现代性目标实现的过程并无冲突，它不是一个由一极向另一极的瞬间跳跃，而是一个长期而曲折的过程。这一过程必须在后发国家具体国情的基础上展开。否则，任何不切合实际的急功近利，都可能会给后者带来剧烈的甚至是灾难性的不适反应。[①] 西欧现代国家构建的历史表

① 严强等：《宏观政治学》，南京大学出版社1998年版，第338页。

明，在现代国家构建的起步阶段，由于政局不稳加之各种利益冲突加剧，这时一般强调增强国家的集权能力，国家构建的重点是强化专断性国家权力以树立国家权威。但伴随现代国家的不断成长，国家权威的相对稳固，限制专断性国家权力同时完善基础性国家能力成为国家建设的重点。此后，随着现代国家进一步发展，专断性国家权力与基础性国家权力此消彼长，国家权力日趋理性化、民主化。在此过程中，追求国家的有效性同时确保国家的必要限度成为国家构建的一个核心议题。

就当前而言，中国的现代国家构建将是一个“破”与“立”复杂交织的过程。在中国的特定现实下，构建现代国家必将面临双重任务，即在紧缩国家权力范围的同时增强国家的公共物品供给能力，在解构全能主义国家的同时实现现代国家构建，重新构建专门履行国家职能的、以分殊与有限政府为原则的国家机构。① 基于此，我们认为，国家自主性的制度化安排，或曰中国现代国家构建可以沿着以下两条理路同步进行：其一，全面制约专断性国家权力，保持国家的必要限度。其二，不断完善基础性国家权力，提升国家的制度化能力，保持国家治理的有效性。

四 研究思路与研究方法

本研究对国家自主性理论的探讨是批判性的，而这种批判意识则来源于对“自主性”一词的不同理解，或者说来自对人性的不同认识。就个体而言，自主意味着“人在正确认识和意志选择的基础上，自己控制自己的行为，自己掌握自己的命运，处理和支配事物的能力”②。根据这一解释，自主意味着个体行为是理性化的、是可以预测的。然而，上述解释明显忽略了另一种可能，即自主有时并不是完全理性的。在缺乏必要规约的条件下，自主性权力往往会过度膨胀，自主甚至有可能演化为自私自利和为所欲为。此外，过于强调自主，还有可能导致个体对外在环境的拒斥，致使个体因外部支持的缺失而无法达致目标。著名管理学家西蒙所言的“有限理性”实际上也说明了这样一个问题。国家自主性同样具有双重含义。其一，作为一种组织形态，国家本质上是一种制度体系。官僚制、代议制、

---

① 李强：《从现代国家构建的视角看行政管理体制改革》，载《中共中央党校学报》2008 年第 3 期。

② 宋希仁等主编：《伦理学大辞典》，吉林人民出版社 1989 年版，第 415—416 页。

宪政、法律等一整套制度的设立，其根本目的就是确保国家权力的非个人化（即制度化），就是要实现绝对的国家理性，达到亚里士多德所说的“至善”。国家自主性行为的价值指向就是国家的“整体利益和长远利益”。这是在积极意义层面对国家自主性的理解。其二，国家并不是一种抽象的综合物，其主体仍然是一个个看得见的个人，例如政治领袖、行政官员等。根据公共选择理论，国家（政府）官员也是经济人，需要追求自身利益的最大化。因此，个体自主性带来的弊端极可能会在国家层面有所体现，即国家官僚同样存在因私利滥用公权的可能。“国家是一种必要的罪恶：如无必要，它的权力不应增加。”① 鉴于上述考虑，本研究采取了国家自主性理论分析的另一条路径，即批判式研究路径。

具体来说，本研究的主要研究思路如下：首先，回顾国家理论的争议话题，描述国家自主性理论的兴起背景与理论渊源，为进一步探讨国家自主性理论的主要内容、理论价值及其不足等问题做好铺垫。在此基础上，重点考察国家自主性理论的核心概念、理论基础与主要观点，阐述其理论解释力，同时对其理论缺陷进行批判性思考。其次，对国家自主性理论的中国适用性情况作出考量。通过比较研究，阐述国家自主性理论的中国适用性语境与适用性限度，指出并分析国内学界在国家自主性理论运用上存在的某些误读。再次，在理论考察的基础上进行实证研究。结合当前中国地方政府治理与公共政策实践，开展多案例研究，以此考察中国语境下国家自主性的具体发生发展逻辑，并将其与本研究的理论预设加以对照。此后，引入主体间性分析方法，探讨走出国家自主性理论困局的可能路径。最后，结合现代国家构建理论和中国现代国家治理实际，在对国家自主性理论进行重新解读的基础上，探讨国家自主性制度化建构的可能路径。具体逻辑推演如下：

制度化的国家自主性→国家权力的制度化→专断性国家权力与基础性国家权力均衡→规约专断性国家权力实现有限政府，同时完善基础性国家权力实现有效政府。

本研究所采用的研究方法主要有：

1. 文献分析法。通过对国内外大量文献的回溯、分析，考察国家自主性兴起的思想渊源、知识背景、理论基础、核心概念以及主要观点，剖析国家自主性理论的国内外研究现状及其存在问题等。

2. 比较研究法。考察国家自主性理论的中国适用性，就适用的基础与

① 〔英〕卡尔·波普尔：《猜想与反驳》，付季重译，上海译文出版社1986年版，第499页。

限度问题与西方发达国家进行比较，以此凸显国家自主性理论之于中国的特殊适用性语境，同时对国内学界在国家自主性理论运用上的某些误致进行反思。在探讨国家自主性制度安排时，就两种国家权力的演绎逻辑、表现形式等与西方国家进行比较，以此明示国家权力制度化的不同路径。

3. 多案例研究法。在分析中国国家自主性的现状时，运用不同政策领域的两个案例（城市拆迁与邻避式冲突）进行分析，通过案例内分析与案例的交叉分析，求同与求异，对两个案例进行统一的抽象和归纳，以期得出更为精确的描述和更加有力的解释。

4. 批判与建构研究法。检视国家自主性理论的主要论点，对其可能存在的某些理论缺陷进行批判性思考。考量国内学术界研究现状，对国家自主性理论解读与运用存在的某些误致进行批判性思考。结合中国公共政策实践和中国现代国家治理实际，对国家自主性理论进行再解读，以此明确国家自主性制度建构的具体路径。

五 研究框架与主要内容

本研究主要分为三个部分，其中第一部分为导言，第三部分为结语，第一至第五章为本研究主体部分，重点讨论国家自主性理论的兴起背景，国家自主性理论的主要内容及其批判，国家自主性理论的中国适用性基础及其限度，国家自主性与中国国家治理实践，国家自主性的制度安排及其路径选择。

导言：就论文选题背景与研究主题、研究现状、研究意义、研究思路与研究方法以及论文框架等加以说明。

第一章：国家自主性的理论缘起。其一是围绕国家理论的有关争论，主要是国家的概念、国家与社会的关系以及国家的属性等争议问题进行理论铺垫。其二是围绕国家自主性理论兴起的背景，从多元主义到结构功能主义，再到马克思主义和西方马克思主义的国家相对自主性理论，最后对回归国家学派的兴起与发展等问题进行理论回顾。

第二章：国家自主性理论及其批评。首先，从国家自主性的理论基础，即“韦伯—辛策式国家观”开始探讨国家自主性的知识缘起。其次，对国家自主性理论的主要内容，即国家自主性的定义，国家自主性与国家能力的关系，国家自主性与官僚制，国家自主性与经济发展，以及国家自主性行为的合理性与制约因素等进行理论评述。最后，通过剖析国家自主性理论内在的两种不同论点，对国家自主性理论的内在缺陷进行批判性思考。

第三章：国家自主性理论的中国适用性。首先阐述国家自主性理论在中国适用的可能语境，主要有市场运行需要失灵纠偏，社会转型亟待权威凝聚，公共决策呼唤正义维护，以及全球化急需压力回应等，然后指出国家自主性理论的适用限度，在国家构建的历史承继、国家与社会关系的力量对比、国家自主性的具体表现以及官僚制的成熟程度等几个层面与西方发达国家进行对比。

第四章：国家自主性理论的实践反思。通过对中国公共政策实践的两个典型案例，即对江西宜黄拆迁自焚事件和广东番禺垃圾焚烧项目引发的邻避式冲突事件进行考察，就国家自主性在中国的产生发展、表现形式等问题进行抽象与归纳，以此检验国家自主性理论中国适用性的理论预设。其后，阐述有关国家理性的两种不同观点，引入主体间性的分析路径，以此走出国家自主性的认识困境。

第五章：国家自主性的制度安排。结合现代国家构建理论，国家自主性与现代国家构建的关系以及中国现代国家构建与国家治理实践，确立国家治理现代化的目标导向即制度化的国家自主性，阐释两种国家权力平衡的基本逻辑，最后围绕上述目标，从合理限定国家治理边界、全面规约国家权力、有效提升国家治理能力、不断扩展人民民主以及持续增强社会活力等方面设计具体路径。

结语：简要梳理全书观点和主要结论，指出下一步研究的努力方向。

第一章　国家自主性的理论缘起

第一节　国家理论的若干争论

“国家来的比任何单一理论所认为的要混杂得多，却没有那么系统和统一。”[①] 国家一直是政治学研究的核心议题，同时也是一个包含较多争论的议题，诸如在国家的概念、国家与社会的关系以及国家的属性等问题上，古今中外的许多学者基于不同的学术旨趣给出了不同的解释与演绎，这些解释与演绎源远流长、相互辩驳又彼此交织，共同形塑了国家理论丰富多彩且不断演进的历史轮廓。在进行国家自主性理论探讨之前，我们需要对这些争论加以总体回顾和简要分析，以在更为广阔的知识背景下对国家自主性理论的缘起与兴起作出回顾。

一　国家概念之争

在中国，国家的概念源远流长。《说文解字》中解释说：“或，邦也，从口，戈以守其一。一，地也。”国的繁体字“國”，造字创意极富哲理，体现了古代中国人对“国家”的理解，即一个国家必须具备四个条件：一是人口，以小“口”代表；二是土地，以“一”代表；三是军队组织，以“戈”代表；四是范围，以大“囗”代表。把这四个条件组合起来，便成了一个“國”字。先秦中国的许多思想家都提到了国家的概念，如《中庸》上说：“国家将兴，必有祯祥；国家将亡，必有妖孽。”荀子也说：“国家无礼则不宁。”然而，在许多著述中，我们经常可以看到“国”与“家”分开使用的情形。例如《尚书》中说“天子建国，诸侯立家”，由

① 〔英〕迈克尔·曼：《社会权力的来源》（第二卷·上），陈海宏等译，上海世纪出版集团2005年版，第104页。

此可见，在中国古代，“国”和“家”是两个等级不同的范畴。然而，在推崇周礼传统的儒家思想中，“修身、齐家、治国、平天下”成为个人理想的延展逻辑，家庭、家族与国家在组织结构方面因此具有高度的一致性和共同性：家族是家庭的扩大，国家则是家族的放大和延伸，“国家就是社稷”。在“家国同构”的格局下，家是小国，国是大家。在家庭、家族内，父家长地位至尊，权力最大；在国内，君王地位至尊，权力最大。可见，中国古代典籍中的“国家”就是扩展版的家庭与家族，国家的概念则抽象成为“天下”的观念，而“天下”并无具体的地理与空间限制，这与现代意义上的国家观念还相去甚远。

在西方政治思想史上，柏拉图第一次较为全面地勾勒出了古典国家的轮廓。柏拉图认为，国家就是各种组织的联合体，其来源则是人们对于合作的需求。柏拉图认为，依赖个体的力量往往无法满足自我需求，因此人们希望从别的个体那里获取必要的帮助和供给，由此就形成了国家（组织的联合体）。从上述阐释来看，柏拉图并没有对国家和社会团体作出明确的区分，他的国家概念还是较为朴素的国家观。柏拉图的学生，亚里士多德则第一次对国家政体进行了系统的研究。在其名著《政治学》的开篇，亚里士多德就开宗明义提出了城邦“polis”的概念，即“所有城邦都是某种共同体，所有共同体都是为某种善而建立的”①。亚里士多德认为城邦是自然进化的产物；人类天生是合群的动物，必须过共同生活，只有通过城邦生活，人的本性才能够实现；城邦的目的是“至善”和公民“优良的生活”。当然，城邦的概念实际上带有较强的公民偏见，例如它完全否定了奴隶、外邦人和妇女的政治权利，因此城邦仍不是现代意义上的国家。古罗马时代的国家也叫城邦国家，不过表达方式有所改变。古罗马帝国的政治权威中心一般称为“civitas”，相当于古希腊的“polis”。此外，在古罗马时期，国家还有共和国之义，用“respublic”表示，该词来源于 res（拉丁语中意指事情或事务）和 publics（意指公共），共和国就是属于人民的共同事务。著名政治学家西塞罗将共和国定义为：“由许多社会团体基于共同的权利意识及利益互享的观念而结合成的组织体。”② 他认为，国家的讨论应当建立在法律或权利术语而不是道德术语之上，“国家乃是人民之事业，但人民不是人们某种随意聚合的集合体，而是许多人基于法的一致和利益的共同而结合起来的集合体。这种联合的首要原因主要不在于人的

① 〔古希腊〕亚里士多德：《政治学》，颜一等译，中国人民大学出版社 2003 年版，第 1 页。
② 〔古罗马〕西塞罗：《论共和国》，王焕生译，中国政法大学出版社 1997 年版，第 39 页。

软弱性，而在于人的某种天生的聚合性”。[①] 后来，随着共和国（城邦）的瓦解和殖民征服的不断扩展，又出现了帝国的含义，即“imperium”。中世纪的欧洲四分五裂，政治权威分崩离析，因此并无牢固的国家概念，取而代之的是“land”“terre”以及“terra”等地域团体观念。

一般认为，现代意义上的国家概念来源于马基雅维利的《君主论》。拉丁语中的 status 被认为是较早代表“国家”概念的词汇。在漫长的中世纪，国家被认为是上帝在人间治乱的机构，是引导公民达到快乐而有道德的生活的组织。虽然“status”一词已经开始使用，但其往往被视为政治术语，用以指称统治者的优越条件与地位。15 世纪后期，随着新的政治实体的出现，新的词语“stato”取代了“status”。马氏的《君主论》旨在“确立此岸世界的真理”，其核心思想就是怎样“保护和维持国家”。在《君主论》开篇，马基雅维利如此写道：“从古至今，统治人类的一切国家、一切政权，不是共和国就是君主国。”[②] 由此，马基雅维利第一次把国家具化为非个人的实体，同时也赋予了“stato”一词新的含义，而该词也因此成为马基雅维利著作中的一个关键词汇。然而，马基雅维利对于国家权力和君主权术作出了几近夸张的描述，把国家视为一种无所不能的东西，而这一“强国家”的思想在后来的霍布斯那里更是被系统论证和极力阐发。时至今日，人们提及全能国家，还会自然联想到“马基雅维利主义”和“利维坦”。尽管如此，马基雅维利对现代意义上国家概念的开创仍然功不可没。萨拜因因此认为，“马基雅维利在为‘国家’这个现代政治术语添加含义方面所做出的贡献，超过了任何其他政治思想家的努力”[③]。

美国学者 C. H. 泰特斯早在 1931 年就宣称，关于国家他已经收集到至少 145 个不同的定义，这表明企图给国家下一个定义是比较困难的。[④] 关于现代国家，一般认为韦伯的定义颇具权威性。韦伯认为，“国家者，就是一个在某固定疆域内肯定了自身对武力之正当使用的垄断权利的人类共同体。就现代来说，特别的乃是：只有在国家所允许的范围内，其他一切团体或个人，才有使用武力的权利。因此，国家乃是使用武力的‘权利’

---

① 转引自浦兴祖、洪涛《西方政治学说史》，复旦大学出版社 1999 年版，第 97 页。

② 〔意〕马基雅维利：《君主论》，潘汉典译，商务印书馆 1985 年版，第 3 页。

③ 〔美〕乔治·萨拜因：《政治学说史》（下卷），邓正来译，上海人民出版社 2010 年版，第 25 页。

④ 转引自时和兴《关系、限度、制度：政治发展过程中的国家与社会》，北京大学出版社 1996 年版，第 10 页。

的唯一来源”①。值得一提的是，韦伯是从国家特具的手段性，即武力的使用来对国家加以界定的，这一界定显然相异于传统的政治理论，后者更多以国家的存在目的或者国家的活动内容来加以界定。此外，韦伯对国家的定义既指出了国家不同于其他社会组织的特征，同时也避免了把国家视为高于社会的自主力量，表现出很强的折中性，因此被更多学者所认可并加以运用。②

本研究使用的“国家”概念沿袭了回归国家学派的相关界定。在回归国家学派那里，国家被定义为一整套以执行权威为主要任务的强制性组织。这一定义可以追溯到马克思和韦伯，尽管两者在国家概念的界定上存在很大差异，但无论是马克思还是韦伯都倾向于把国家视为一整套的政治权力体系。因此，本研究的国家概念在英文中的表述是“state”而非“nation”，前者突出了地域性、组织性、强制性等政治权力色彩，后者则更多带有语言、文化、历史以及归属感等民族性意蕴。

二　国家与社会关系之争

“国家与社会”是西方政治社会学研究的核心议题之一。市民社会是一个典型的西方式概念，它最初的含义是一种政治共同体，即古希腊时代特有的城邦国家。然而，正如上文所述，在城邦体制中，国家与社会是不区分的，城邦既是国家又是社会。而整个中世纪，在政教一体的情况下，国家与社会的分立更为不可能。到了16世纪，这一含混状态逐渐有所改观。法国政治思想家让·博丹（Jean Bodin）在强调国家主权至上的同时，已经指出了国家与家庭及其他社会组织的区别。他认为，家庭是一种自然社会组织，是国家治理不得进入门槛的组织，最高权力的形式和出现，是把国家和包括家庭在内的一切社会组织及其他群体相区别的重要标志。此外，博丹还提出了对国家主权和“主权法”的限制问题，但这却使他的理论变得混乱不堪。③ 虽然近代以后，市民社会开始与自然状态相分离，但此时的市民社会仍然不是一种与政治国家相对应的实体存在。真正与国家区分的市民社会概念发端于社会契约论。以洛克为代表的政治自由主义者

① 〔德〕马克斯·韦伯：《韦伯作品集：学术与政治》，钱永祥等译，广西师范大学出版社2004年版，第197页。

② 吴惕安、俞可平主编：《当代西方国家理论评析》，陕西人民出版社1994年版，第115页。

③ 〔美〕乔治·萨拜因：《政治学说史》（下卷），邓正来译，上海人民出版社2010年版，第75—87页。

完成了对国家社会的形式建构。在洛克那里，社会是自然的，权力经由人民的同意产生，国家不能取代自然状态，社会先于国家存在。以亚当·斯密为代表的经济自由主义者则赋予了市民社会以内在规定性。在经济自由主义者那里，完全市场竞争成为一只吉祥慈善的“看不见的手”，在冥冥之中引导着每个人，自觉地依照市场规律行事，进而促使个人利益与公共利益的统一。由此，政治自由主义与经济自由主义相互呼应，为国家与社会的分立奠定了理论基础。

与洛克一样，孟德斯鸠也非常关注公民的平等与自由，但他更关注自由与平等在政治社会中的实现方式。实际上，他强调的是一种政治自由，即“来自国家并针对国家的自由”。他认为，分权是实现公民自由的重要保障，无分权就无自由。就国家与社会的关系来说，孟德斯鸠指出，自由的状态不是与生俱来的，一个自由的社会总是和一定的政治结构相符合的，它需要从国家那里获得规定性。分析上述观点，我们不难发现，孟德斯鸠一定程度上超越了市民社会与政治国家、公民权利与国家权力的同一性，把国家与社会关系的研究向前推进了一大步。

虽然不少政治思想家都致力于国家与社会的区分，然而直到18世纪，随着现代民族国家形成、国家与社会之间日趋分离后，这项工作才最终取得实质性进展。黑格尔第一个明确地表达了这种区别，他在《法哲学原理》中提出不应当把国家本身同市民社会混同起来，从而引起了近代以来有关国家社会问题的真正讨论。黑格尔把国家界定为“伦理理念的现实”，认为“国家是绝对理性的东西，因为它是实体性意志的现实，它在被提升到普遍性和特殊性自我意识中才具有这种现实性”①。他认为“国家是自由依据意志的概念，即依据它的普遍性和神圣性而不是依据主观偏好的现实化”。至于市民社会则是家庭和国家之间的一个差别地带，是“各个成员作为独立的个人的联合，因而也就是在达成普遍性中的联合，这种联合是通过成员的需要，通过保障人身和财产的法律制度，和通过维护他们特殊利益和公共利益的外部秩序而建立起来的”②，因此其形成历史要比国家晚近的多。黑格尔还指出，国家与社会之间是一种既相互对立又相互依存的关系：国家有赖于市民社会为实现其道德目的而提供各种手段；市民社会有赖于国家的道德指引，需要在国家的指导下履行日常生活供给的职能。尽管国家与社会相互依存，但是黑格尔认为两者却处于辩证法的不同层

① 〔德〕黑格尔：《法哲学原理》，范扬、张企泰译，商务印书馆1961年版，第253页。

② 同上书，第174页。

次，国家是目的而不是手段，它“代表的是发展中的理性理想和文明中的真正精神要素，并以此地位来运用市民社会以实现自己的目的”[①]。作为一种“外部国家”，市民社会由三个要素构成：一是相当于市场领域的“需要的体系”，用以各种个人需求的满足；二是司法体系，用以对自由与所有权加以保护；三是警察和同业公会，用以把特殊利益作为公共利益加以关怀。黑格尔指出，虽然市民社会独立于国家、体现了一定的特殊性，但在伦理上并不能自我完善。市民社会本质特点表现为强烈的“攫取性”，这使其主要活动都关注于个人的私利或者特殊利益，这一点决定市民社会无法有效规约自己的不足，“而且往往趋于使其偶然的协和及多元性遭到破坏”[②]。因此，为了规避市民社会的不自足性，需要代表“公共利益”的政治共同体——国家对其加以纠正。

比较黑格尔与洛克的观点，我们可以观察到两种截然不同的国家与社会关系范式。根据洛克的观点，人们为了克服自然状态的缺陷，相互订立契约，通过让渡部分个人权利并由此形成国家，其目的在于更好地保护自己的自然权利。国家并不能取代市民社会，国家不是目的，至多是人民各项权利（尤其是财产权）的保护工具，如果国家违反了契约，人民有权利推翻它以建立新的契约。因此，洛克认为，市民社会是先于国家而存在的。由于坚持主权在民和限制国家权力的理念，洛克“市民社会高于国家”的思想对致力推翻君主专政的资产阶级革命无疑起到了重要的推动作用。另外，由于过多强调市民社会的先在性和国家的消极意义，可能会在一定程度上削弱政治共同体的应有权威，甚至引发“无政府主义”，导致对市民社会另一层面的破坏。在黑格尔那里，国家与市民社会的关系则被描述为“国家高于市民社会”。他认为，不是社会决定国家，而是国家决定社会。市民社会只是一个个人私利追逐的场所，由于受非道德规律支配导致其在伦理层面存在先天不足。作为一种“绝对理性”和“永恒的精神存在”，国家是弥补市民社会不足的唯一手段。与洛克不同，黑格尔更加强调国家的自为性与公共性。然而，这一强调可能会走向另一个极端，那就是国家崇拜与极权主义。

马克思在批判的基础上对黑格尔的上述观点作了进一步的论述。在阐释自己的国家观的同时，马克思把被黑格尔颠倒了的世界重新翻转归位。

---

① 〔美〕乔治·萨拜因：《政治学说史》（下卷），邓正来译，上海人民出版社2010年版，第346—347页。

② 邓正来：《市民社会的研究》，中国政法大学出版社2002年版，第35—39页。

他指出，黑格尔在国家与市民社会关系上弄颠倒了，不是国家决定市民社会，而是市民社会决定国家。根据马克思的分析，市民社会是人类社会的一个特定的发展时期，当社会生产力发展到一定阶段时，私人利益与阶级利益产生后，社会就分裂为市民社会和政治国家两个领域。在前资本主义社会，市民社会与政治国家更多是重合的，到了资本主义时代，市场经济的发展才促使两者之间的真正分离。通过对黑格尔观点的批评，马克思重新审视了国家与市民社会的关系，他指出，国家从来就不是一个独立发展的领域，它的存在与发展应当从社会经济生活条件中得到解释，“正如古代国家的自然基础是奴隶制一样，现代国家的自然基础是市民社会以及市民社会中的人”①。恩格斯后来也给出了类似的观点：“国家，政治制度是从属的东西，而市民社会，经济关系的领域是决定性的因素。”② 很显然，马克思与恩格斯是从历史唯物主义的视角对国家与社会的关系展开论述的。

国家与社会孰先孰后的问题实际上涉及两种不同的理论观点。一种可谓之“国家中心论”，主要代表人物黑格尔认为国家先于并决定市民社会；另一种可谓之“社会中心论”，代表人物有洛克、马克思等，认为社会先于国家而存在，社会制约国家。本研究的研究主题即国家自主性理论更加强调国家的行动主体地位及其对经济社会的干预作用，因此也应当归属于“国家中心论”。回归国家学派为了避免陷入极端化国家中心主义的误解，更多称自己的理论为“新国家中心主义”。

三　国家属性之争

国家究竟有无自己的属性？如果有，国家是善的还是恶的？政府应当是大的还是小的？是强的还是弱的？人类对于人性善恶的辩论似乎就没有停止过，而有关政府属性的问题历来也是政治学、公共行政学界争论不休的话题。争论意味着矛盾的存在和悖论的生成，而悖论又意味着一种不可能性，正如德博拉·斯通所言，“悖论会破坏逻辑的大多数基本原则：一样东西不能同时为两样东西。两个相互矛盾的解释不能同时为真。悖论就是这样一种不可能的情况，政治生活中充满了这样的情况”③。国家是一个复杂的结构体，这一结构体有其自身独特行为方式与运行逻辑，而这些行

---

① 《马克思恩格斯全集》第 2 卷，人民出版社 1956 年版，第 145 页。

② 《马克思恩格斯全集》第 21 卷，人民出版社 1956 年版，第 345 页。

③ 〔美〕德博拉·斯通：《政策悖论——政治决策中的艺术》，顾建光译，中国人民大学出版社 2006 年版，导言。

为方式与运行逻辑本身就暗含着种种悖论。

（一）国家善恶的争论

对于国家善恶的讨论，有时也被描述为国家的存在目的问题。柏拉图的《理想国》题域广泛、内容宏大，但其基本关注点却是一贯的，那就是对善人（the good man）和善生活（the good life）的反思，在柏拉图看来这就是一个善国家（a good state）的生活。为了实现善国家的目标，柏拉图指出，应当由拥有下述知识的人来掌控权力：首先，他们知道何种工作是一个善的国家所必不可少的；其次，他们还知道具有何种天赋与教育的公民能够胜任这些工作。[①] 亚里士多德在一定程度上继承了柏拉图的观点，亚里士多德提出善是一切活动的目的，因此在政治上，他认为国家是以实现最广泛的善为目的的共同体，国家的存在就是要实现人民的美好生活，积极谋求公共的“善”；所有城邦都是某种共同体，所有共同体都是为某种善而建立的，“很显然，既然所有共同体都在追求某种善，所有共同体中最高的并且包含了一切其他共同体的共同体，所追求的就一定是最高的善，那就是所谓的城邦或政治共同体”[②]。在社会契约论学派那里，国家基本上也被描述成为宽厚仁慈的。霍布斯的国家理论就暗含着一种假设：存在一个善良正义的统治者，他可以保护臣民的权利不受侵犯。虽然洛克对国家与社会的界限做出了区分，并明确提出了近代消极保护主义的国家观，但他依然认为国家存在的目的是保护人民的自然权利，政府源于人民的公意达成和公意授权，人们联合成政治社会并置身之下的主要目的就是保护自己的财产，人们把权利让渡给政府就意味着对“国家之善”的信任。卢梭同样认为，人们相互间订立契约，把权利托付给集体以换取更多的力量来保全自己，由此产生了国家，作为民众结合体的国家，是一个公共的人格，它同自然的人格一样有意志并通过法律来表达它的意志。[③]

当然，并不是所有的思想家都对政府抱有如此良好的期待。马基雅维利的观点恰好相反，他不仅把人性视为恶的（人本质上都是自私的），而且认为国家及其君主所必须依赖的动机也应当是利己主义的。在《君主论》一书中，他认为，一个君王要维护自己的统治，就不应当考虑太多道德问题，而要依靠势力和奸计，“像狮子一样勇猛，同时又像狐狸一样狡

① 〔美〕乔治·萨拜因：《政治学说史》（下卷），邓正来译，上海人民出版社 2010 年版，第 72—75 页。

② 颜一主编：《亚里士多德选集》（政治学卷），中国人民大学出版社 1999 年版，第 3 页。

③ 王元华、张铭：《对西方近代社会契约论思想的再思考》，载《理论导刊》2005 年第 5 期。

猾”。作为无所不在的“利维坦”，国家可能会吞噬市民社会，公共权力缺乏必要的约束也可能会侵害公民权利，因此许多学者都对国家作出了“必要的恶”的理论预设。波普尔认为，“国家尽管是必要的，但却必定是一种始终存在的危险或者（如我斗胆形容的）一种罪恶”。[①] 潘恩也指出，“政府即使在其最好的情况下，也不过是一件免不了的祸害；在其最坏的情况下，就成了不可容忍的祸害”。[②] 在传统自由主义者那里，国家、社会和政府是一种不必要的，意外的或十分不幸的现象，公民不应当过多信任政府，而且要提防政府。休谟甚至提出，应当建立一系列法律与制度，以便即使在流氓掌握公共权力时也会为公共利益服务。以麦迪逊、詹姆斯为代表的联邦主义者甚至在美国宪法中构建休谟所设想的制度，他们的根本观点就是，任何拥有权力的人至少部分地怀有为自身利益而滥用权力的动机。公共选择理论更是直截了当地指出，政府也是“经济人”，也要追求自身利益的最大化。诺思也看到了国家的双重属性问题：“国家的存在是经济增长的关键，然而国家又是人为经济衰退的根源。”[③]

国家的善恶争论其实是两种国家观，即积极国家观与消极国家观之间的争论。前者从价值理性出发，探讨国家存在对人类社会发展的应然意义，后者则从工具理性出发，对国家在现实社会中的实然表现进行了必要反思。“国家的存在是为了让人类的生活更美好。”就此意义上说，两种观点又走到了一起。

（二）国家大小的争论

对国家大小的争论主要是围绕政府职能尤其是政府与市场关系问题展开的。在重商主义时期，政府干预的思想占据主流地位，这时候的资本主义由于力量弱小，所以亟须强大集权国家力量的支持与保护。但到了18世纪，随着资本主义的发展，自由放任主义抬头并逐渐处于统治地位。早期古典自由主义的代表人物亚当·斯密主张不干预政策，提出政府是“守夜人”“管的最少的政府就是最好的政府”。他认为，对于经济活动，由市场这只“看不见的手”调节最好，政府无须干预，政府要做的仅仅是维护国家安全和社会稳定以及提供必要的公共设施。进入20世纪以后，随着资本主义基本矛盾的激化，1929年西方世界爆发了一次大的经济危机，自由放任主义思想受到极大挑战。早在1920年，以庇古为代表的福利经济

---

① 〔英〕卡尔·波普尔：《猜想与反驳》，付季重译，上海译文出版社1986年版，第500页。

② 〔美〕托马斯·潘恩：《潘恩选集》，马清槐等译，商务印书馆1981年版，第241页。

③ 〔美〕道格拉斯·诺思：《经济史中的结构与变迁》，陈郁等译，生活·读书·新知三联书店1994年版，第20页。

学派就已主张政府干预的必要性，他们认为，政府干预经济的职能，主要是采取适当的经济政策来消解私人边际效益与社会边际效益之间的背离。1926 年，凯恩斯在其《自由放任主义的终结》一文中，公开宣告对自由放任主义原则的放弃。凯恩斯主义的主要观点是强化政府职能，加强政府对经济的宏观调控，通过增加需求来促进就业和拉动经济增长。新古典学派的代表人物萨缪尔森同样反对听任市场机制发挥作用，他从市场失灵的角度出发，把政府职能归纳为确立法律框架、改善经济绩效、促进公平及保持宏观经济稳定四个方面，认为政府干预是必要的也是必需的。20 世纪 40 年代以后福利国家成为西欧社会的时代精神和基本制度，标志着西方国家政府职能的新的转型。贝弗里奇、蒂特玛斯等人的社会福利思想奠定了政府社会服务的理论基础，他们几乎一致认为，应当在市场机制之外通过人类组织来满足公众的社会服务需求。20 世纪 70 年代中后期，福利国家面临"滞胀"危机，凯恩斯主义在解释现实方面显得捉襟见肘。于是，主张修复"看不见的手"、反对政府干预的新自由主义开始大行其道。早在 20 世纪 60 年代，以布坎南为代表的公共选择学派就提出了"政府失灵"的概念，他们认为政府与政治本身也存在种种缺陷，政府干预加剧了市场失灵。新自由主义学派代表人物弗里德曼认为，政府干预在实践中并未取得成功，政府应当减少而不是增加干预，要"把政府活动限制在应有的范围内，使政府成为我们的仆人而不让它变成我们的主人"①。哈耶克则把新自由主义推向了极致，他认为，私人经济是最合理的，市场机制是迄今为止最为有效的资源配置方式，政府干预不仅是不必要的，甚至是有害的。进入 20 世纪后期，资本主义经济发展再次陷入困局，新自由主义的观点受到置疑，主张政府干预的新凯恩斯主义开始登上历史舞台。政府大小的不同强调，国家与市场关系的此消彼长，从某种程度上是其时世界经济发展状况的一种反映：经济繁荣时强调市场在资源配置时的重要性，倡导政府的放权与退却；经济萧条时强调国家干预的重要性，倡导弥补市场失灵。

（三）国家强弱的争论

"政府必然要么过于强大，危及人民的自由，要么过于软弱，无法维持自身的生存，一切共和国都有这种内在的致命弱点吗？"② 1861 年林肯

① 〔美〕米尔顿·弗里德曼、罗斯·弗里德曼：《自由选择：个人声明》，胡骑等译，商务印书馆 1982 年版，第 41 页。

② 转引自〔美〕哈维·C. 曼斯菲尔德《驯化君主》，冯克利译，译林出版社 2005 年版，前言第 5 页。

在国家危机时刻提出的问题仍然在困扰着今天的人们。事实上，学者们关于国家强弱的争论一直就没有停止过。对于国家强弱的探讨，理论界一般是从国家权力、国家能力以及国家与社会力量的对比等视角展开的。不少学者都强调国家权力（专断性权力）是国家的权威的基础，国家应当保持对市民社会的适当强度。由于坚持“国家高于市民社会”，黑格尔被认为是“强国家”理论的开创者。他认为，国家不是工具而是目的，国家是对市民社会的保护和超越。在其“国家高于市民社会”的架构下，国家被尊奉为“地上行走的神”，自在自为、无所不能，而市民社会则成为国家理所当然的保护并支配的对象。不可否认，这一观点及其内涵逻辑在某种程度上为公共权力的扩张提供了合法性辩护，20 世纪起源于德国的极权主义思想与这种国家崇拜的观念不无关系。韦伯也是一个强国家主义者。韦伯早期的政治立场较多倾向于他父亲信守的国家自由主义，这一流派在 19 世纪 80 年代逐渐向俾斯麦政权靠拢，因此韦伯当时的许多言论都具有强烈的指向性，那就是服务于俾斯麦统一德国并建立强力中央政府的意图。到了 19 世纪 90 年代中期，韦伯则成为一个“帝国主义者”，把民族国家的权力利害看作终极价值，其使用的语言则充满了社会达尔文主义的词汇；他甚至把自己视为“经济的国家主义者”，把是否合乎国家政治利益作为评价各个阶级的标准。[①] 此外，从马克思与恩格斯的国家理论，到西方马克思主义的国家相对自主性理论，尤其是后来的“回归国家学派”，都特别强调国家能力的重要性。值得一提的是亨廷顿的观点，他在《变化社会中的政治程序》一书中指出，“各国之间最重要的政治分野，不在于它们政府的形式，而在于它们政府的有效程度”。[②] 他认为，有的国家政通人和，稳定且有效，而另外一些国家却缺乏这些素质，这两类国家的区别比民主和独裁国家之间的区别还大。在他看来，共产主义集权国家和西方自由主义国家都是强大的，而国家的强大和政府的权威性是政治秩序得以稳定的前提；反之，有些国家由于种族和阶级冲突不断，暴力事件层出不穷，军事政变接二连三，导致政府合法性、有效性、权威性遭到严重破坏，政治稳定与发展变得可望而不可即。弗朗西斯·福山也指出，国家活动的范围和国家权力的强度是两个不同的范畴，前者主要指政府承担的职能和追求的目标（国家职能），后者则是指干净、透明的决策和执法能力

---

① 〔德〕马克斯·韦伯：《韦伯作品集：学术与政治》，钱永祥等译，广西师范大学出版社 2004 年版，第 51 页。

② 〔美〕塞缪尔·P. 亨廷顿：《变化社会中的政治秩序》，王冠华等译，上海人民出版社 2008 年版，第 1 页。

（国家力量）；有证据表明，国家制度的力量大小从广义上讲比其职能范围宽窄更加重要。[①]

乔尔·S. 米格代尔（Joel S. Migdal）则指出，在许多第三世界国家，"强国家"与"弱国家"的现象是共同存在的，前者表现在国家对社会的渗透能力和提取资源的能力方面，后者则表现在国家调节社会关系和以既定方式配置资源的能力上。米格代尔认为，国家的双重性是理解第三世界的核心问题，他形象地描述道："在这些社会里，国家是一个可怕的存在物，却在让其民众按其政策制定者们的意愿行事时步履蹒跚、一筹莫展。国家正如投入小池塘的巨石：它们在池面每个角落都泛起了涟漪，却抓不住一条小鱼。"他指出，在许多发展中国家，国家并不一定是强大的，相对于社会国家甚至可能是弱小的，因为看起来庞然大物的国家，往往并不能有效地从社会提取资源。国家的能力尤其是其实行社会政策、动员群众的能力更多受制于社会结构。国家领导人在追求国家强势地位时，面对来自酋长、地主、老板、富农以及部落首领等地方"强人"及其社会网络的抵制形成的难以超越的障碍时，往往显得束手无策。[②] 在此基础上，米格代尔提出建构"社会中的国家"（state in society），强调必须平衡地看待国家与社会在发展中的作用：国家与社会的关系是双向的，国家对社会产生影响同时又接受来自社会的影响，两者有时又是相互转化的。回归国家学派的彼得·埃文斯（Peter Evans）则对米格代尔的观点提出了批评，认为米格代尔只看到国家与社会利益冲突的一面，即零和博弈，而没有看到双方存在相互增权，即正和博弈的可能。[③] 虽然米格代尔解释的是一种"强社会、弱国家"的现象，但这些现象通常被描述为"国家的失败"，因此其本质上还是倡导"强国家"理念的，从这一点来说，米格代尔的观点与上述亨廷顿等人的观点并无二致。

上述有关国家善恶、强弱与大小的争论本质还是对国家职能的争论。国家应当做什么、不应当做什么，这是国家诞生以来就一直困扰人们的问题。一方面人们希望它扶助正义、惩恶扬善，另一方面又担心它自身成为恶的根源；一方面人们希望它尽职尽责、积极作为，另一方面又担心它越俎代庖、不受规管；一方面人们希望它严于律己、老实本分，另一方面又

---

① 〔美〕弗朗西斯·福山：《国家的构建：21 世纪的国家治理与世界秩序》，黄胜强、许铭原译，中国社会科学出版社 2007 年版，第 7、19 页。

② 〔美〕乔尔·S. 米格代尔：《强社会与弱国家——第三世界的国家社会关系及国家能力》，张长东等译，江苏人民出版社 2009 年版，第 35 页。

③ 同上书，译者的话，第 3 页。

担心它归于平庸、难负重担。或许，国家自身并不是矛盾的，人类对于国家这一现实存在物的矛盾心理毋宁说是人性矛盾的一种反映。但不管怎样，这些争论至少为我们认识国家现象和探讨国家理论提供了更多视角。

第二节 国家自主性理论兴起的背景

一 社会中心论及其批评

20世纪五六十年代，西方政治科学与社会学研究的领地依然是多元主义和结构功能主义的天下，其主要特征就是采用社会中心的分析方法。诺德林格曾对社会中心论做过十分形象的描述，“如果允许用一夸张手法的话，那么源于社会中心论的民主政治传统肖像是这样的：其中，浓墨重彩描绘的是政务官员不断求助于社会精英，持续追求来自投票者、压力集团、工会、企业和种族与地区团体的口袋支持，一直从社会的汪洋大海中搜寻可乘风挂帆之浪，而且入水前小心地查验着水温，在采取某一立场或另一立场之前仔细评估支持率的边际得失，然后几乎一成不变地去行动以获取那边际之得”①。在社会中心论看来，社会各利益集团积极掌控并运用着各种政治资源，而国家及其官员则严重依赖于社会支持，公共政策成为对社会利益集团期望、要求与压力的必然回应；国家没有被认真地看作一个独立的行动主体，而仅仅被看成一个各利益集团争夺基本社会经济利益而展开冲突的舞台。回归国家学派的国家自主性理论正是在批判多元主义、结构功能主义等社会中心理论流派的基础上提出并加以阐发的。

（一）多元主义

从马基雅维利到马克斯·韦伯，众多思想家对国家与社会的解释基本都包含主权国家一元论的色彩。一元主义国家观在解释结构相对单一的社会体制时很有说服力，但随着人类社会的不断发展，社会结构的分化愈加复杂，一元主义的解释显得缺乏说服力，而多元主义的思潮开始登上历史舞台。一般认为，多元主义的知识缘起于以洛克、孟德斯鸠为代表的自由主义政治哲学。洛克在其名著《政府论》下篇中指出，国家应建立在同意的基础上，政府的权威不是绝对的或者独占的。洛克的主张主要是在批驳

---

① 〔美〕埃里克·A. 诺德林格：《民主国家的自主性》，孙荣飞等译，江苏人民出版社2010年版，第1—2页。

霍布斯国家理论的基础上提出来的，后者在其著作《利维坦》中主张为了避免“所有人反对所有人”的混乱状态，需要建立国家的绝对权威。多元主义的价值指向就在于对单一的、绝对的和全能的国家权力的拒斥。孟德斯鸠在其著作《论法的精神》中提出了著名的行政、立法与司法“三权分立”的思想，这与同一时期法国的绝对君主政体形成鲜明的对比。相反，孟德斯鸠对英国的政体大加称赞，他认为这一政体结合了君主政体和贵族政体的优点。从某种意义上说，这一主张是对“封建平衡”理论的重申，体现了多元权威的政治哲学。①

以詹姆斯·麦迪逊为代表的宪政主义者秉承了多元主义的政治理念，开始把孟德斯鸠的权力分立思想引向美国的建国实践。在《联邦党人文集》一书中，麦迪逊对制度化多元主义的存在前提作了深入阐述。麦迪逊认为，所有人都是自私自利的，都希望追求自身利益最大化，因此个人之间的利益冲突不可避免。为了避免个人主义导致最坏的结果，需要建构一种政治组织。在这一过程中，仅仅依赖旨在避免暴民政治的代议制民主是不够的，因此他建议对国家的权力进行必要的分割：横向上的行政权、立法权与司法权三权分立与纵向上的联邦政府、州政府以及地方政府之间的权力划分，由此建立一个拥有各种社会团体的在一定领土范围内的强大共和国。另一位著名的思想家托克维尔，进一步把美国的政治体系推向多元主义的道路。托克维尔在其著作《论美国的民主》中通过对美国社会与法国社会的对比后指出，法国的不稳定来源于其以血缘为基础的等级制，这一制度严重分散了权力与威信，而美国则通过市民社会中强大自发性社团的发展，很好地把公民权利的平等与政治上的自由有机结合在一起，在避免专制主义的同时实现了国家的繁荣与稳定。

“多元主义被看成是这样一种理论，它阐释了在一个实行间接代表制、活跃着压力集团的社会中，民主怎样才仍然有可能顺畅地运作。”② 进入20世纪，利益集团理论的兴起进一步扩充了多元主义的思想内容。随着社会分化，各种社会团体纷纷崛起，这些压力集团不断介入政府过程，试图在立法、政策执行以及政策结果控制等诸多方面对政府决策施加影响，以使有利于集团自身利益最大化的公共政策得以出台实施。阿瑟·本特利被尊奉为团体理论和现代美国政治科学的开山鼻祖，在其《政府的过程》一

① 〔英〕帕特里克·邓利维、布伦登·奥利里：《国家理论：自由民主的政治学》，欧阳景根等译，浙江人民出版社2007年版，第9页。

② 〔英〕米切尔·黑尧：《现代国家的政策过程》，赵成根译，中国青年出版社2004年版，第25页。

书中，他对国家的概念嗤之以鼻，他嘲讽把国家看作政府背后的实体的观点，认为“所有存在着的就是政府本身，而政府由表现在政府中的群体和利益集团的活动组成。‘主权’这个词也同样没有意义”①。

总的来看，多元主义者并没有提出系统的国家理论，毋宁说多元主义仅仅是一种社会理论而非国家理论。帕特里克·邓利维与布伦登·奥利里认为，多元主义回避国家的概念可能有以下几个方面的原因：①在英美两国人民的思想中，无论是观念上还是实践中的国家概念，都只是外国人或欧洲大陆人的创造。多元主义者不愿谈及国家的概念，因为这或多或少会使他们不愉快地想起曾经压制多元主义的专制主义。②多元主义者反对作为规范政治学一部分的国家概念，认为国家代表了政治学研究名声不好的过去。在多元主义者那里，国家是虚构的，是特定利益集团创造的以公共利益为掩盖实现自我利益的工具。③多元主义者更加关注“在多头政体中谁拥有权力”的问题，而不是抽象的“国家是什么”的问题。尽管多元主义者没有给予国家理论以重要地位，但多元主义者还是对国家这一在特定领土上行使垄断权的组织给出了自己的见解。多元主义国家理论表现为三种主要模型：其一，风向标模型。国家被视为一步译码的机器，被动地对政治输入进行加工；国家又像是一只风向标，被动地回应着市民社会中各利益集团之间的平衡关系。其二，中立国家模型。国家扮演着利益调停者、平衡者和协调者的角色，从而在多头政体中保持一定的中立。其三，经济人模型。把公共政策解释为在国家机器内部运行的压力集团行为的整合，视国家为一个由众多正式和非正式的压力集团组成的“黑箱”，在“黑箱”内充满了联合、交易、欺骗、分化组合以及各种互动关系。②

20世纪60年代中后期，多元主义国家理论受到了社会现实与其他理论学派的挑战，这主要表现在以下几个方面：首先，以人权运动和反战运动为主要内容的社会运动在西方发达国家的蓬勃兴起，宣告了多元主义宣称的价值共识的虚幻性，一定程度上动摇了多元主义国家理论的思想基础。其次，西方马克思主义者对于资本主义国家的最新发展作了跟踪性研究，并由此展开了一系列影响深远的争论，进一步推动了西方学术界国家理论研究的发展。最后，以菲利浦·施密特（Philippe Schmitter）为代表的法团主义理论以及以斯考切波、埃文斯等人为代表的“回归国家学派”也

---

① 转引自时和兴《关系、限度、制度：政治发展过程中的国家与社会》，北京大学出版社1996年版，第17页。

② 〔英〕帕特里克·邓利维、布伦登·奥利里：《国家理论：自由民主的政治学》，欧阳景根等译，浙江人民出版社2007年版，第29—34页。

向多元主义提出了更大的挑战。[1] 法团主义虽然也希望通过以现代的利益代表制处理日益增长的结构和利益分化问题，但相比多元主义它更加强调利益集团之间的有序互动和国家权威的组织作用，因此在面对更新的社会现实时法团主义更加具有解释力。[2] 而“回归国家学派”则对多元主义弱化国家乃至避谈国家的立场进行了直接的批判，认为国家代表着一个自治的社会公共机构，是一个拥有其全部权力和力量的机构，它不需要代表任何社会力量，它有自己独立的目标与利益，能够对各种社会力量与决策进行有效调控。

（二）结构功能主义

结构功能主义以政治系统承载的功能以及履行功能的结构为研究对象，通过分析每一特定系统中结构和功能的相互关系，为分析政治系统提供了一个框架。结构功能主义源于生物学中的有机体论。20 世纪初人类学家 B. K. 马林诺夫斯基和 A. R. 拉德克利夫—布朗率先将结构功能主义的方法引入社会科学。此后，帕森斯、默顿等人进一步发展了这一方法，并将其应用于社会学的分析。20 世纪五六十年代，美国政治学家戴维·伊斯顿（David Easton）、加布里埃尔·A. 阿尔蒙德开始将这一研究方法运用于政治学。此后，结构功能主义的分析方法在西方政治学界风靡一时。

在结构功能主义学派那里，国家、议会、政党这些政治机构几乎被“系统”这样一个词语所指称。这成为结构功能主义理论主张的一大特点。伊斯顿被视为政治系统理论的首倡者。从某种程度上讲，伊斯顿的全部政治学研究都是围绕政治体系这一核心概念展开的。他本人非常不喜欢“国家”这个概念，认为这个概念含义混乱、指向不明，可以做多种解释，即便在某些方面达成了一定程度的共识，却把政治过程中许多重要的方面排斥出去，而“政治系统”一词则可以达到观念清晰的要求。[3] 伊斯顿首先论证了系统理论的必要性，他认为权力只是政治生活研究的一个关键词之一，但权力是一种影响他人的能力，涉及社会权威价值的形成与分配，而控制它决策和执行冲突的方式则决定政策，因此政策就是价值分配的决定与行动的总和。由此，权力、权威、决策和政策成为伊斯顿论证政治生活的关键词汇。此后，伊斯顿还初步提出了政治系统的若干特征。①以单位和边界形式出现的规定性；②输入与输出；③系统内的区别；④系统的整

---

① 严荣、程全军：《论多元主义国家理论》，载《社会科学论坛》2008 年第 9 期。

② 张静：《法团主义》，中国社会科学出版社 1998 年版，第 45—48 页。

③ David Easton. *The Political System: An Inquiry into the State of Political Science*, New York: Knopf, 1953, pp. 106 – 115.

合。1965 年，在其《政治生活的系统分析》一书中，伊斯顿把社会其他生活称为环境，由此把政治生活与社会其他生活区分开来。他认为，政治系统是为了描述社会大系统中政治子系统状况而建立的分析系统。它具有以下几方面特征：政治系统的边界范围由政治当局制定有约束力的决策行为所构成，并因此具有相对的稳定性与封闭性；政治系统同时也是一个开放系统，它受到社会其他非政治系统的包围并因之受到环境的各种压力与影响，这些压力与影响以要求与支持的形式输入政治系统内部；在环境的压力下，政治系统为了维持自己的生存和发展，必须对压力有所反应，各种要求和支持输入政治系统后，经过转换成为政治系统的输出，进而形成各种公共政策；政治系统的输入与输出之间还有反馈环节，“反馈”是政治系统向环境发送的有关要求与支持和对于输出的进一步反应的政治信息，由此政治系统自我调适、循环往复、不断发展，公共政策便不断推陈出新。①

伊斯顿分享了行为主义运动许多思想家的特征，包括拒绝国家和权力等传统观念，引入输入、输出和反馈等概念，“唤醒了政治学家对分析政治生活各种复杂的相互关系必要性的意识”，对“托马斯·库恩意义上的范式建设作出了贡献”②。伊斯顿的政治系统理论在政治学界尤其是比较政治学界产生了强烈反响，并在很大程度上影响了后来的结构功能主义学者，其中就包括阿尔蒙德。阿尔蒙德继承同时也超越了伊斯顿的政治系统理论，真正把结构与功能完美统合于政治系统之中。尽管受到了伊斯顿系统理论的强烈影响，但阿尔蒙德似乎不倾向于追求过于宏大的普适性的理论目标，其着眼点更加集中于中层理论。阿尔蒙德的政治系统观点经过若干个阶段演化而成。最初，他对政治系统的早期分类学来源于伊斯顿，吸取了他认为系统是“包括有关作出政治决定的一切模式化现代的统摄性概念”的观点。其后，阿尔蒙德在其与詹姆斯·S. 科尔曼共同编辑的《发展中地区的政治》一书中首次系统地阐述了他的结构功能主义政治学理论。阿尔蒙德论证了政治系统已有的普遍的特性：一切政治系统都有政治结构；一切政治结构都是多功能的；一切政治系统在文化意义上都是混合型的。在伊斯顿“输入—转换—输出”的框架的基础上，他也概括出自己的功能分类：四大输入（政治社会化和补充、利益表达、利益聚合与政治

① 〔美〕戴维·伊斯顿：《政治生活的系统分析》，王浦劬等译，华夏出版社 1989 年版，第 24—35 页。

② 〔美〕罗纳德·H. 奇尔科特：《比较政治学理论——新范式的探索》，高铦、潘世强译，社会科学文献出版社 1997 年版，第 173 页。

交流）和三大输出（规则制定、规则运用以及规则仲裁）。1966 年，阿尔蒙德在对早期方案加以提炼的基础上，把原先的理论体系同政治文化、政治社会化和政治发展结合起来探索，构建新的理论体系，最终阐发成为比较政治学家所广泛应用的一本经典著作：《比较政治学：发展研究途径》。1978 年，他又对前一轮体系作出重大改进，把结构分解为体系、过程与政策三个部分，对政策分析和政治评价的方法进行了新的探索，形成其另外一部名著《比较政治学：体系、过程与政策》。①

阿尔蒙德对结构功能主义的屡次修正，实际上正是他不断回应外界批评的表现。政治学上的结构功能主义遭到的最为激烈的批评来自其发源领地（人类学、经济学和社会学）的学者。例如，人类学家 C. 雅维批评结构功能主义解释力差，对社会系统的性质和运用的假设效果有限；经济学家谢尔曼·曼伊克鲁普则警告结构功能主义在强调功能系统的平和特性时会出现问题；社会学家顿·马丁代尔指出结构功能主义的四大缺陷：意识形态保守和对现状偏爱；方法论上不够清晰；过分强调封闭系统在社会生活中的作用；难以应付社会变革。② 总的来说，结构功能主义在一些关键性方面尚存在理论不足：①结构功能主义以现有的政治体系为分析前提，并假定其基本的运作规律是实现自身的平衡，因此其试图证明的是体系的延续性而不是体系的革新性，这明显带有过多的保守主义色彩。②结构功能主义还暴露出主观性与随意性的问题，因为人们完全可以根据自己的学术旨趣与生活经历来为政治系统设置具体的功能、结构与意义。这样一来，结构功能主义就失却了其理论的一般性意义。“它不具备宏观理论的品格即普遍的指导性，而是以宏观理论的面目出现的微观分析工具。因此其价值也只能限于这个范围之内。一旦作为宏观理论，就会漏洞百出。”③ ③从其理论概括所依赖的经验内容来看，结构功能主义方法带有强烈的西方中心主义和种族中心主义特征，致使其理论适用性受到局限。

（三）回归国家学派对多元主义与结构功能主义的批判

斯考切波认为，无论是多元主义还是结构功能主义都没有把国家放在

---

① 〔美〕罗纳德·H. 奇尔科特：《比较政治学理论——新范式的探索》，高铦、潘世强译，社会科学文献出版社 1997 年版，第 175—178 页；〔美〕加布里埃尔·A. 阿尔蒙德、小 G. 宾厄姆·鲍威尔：《比较政治学：体系、过程和政策》，曹沛霖等译，东方出版社 2007 年版，译者序第 1—2 页。

② 参阅〔美〕罗纳德·H. 奇尔科特《比较政治学理论——新范式的探索》，高铦、潘世强译，社会科学文献出版社 1997 年版，第 181 页。

③ 李景鹏：《中国政治发展的理论研究纲要》，黑龙江人民出版社 2003 年版，第 45 页。

研究的中心，换句话说，它们都不愿研究国家，但这一忽视无疑影响了其在解释实际问题方面的效力，例如，多元主义在探索特定公共政策决策中的决定性因素时，往往会发现政府领导人提出的议案远远超出社会群体或选民的要求；有时甚至还会发现在特定的公共政策决策中，政府机构才是最主要的参与者。而对于结构功能主义也是如此，致力于比较政治发展研究的结构功能主义，在“尝试将其宏大理论应用于西欧历史或者应用于某些特定的西方政体时，常常会发现历史范式和顺序与初期理论概念和假设中提出的命题难以匹配”①。

二　一个例外：亨廷顿的观点

20 世纪 60 年代，在社会中心论一统天下的西方社会科学学界，塞缪尔·亨廷顿的观点多少有些“另类”，在其名著《变化社会中的政治秩序》中，他不仅一反多元主义和结构功能主义避谈国家的传统，甚至还提出了政治组织与政治程序的自主性问题，这实际上给后来的回归国家学派国家自主性理论提供了某种思想启示。

第二次世界大战以后到 20 世纪 60 年代中期大约 20 年间，一大批国家由先前的殖民地摆脱了宗主国的统治而独立（“第二波民主”）。在此背景下，关于新兴民族国家的现代化问题一时成为西方学术界研究的中心。传统的现代化理论倾向于认为，现代化就是西方化，现存于西方发达国家的民主社会是世界其余各国的可靠样板。此外，传统理论还假设，现代化首先是经济、文化和社会的现代化，其次才是政治的现代化，经济发展必然带来政治发展。亨廷顿直接挑战了这些设想，他认为以美国为首的西方国家，在现代化进程中制定国家政策时所尊奉的“发展经济—社会改革—政治稳定”的固有信条并不具有普适性。经济发展和政治秩序是两个相互独立的目标，两者之间没有必然的联系，政治秩序是个好东西，但它不能在现代化进程中自然而然地产生。相反，如果没有政治秩序，国家的经济社会发展也必然会受到严重阻碍。因此，后发现代化国家若想成功迈向现代化之路，当务之急是建立一个合法的公共秩序或曰政治共同体，而政治共同体的存继受到该国政治组织和政治秩序力量的制约，而这种力量又与这些组织和秩序获得支持的广度及其制度化的程度密切相关。所谓获得支持的广度是指政治共同体对社会活动范围的包容程度，而政治程序的制度化

---

① 〔美〕彼得·埃文斯等：《找回国家》，方力维等译，生活·读书·新知三联书店 2009 年版，第 4—5 页。

程度则是指政治共同体获取价值观和稳定性的一种进程。在此基础上，亨廷顿进一步指出，任何共同体的制度化程度都可以从其组织和程序的适应性、复杂性、自主性和内部协调性等几个方面加以衡量，由此引出了“自主性”这样一个概念。

在亨廷顿那里，自主性是作为政治制度化的一个衡量标准出现的，意指“政治组织和政治程序独立于其他社会团体和行为方式而存在的程度”。亨廷顿关于政治组织与政治秩序的自主性理论主要包括以下几个方面：其一，衡量政治机构的自主性，要看它是否具有区别于其他机构和社会势力的利益与价值。其二，政治机构的自主性是一个多种社会势力相互竞争的结果，这意味着一个仅代表某一社会集团利益的政党不如体现并整合各利益集团利益的政党的自主性强。其三，不同的政治组织与政治秩序，其自主性程度不同。亨廷顿认为，能够把体系内部的暴力成分降至最低并通过规定的途径限制财富对政治的影响，这样的政治机构自主性程度较高；而轻易就被军人推翻或金钱购买的政府则毫无自主性可言。其四，政治组织和政治程序易受其社会内部非政治因素的影响，也必然无法摆脱其外部因素的影响。在这里，亨廷顿其实指出了政治机构自主性的两个维度问题，即政治机构与政治因素相对于非政治因素的自主性以及该政治机构相对于其他政治机构的自主性问题，这实际上也是后来斯考切波等人讨论国家自主性的两个维度。其五，政治共同体自主性的实现依赖于限制或减缓新生集团对政治体系冲击力机制的建立。这些机制通过减缓新生集团参政的步伐或推动政治社会化的进程，可以迫使新生集团改变其过激的政治态度与行为。根据亨廷顿的观点，这一机制事实上就是官僚制，例如亨廷顿指出，在制度化程度很高的政治体系中，唯有在非重要职位上得到锻炼的人才有机会按部就班地获取高层次的领导岗位。①

20 世纪 60 年代尚是多元主义大行其道之时，亨廷顿关于“强政府”以及政治组织与政治秩序自主性等问题的相关论述令人耳目一新，也因此在西方政治学界产生了重要影响。指出政治发展与经济发展的非同步性，以及现代化进程中的国家政治秩序的脆弱性问题，把政治稳定拉入学术的关注视野，这是亨廷顿最大的理论贡献。毫无疑问，亨廷顿有关政治秩序及其自主性的观点对于许多后发现代化国家是具有积极启示意义的。然而，亨廷顿的自主性理论也不是无懈可击的。首先，他关于政治组织与政

---

① 〔美〕塞缪尔·P. 亨廷顿：《变化社会中的政治秩序》，王冠华等译，上海人民出版社 2008 年版，第 16—17 页。

治秩序自主性的观点本质上是服务于其“强政府”理论的。但是，由于他对政治秩序的过多关注和对政治权威的过度宣扬，且未能在独裁政治与有效政府之间划出明确的界限，导致其得出了一种几近悖论的结论：一个国家可以具有高度的政治机构化而不必是民主的，“共产主义集权国家和西方自由主义国家一般都可归入有效能的国家的范畴”[①]，“人们当然可以有秩序而无自由，但不能有自由而无秩序”[②]。其次，亨廷顿有关政治体系自主性的理论还带有一种“精英主义”的倾向，他认为政治秩序来源于政治权威，而“权威必须集中于某些强有力的个人或集团手中”[③]。因此在亨廷顿那里，其有关“强国家”与“强政府”的理论在很多时候表现为一种“强人政治”的观点，君主、国家元首、军队领袖等的个人权威成为维护政治稳定的关键，改革与发展成为“少数精英人物包打天下的行为”和“政治伟人手中随意拼装的魔方”[④]，这样的观点无疑与现代国家理论相悖，因为现代国家的本质特征是国家权力的制度化而非个人化。再次，亨廷顿没有对国家权力与国家能力加以区分，也未明确指出政治体系自主性的限度问题。实际上，在亨廷顿那里，强国家（政府）是和公共利益联系在一起的。正如他指出的那样，没有强有力的政治制度，社会就缺乏确定和实现自己共同利益的手段，“创建政治制度的能力就是创建公共利益的能力”[⑤]。最后，亨廷顿同样未能脱离“欧洲中心论”的窠臼，他关于政治体系自主性的许多观点基本上是建立在对欧美等发达国家政治制度研究的基础上的，能否以此类推来描述发展中国家的具体情境，还有待于进一步的验证。奇尔科特曾警示，“现代化理论有时导向不幸的结果”，因此发展中国家务必审慎地对待所谓的“新权威主义理论”[⑥]。

当然，我们也应看到，亨廷顿对于政治组织与政治秩序自主性问题的强调是与其研究对象和研究背景分不开的。第一，其研究对象是转型初期的后发国家，脚跟尚未站稳，一个高度自主和强大的国家权威比所谓的民主和自由更加重要。第二，广大第三世界国家的现实是，经济和社会发展

---

① 〔美〕塞缪尔·P. 亨廷顿：《变化社会中的政治秩序》，王冠华等译，上海人民出版社2008年版，第1页。

② 同上书，第6页。

③ 同上书，第84页。

④ 张星久：《亨廷顿的政治发展与政治稳定思想述评》，载《江汉论坛》1997年第4期。

⑤ 〔美〕塞缪尔·P. 亨廷顿：《变化社会中的政治秩序》，王冠华等译，上海人民出版社2008年版，第19页。

⑥ 〔美〕罗纳德·H. 奇尔科特：《比较政治学理论——新范式的探索》，高铦、潘世强译，社会科学文献出版社1997年版，第57页。

过快，而政治机构与政治程序的制度化却没能及时跟进，于是政治秩序的失调，政府有效性、权威性与合法性的下降成为一种常态，因此政治发展比经济发展更加紧迫。

三　马克思主义的国家自主性理论

马克思并没有建立起系统的国家理论，他的国家理论需要从其大量的各种各样的片断材料中提取，但这丝毫不能削弱马克思国家理论应有的创见性。列菲弗尔（Henri Lefebvre）曾指出过这个问题，他说："如果有人想在马克思的著作中寻找一种国家理论，也就是想寻找一种连贯和完全的国家学说体系，我们可以毫不犹豫地告诉他，这种学说体系是不存在的。反之，如果有人认为马克思忽视了国家，我们也可以告诉他，国家问题是马克思经常关注的问题。在他的著作中，有关于国家的一系列论述和一种显然已经确定了的方向。"①

国家自主性理论是马克思国家理论的重要组成部分，是一个关涉马克思主义理论是否可能的重大问题。马克思和恩格斯对国家自主性现象给予了重要关注，并在不同层面进行了理论阐释。此后阿尔都塞、葛兰西、普朗查斯、密利本德等西方马克思主义者对国家自主性的理论观点作了进一步拓展，这在一定程度上丰富和发展了马克思的国家自主性理论。

（一）马克思与恩格斯的观点

马克思和恩格斯关于资本主义社会中国家地位的论述，被认为是国家自主性理论的重要学说来源。马克思关于国家与阶级的理论至少包含两个层面的含义（尽管马克思本人并没有明确作出区分），其一是工具主义的国家观，其二是国家的自主性理论。第一层含义，也是最为经典的马克思主义国家理论，它在马克思的著作中无疑处于更加主要的位置。这一观点强调国家及其官僚机构是阶级统治的工具，它们按照统治阶级的利益来协调分裂的社会。这一层含义是马克思在批判自由主义国家理论的基础上发展起来的，后者认为国家可以声称代表整个社会和公众，而不是代表个人的私人目标与利益。马克思和恩格斯则指出，这种声称更多是表现为一种虚幻的共同体的形式。② 国家作为公共利益的"代言人"似乎表明：阶级是不存在的，剥削性的阶级关系是不存在的，阶级之间的根本利益差别也

---

① 〔法〕列菲弗尔：《论国家——从黑格尔到斯大林和毛泽东》，李青宜等译，重庆出版社1993年版，第122页。

② 《马克思恩格斯选集》第1卷，人民出版社1956年版，第37—38页。

是不存在的。马克思批判了上述观点，认为自由主义关于私有和国有、市民社会和政治领域之间存在的区别的主张是值得怀疑的。生产资料私有制，作为国家权力的主要根源显然被非政治化了。马克思在批判黑格尔的绝对国家观时也强调，“政治国家没有家庭的天然基础和市民社会的人为基础就不可能存在。它们是国家的必要条件”①。恩格斯也指出，“决不是国家制约和决定市民社会，而是市民社会制约和决定国家”②。因此，马克思和恩格斯坚持认为，国家的直接基础是统治阶级的经济、社会和政治权力，国家是在经济社会关系基础上产生的上层建筑，国家必然为经济上占统治地位的阶级服务。根据马克思的观点，国家不可能摆脱市民社会的权力关系，而只作为公共权力为公共利益服务；相反，它深深地陷入社会经济关系之中，并与特定的利益结合在一起，“国家远非表达公共利益的基础，而是把普遍目的演变成私人利益——国家守护者和领导者的利益——的另一种形式”③。

相对而言，马克思国家理论的第二个层面即国家自主性理论，并没有像其工具主义国家观那样引人注目。正如密利本德指出的那样，一些学者根据马克思有关经济基础和上层建筑的定义，很容易把政治解释为完全“被决定的”和“有条件的”活动，更有甚者把政治解释为主要地具有派生、从属的和“副现象”的性质，“把这一点推到极致，这就使马克思主义变成‘经济决定主义’，从而使政治失掉任何性质的自主性”④。事实上，尽管无论是马克思还是恩格斯都没有明确提出“相对自主性”这样一个概念，但有一点几乎是可以肯定的，那就是，“国家的相对自主性的观念是马克思主义国家理论的一个重要组成部分，而且是马克思和恩格斯以这样或那样的方式讨论得很多的一个问题”⑤。马克思与恩格斯主要是围绕以下三个层面对“国家自主性”进行理论阐述的。⑥

1. 上层建筑之于经济基础的自主性

经济基础制约和决定上层建筑是马克思强调的一个基本原则。在《〈政治经济学批判〉导言》中，马克思第一次用经济基础与上层建筑的

---

① 《马克思恩格斯选集》第1卷，人民出版社1956年版，第252页。

② 《马克思恩格斯选集》第4卷，人民出版社1995年版，第196页。

③ 〔英〕戴维·赫尔德：《民主的模式》，燕继荣等译，中央编译出版社2008年版，第120—121、124页。

④ 〔英〕拉尔夫·密利本德：《马克思主义与政治学》，黄子都译，商务印书馆1984年版，第9页。

⑤ 同上书，第79页。

⑥ 参阅郁建兴《马克思国家理论与现时代》，东方出版社2007年版，第153—189页。

概念对国家与市民社会的关系进行了解读。他说："人们在自己生活的社会生产中发生一定的、必然的、不以他们的意志为转移的关系，即同他们的物质生产力的一定发展阶段相适合的生产关系。这些生产关系的总和构成社会的经济结构，即有法律的和政治的上层建筑树立其上并有一定的社会意识形态与之相适应的现实基础。"[①] 此后，他还在多处指出整个社会结构归根结底决定于经济这样一个事实。但必须指出，无论是马克思还是恩格斯都没有说过经济基础是社会演进的唯一决定因素，相反，强调政治、意识形态等因素的重大作用以及上层建筑在本质上的独立自主性，是马克思和恩格斯的一贯立场。正如恩格斯强调的那样："如果有人在这里加以歪曲，说经济因素是唯一决定性的因素，那么，他就是把这个命题变成毫无内容的、抽象的、荒诞无稽的空话。经济状况是基础，但是对历史斗争的进程发生影响并且在许多情况下主要是决定着这一斗争的形式的，还有上层建筑的各种因素……这里表现出这一切因素间的相互作用。"[②]

上层建筑对于经济基础的独立自主性主要是在政治与经济的相互关系中体现出来的。马克思多次指出，相同的经济体系有可能产生不同的政治体系。在某些条件下，政治甚至可以制约经济，比如，尽管英国在经济上领先于法国，但在政治意识上却落后于法国。恩格斯的阐述则更为详细："政治、法……是以经济的发展为基础的。但是，它们又都互相作用并对经济基础发生作用。并非只有经济状况才是原因，才是积极的，其余一切都不过是消极的结果。"[③] 此外，恩格斯还进一步阐明了国家政治反作用于经济基础的三种不同情况：一是沿着同一方向起作用；二是沿着相反的方向起作用；三是阻止经济发展沿着既定的方向走，而给它规定另外的方向。唯有在第一种情况下，国家才能促进经济发展，在第二种与第三种情况下，政治权力会给经济发展带来巨大的损害，并造成人力和物力的大量浪费，最终导致经济崩溃。[④] 因此，根据马克思和恩格斯的上述观点可以得知，国家可以借助政治权力行使对经济基础的自主权，以此实现偏好与行动的一致性，而且在某些时候，国家的这种自主性甚至是必需的。但是，国家对经济制约的超越也会受到多种因素的影响。其中，占统治地位的毫无疑问是经济因素。除此之外，意识形态的影响同样不可忽视。意识形态在国家论证自身行为的合法性，掩饰政治与经济现实之间的关系，凸

---

① 《马克思恩格斯选集》第 2 卷，人民出版社 1995 年版，第 32 页。

② 《马克思恩格斯选集》第 4 卷，人民出版社 1995 年版，第 696 页。

③ 同上书，第 732 页。

④ 同上书，第 701 页。

显国家相对于经济社会的“超越性”方面发挥了重要作用。另外，意识形态赋予国家的自主性并不是无限制的，正如马克思指出的那样，每一个时代的精神生活总是受制于物质生活，“统治阶级的思想在每一时代都是占统治地位的思想”①。

2. 国家之于统治阶级的自主性

正如上文所述，马克思主义国家观的一个基本观点就是认为国家是阶级统治的工具，在阶级社会里国家带有鲜明的阶级性。另外，马克思与恩格斯也注意到了国家相对于统治阶级的某种自主性问题。恩格斯在《家庭、私有制和国家的起源》中曾深刻指出：“国家是承认：这个社会陷入了不可解决的自我矛盾，分裂为不可调和的对立面而又无力摆脱这些对立面。而为了使这些对立面，这些经济利益互相冲突的阶级，不致在无谓的斗争中把自己和社会消灭，就需要有一种表面上凌驾于社会之上的力量，这种力量应当缓和冲突，把冲突保持在‘秩序’的范围以内；这种从社会中产生但又自居于社会之上并且日益同社会相异化的力量，就是国家。”②恩格斯的这段论述在阐述国家起源的同时，其实也阐明了国家的双重身份：一方面，强调了国家的工具性，即国家是从阶级冲突中产生的，因此它不可避免地成为在经济上占统治地位的阶级的国家；另一方面，也指出了国家的自主性，即国家是一种凌驾于社会之上的力量，相对于冲突的阶级和阶级社会具有一定的自主性。国家的这种双重身份决定了，在实际政治生活中它必须采取各种手段来维护统治阶级的利益，同时为了维持社会秩序，在有些时候有可能会采取某些不利于统治阶级利益的行为。

国家对于统治阶级的自主性一个重要表现就是，国家必须在履行某些社会管理职能的基础上进行阶级统治。国家作为阶级统治的本质属性丝毫不影响它其他职能的履行。国家在进行阶级统治的时候，通常会借助经济、社会管理以及意识形态等其他职能的履行来实现政治统治职能。正如恩格斯所言：“政治统治到处都以执行某种社会职能为基础，而且政治统治只有在执行了它的这种社会职能时才能持续下去。”③ 马克思也没有因为对国家工具性的强调而忽略这一点，他这样说：剥削阶级国家“既包括执行由一切社会的性质产生的公共事务，又包括由政府同人民大众相对立而产生的各种特殊职能”④。马克思在回顾亚洲国家的演进历程时指出：“在

① 《马克思恩格斯选集》第1卷，人民出版社1995年版，第98页。

② 《马克思恩格斯选集》第4卷，人民出版社1995年版，第170页。

③ 《马克思恩格斯选集》第3卷，人民出版社1995年版，第523页。

④ 《马克思恩格斯全集》第25卷，人民出版社1974年版，第432页。

亚洲，从远古的时候起一般来说就只有三个政府部门：财政部门，或者说，对内进行掠夺的部门；战争部门，或者说，对外进行掠夺的部门；最后是公共工程部门。……所以亚洲的一切政府都不能不执行一种经济职能，即举办公共工程的职能。”① 此外，马克思还通过英国在印度的统治因忽视公共工程建设而导致农业衰落的事实，进一步论证了国家履行社会管理职能的重要性。当然，马克思和恩格斯强调国家应当履行社会管理的合理职能，其用意显然不是为了论说国家的“超阶级”性，相反是为了凸显国家的阶级性，因为即便国家在执行社会公共事务管理职能时表现出某种自主性，也丝毫没有削弱国家的阶级本质。

在社会管理之外的阶级斗争领域，国家扮演“调节者”或者“仲裁人”的角色，以此缓和阶级冲突，消解或吸纳生产力与生产关系、经济基础与上层建筑之间的矛盾，这是国家相对于统治阶级自主性的另一个重要表现。国家作为阶级调停力量的存在是马克思主义国家理论的重要内容，恩格斯尤其关注这一事实。他说：“一个这样的社会，只能或者存在于这些阶级相互间连续不断的公开斗争中，或者存在于第三种力量的统治下，这第三种力量似乎站在相互斗争着的各阶级之上，压制它们的公开的冲突，顶多容许阶级斗争在经济领域内以所谓合法形式决出结果来。”恩格斯还进一步指出，当阶级斗争加剧、社会陷入不可解决的自我矛盾时，为了避免经济利益相互冲突的阶级、相互争斗的对立面在无谓的斗争中把自己和社会消灭，国家作为一种“表面上凌驾于社会的力量”在调节阶级冲突方面发挥更加突出的作用。

国家之于统治阶级的相对自主性，其根本原因是统治阶级的“共同利益”与“特殊利益”之间存在矛盾。统治者阶级自身利益是一种特殊利益，它与社会公共利益和被统治阶级利益之间存在矛盾，同时作为一种整体性与长期性利益，它与统治者个别的、眼前的利益也有冲突。“正是由于私人利益和公共利益之间的这种矛盾，公共利益才采取国家这种与实际的单个利益和全体利益相脱离的独立形式，同时采取虚幻共同体的形式……”②。一方面，国家作为阶级统治工具，在各种冲突的利益矛盾面前，必然体现一定程度的相对自主性，用以协调冲突、维持秩序。另一方面，任何国家行为都不能脱离特定经济基础与社会生产方式的制约，因此国家对于统治阶级的自主性又是有限的和相对的。正如恩格斯所说的那样，国家作为整

---

① 《马克思恩格斯选集》第1卷，人民出版社1995年版，第763页。

② 同上书，第84页。

个社会的正式代表，仅仅表明国家是当时独自代表社会的那个阶级的国家，“当国家终于真正成为整个社会的代表时，它就使自己成为多余的了”①。

3. 国家官僚之于集团政治的自主性

马克思对官僚政治的分析是其对国家与社会关系研究的一个重要内容。黑格尔也曾对官僚政治作出过重要论述，他对官僚政治十分推崇，认为“现代国家的本质在于，普遍物是同特殊性的完全自由和私人福利相结合的，所以家庭和市民社会的利益必须集中于国家”②，强调作为“普遍机构”的官僚机构可以通过特殊的行政目的把市民社会的特殊利益纳入国家所代表的普遍利益之下。马克思对于黑格尔的上述观点进行了批判，认为官僚机构的实质不过是市民社会的“国家形式主义”，其自身同样是特殊利益的代表，远非黑格尔设想的那样可以超越自身特殊利益、自发实现公共利益。“官僚机构是和实在的国家并列的虚假的国家……官僚机构掌握了国家，掌握了社会的唯灵论实质：这是它的私有财产。官僚机构的普遍精神是秘密，是奥秘……就单个的官僚来说，国家的目的变成了他的个人目的，变成了他升官发财、飞黄腾达的手段。”③

马克思是从分析官僚集团与统治阶级的关系状况来探讨官僚自主性问题的。根据马克思的观点，在阶级国家中，由于国家机构通常被经济上占统治地位的阶级占据，官僚集团的特殊利益与统治阶级的特殊利益并无二致，两者在本质上具有统一性。因此，统治阶级与官僚集团的融合愈加紧密，前者利用后者攫取自身特殊利益的可能性就越大，这时国家自主性就异化为统治阶级亦即官僚集团相对于整个社会的自主性，这一现象在前资本主义社会表现尤为突出。进入资本主义社会以后，伴随大众民主制度的建立与公民权利意识的觉醒，国家代表“共同利益”的形象开始凸显，资本主义国家与资产阶级的直接经济联系有所疏离，由此统治阶级相对于社会各阶级的自主性逐渐削弱。尽管如此，资产阶级利用国家机构获取自身特殊利益的动机与本性并没有发生根本变化。

除此之外，马克思同样注意到了统治阶级与官僚集团之间的利益差异问题，认为有时国家甚至可以违背支配阶级的利益而独立行动，这一思想集中体现在马克思对法兰西第二帝国，即波拿巴政权的相关论述上。在《路易·波拿巴的雾月十八日》中，马克思详细分析了波拿巴权力在法国

① 《马克思恩格斯选集》第3卷，人民出版社1995年版，第631页。

② 〔德〕黑格尔：《法哲学原理》，范扬、张企泰译，商务印书馆1961年版，第261页。

③ 《马克思恩格斯全集》第1卷，人民出版社1956年版，第302页。

的崛起，讨论了行政机构如何“独立于”市民社会和资产阶级而积聚权力的过程。马克思如此写道：“不仅议会党分裂为原来的两大集团，不仅其中的每一个集团又各自再行分裂，而且议会内的秩序党和议会外的秩序党也分裂了。资产阶级的演说家和作家，资产阶级的讲坛和报刊，一句话，资产阶级的思想家和资产阶级自己，代表者和被代表者，都互相疏远了，都不再互相了解了。……商业资产阶级和它的政治家之间的分裂，更加危险，更具有决定的意义。正统派责备自己的政治家背弃了原则，而商业资产阶级却正好相反，责备自己的政治家忠实于已经变得无用的原则。”① 马克思认为，由于资产阶级议会与议会资产阶级的利益渐行渐远，再加之资产阶级面临内部集团间激烈斗争和外部民众普遍反对的双重压力，波拿巴通过行政权对议会立法权的控制成功窃取了国家权力。在这里，国家被描述为可以摆脱市民社会与资产阶级控制的独立的行动主体，甚至是一种可以剥夺资产阶级控制国家的能力的一整套庞大的体制。国家的官僚政治特征取代了国家的阶级性，国家几乎“成了完全独立的东西”②。

应当指出，马克思有关国家自主性的理论观点在其理论体系中还处于“非主要”的地位，或者可以说，马克思对国家自主性的理论阐释更多是服务于其工具主义国家观的。虽然马克思指出了国家的“相对自主性”问题，但根据马克思的观点，这一自主性其实是相当有限的，“相对自主性”更多被描述为“历史偶然性”或者是一种“局势”，这些东西仅仅添加在经验层面而并没有上升到理论的高度，归根结底国家还是服务于资本积累和阶级调整的。③ 总的来说，马克思主义对于国家自主性的思考更多是一种经验性思考，国家自主性现象只是一种特殊的而非普遍的历史现象。因此，对马克思主义的理论观点进一步拓展，发展更为系统的国家自主性理论，成为后来的西方马克思主义者的重要任务。

（二）西方马克思主义的理论拓展

20 世纪后半期，西方资本主义国家经济社会的发展变化对经典马克思主义的工具主义国家理论提出了挑战。西方福利国家的实践在一定程度上改善了工人的福利待遇，缩小了贫富差距，缓解了阶级矛盾。西方马克思主义者认识到工具主义国家理论在解释现实方面存在不足，于是在经典马克思主义国家理论的基础上对马克思恩格斯有关国家自主性的论点进行了拓展。

---

① 《马克思恩格斯选集》第 1 卷，人民出版社 1995 年版，第 658 页。

② 同上书，第 676 页。

③ 〔英〕迈克尔·曼：《社会权力的来源》（第二卷·上），陈海宏等译，上海世纪出版集团 2005 年版，第 51 页。

1. 经济基础与“多元决定作用”

阐释上层建筑相对于经济基础的自主性，是探讨国家自主性的一个重要前提。为了不陷入“经济决定论”的泥潭，西方马克思主义学者在经典马克思主义有关经济基础与上层建筑辩证关系的基础上，通过引入“多元决定作用”的概念来考察政治结构的“相对自主性”。“多元决定作用”本来是一个心理学术语，用以表明某种行为受到多种心理因素的影响。阿尔都塞（Louis Pierre Althusser）把这一概念引入政治学领域，用以说明社会形态这个统一体的复杂构成。阿尔都塞认为，矛盾在其内部受到各种不同矛盾的影响，即规定社会形态的各个方面，同时又被后者所规定，“‘矛盾’本质上是多元决定的”①。在构成社会形态的经济、政治和意识形态诸要素中，必然有一个主要矛盾支配其他矛盾，这样一种主要矛盾支配次要矛盾的结构形式体现了社会结构的本质特征，另外，承认主要矛盾并不等于排斥次要矛盾，而且不同矛盾的地位也可能是相互转化的。因此，尽管多元决定作用从根本上说决定于经济因素，但并不是经济始终起决定性作用，政治、意识形态等因素同样可以起决定作用。

阿尔都塞的学生波朗查斯（Nicos Poulantzas）对其老师的观点作了进一步阐释。波朗查斯强调，人们所说的“生产方式”一词并不能简单地理解为经济方面，即严格意义上的生产关系，而是各种结构和实践的特殊结合，在这个结合里，包括众多环节与方面。他说：“作为生产方式特征的统一型式乃是一套复杂整体的型式，其中占统治地位的归根结底是经济环节。‘决定作用’一语就是指最后要由它来起统治作用的。”② 波朗查斯进一步指出，经济环节的决定作用并不是一种简单的直线型因果关系，构成生产方式每个层面的那些关系都要受到其他层面关系的多重影响，即多元决定作用：“由占统治地位的结构构成的统一体意味着每种生产方式都有一个占统治地位的方面或环节；但事实上经济之所以起着决定性作用，是因为经济让某一个环节起统治作用，而由经济掌握着起决定作用的环节的转换，这种转换是由于各个环节分散活动的结果。”③ 阿尔都塞、波朗查斯等人对多元决定作用的经济统治的阐释，进一步丰富了马克思有关经济与政治关系的理论观点，从而为分析政治（国家）的相对自主性建立了逻辑前提。正如杰索普所言：经济基础的多元决定作用，“意味着其他系统必须拥有某种程度

---

① 〔法〕路易·阿尔都塞：《保卫马克思》，顾良译，商务印书馆1984年版，第78页。

② 〔希腊〕尼科斯·波朗查斯：《政治权力与社会阶级》，叶林等译，中国社会科学出版社1982年版，第4页。

③ 同上书，第4—5页。

的自主性，而且可能是一种相对于经济系统的广泛自主性”①。

2. 密利本德与波朗查斯之争

在国家与阶级的关系议题上，西方马克思主义的两位著名学者密利本德与波朗查斯之间存在分歧，甚至为此展开了一系列争论。密利本德是工具主义国家理论的代表人物，他对国家自主性的本质及其限度进行了揭示。一方面，他坚持马克思的观点，强调资本主义社会的统治阶级是占有并控制生产资料的阶级，由于它掌握经济权力，因此可以把国家作为其统治社会的工具。另一方面，密利本德又强烈反对把国家简单视为阶级统治工具的观点，认为如果国家需要对不同的相互冲突的资产阶级的利益进行调解的话，就必须对统治阶级有一定程度的自主权。“只要那个阶级不是铁板一块（它绝不是铁板一块），那么它就不能像委托人对代理人那样行动，‘它’也就不能够简单地把国家当作‘它的’工具。”② 他进一步指出：“当国家按照马克思主义的说法代表‘统治阶级’采取行动时，它多半并不按照统治阶级的指令行事。国家诚然是一个阶级的国家，是‘统治阶级’的国家。但是，当它作为一个阶级的国家而行动时拥有高度的自主和独立，而且，如果它是要作为一个阶级的国家而行动的话，必须真正拥有这种高度的自主和独立。国家作为‘工具’的看法不符合这一事实，并且会使现在看来是国家的一个极其重要的特征，即它对‘统治阶级’的相对的自主性，以及一般说来对市民社会的相对自主性，变得模糊不清。”③此外，密利本德还认为，国家的自主性并不像马克思所说的仅存在于诸如波拿巴政权或俾斯麦政权这样的行政专制国家，不同的国家具有不同程度的自主性，但是，一切国家对一切阶级包括统治阶级都具有一定自主性，这一观点与波朗查斯也有很大不同，后者认为国家自主性是资本主义国家的专有特性。密利本德一再强调，国家的自主性丝毫不减少它的阶级性质，相反，“它的相对独立性使国家有可能以适当灵活的方式行使阶级的任务”④。

与密立本德不同，波朗查斯是从结构主义的视角对国家的相对自主性进行阐释的。波朗查斯认为，简单的工具主义国家观“对于理解资本主义

① Bob Jessop, *State Theory: Putting Capitalist States in Their Place*, Cambridge: Polity Press, 1990. p. 85.

② 〔英〕拉尔夫·密利本德：《马克思主义与政治学》，黄子都译，商务印书馆1984年版，第73页。

③ 同上书，第79页。

④ 同上书，第95页。

国家作用，是毫无用处的"[①]。他指出："国家通过其自身结构，对某些被统治阶级的经济利益给予保证，这种保证甚至可能有背于统治阶级的短期经济利益，但却和它们的政治利益以及他们的霸主统治地位是一致的。"[②]由此，资本主义国家的特征就集中表现在两个方面：一方面，针对经济方面的自主性使得社会福利政策的实行成为一种可能，即对某些被统治阶级的经济利益作出让步；另一方面，这种自主性本身使其有可能触及统治阶级的经济权力，但从来不威胁到它们的政治权力。[③] 波朗查斯认为国家自主性是资本主义国家的专有特征，其根源是上层建筑与经济基础、政治权力与经济权力的特殊分离。在前资本主义社会，由于政治与经济没有分离，被统治阶级的任何一项经济要求往往表现为直接威胁统治阶级利益的政治要求，在这种情况下国家自主性自然难以生成。波朗查斯还对马克思有关国家作为"调解者"角色的观点作了进一步阐述，认为统治与从属之间的分界线不能从简单的统治与被统治阶级之间"双重性"斗争的观点来划分，工具主义和历史循环论的国家观并不可取。"有若干种生产方式交错形成的一种社会形态，就意味着有若干阶级或阶级中派别的阶级斗争领域的共存，因此就可能会有若干个统治阶级或派别。"[④] 此外，由于统治阶级分化和相互角力，资产阶级很难把其政党提高到霸主的地位，以此来实现对被统治阶级的统治。正是认识到统治阶级这样一种"多元化"特点，以及国家制度化权力的统一性特征，波朗查斯很好地解释了资本主义国家针对权力集团和派别的相对自主性问题，即国家为了整个统治阶级集团的整体利益和长远利益，有可能会作出不利于个别统治阶级利益的行为。尽管如此，波朗查斯强调，国家的自主性并没有带来国家权力对于被统治阶级的任何分割，"归根结底，这种相对自主性只不过是各统治阶级霸主组织所需要的那种自主而已；也就是，它只不过是这些阶级的明确权力所不可缺少的那种相对自主而已"[⑤]。在波朗查斯看来，资本主义的国家相对自主性更像是国家内部的一种调节机制——通过统治阶级部分经济利益的让渡和对被统治阶级的某种妥协来实现阶级统治。因此，就这一点来说，波朗查斯和密利本德似乎又走到了一起。正如有学者所言，密利本德对国家

① 〔希腊〕尼科斯·波朗查斯：《政治权力与社会阶级》，叶林等译，中国社会科学出版社1982年版，第285页。

② 同上书，第208页。

③ 同上书，第210页。

④ 同上书，第255页。

⑤ 同上书，第327页。

自主性本质的揭示与波朗查斯对国家自主性根源的阐释具有同一性，“他们的争论实际上是同一理论阵营内部的争论”①。

3. 官僚机构与官僚自主性

马克思认识到官僚集团存在自身特殊利益，同时指出这一特殊利益与统治阶级的特殊利益存在差异的事实，西方马克思主义对马克思的上述观点作了进一步拓展。密利本德在讨论资本主义国家性质和作用问题时对官僚机构以及精英集团行使国家权力的问题进行了探讨。密利本德指出，作为国家制度的基本因素，官僚机构极速扩张，已经成为当代社会生活的一个最为明显的特点，这些机构及其官员具有一定程度的自主性，而非传统意义上的政策执行机构，“它的领导人与政府和社会的关系，对于决定国家的作用，也是十分关键的”②。密利本德对马克思有关统治阶级与官僚集团利益存在差异的观点表示认同，一方面，他认为，资产阶级通过占领政府、强制性机构和其他国家机关中的领导地位来巩固其统治阶级地位，由此，他们所掌握的官僚机构的职位数目成为衡量其统治地位的重要标志。另一方面，密利本德在谈到资产阶级对官僚机构的控制力度时始终认为，在大多数资本主义国家，资产阶级并没有获得对政府的绝对控制权，“资产阶级作为一个阶级，但并不实际上‘治理’”。③ 在第二个层面，密利本德实际上指出了官僚机构相对于统治阶级的自主性问题。此外，密利本德还创造性地对不同层级官僚机构的职能作了界分，指出了不同层级的官僚自主性问题，认为资本主义国家为了维护不同统治阶级的利益均衡，必然会考虑解决好高层官僚和普通公务员间的关系问题，以此发挥基层官僚的自主性，提升基层单元的执行能力，使其在政策制定过程中发挥积极作用。④

波朗查斯在其著作《政治权力与社会阶级》中也对官僚机构及其自主性作了探讨。波朗查斯认为，官僚自身并不能构成一个特殊的阶级，甚至不能构成一个派别，无论其是否具有自主性。作为一种特殊社会范畴的官僚，其依赖的是国家机器的具体功能，而不是国家机器本身的国家权力。“有时被认为是官僚的特权特点的那种东西（即它与国家的特殊关系），不但不能使它构成一个社会阶级或其中的一个派别，而且在说明它是一种范

① 郁建兴：《马克思国家理论与现时代》，东方出版社 2007 年版，第 174 页。

② 〔英〕拉尔夫・密利本德：《马克思主义与政治学》，黄子都译，商务印书馆 1984 年版，第 55 页。

③ 同上书，第 58—60 页。

④ 参阅〔美〕史丹利・阿若诺威兹、彼得・布拉提斯《逝去的范式：反思国家理论》，李中译，吉林人民出版社 2008 年版，第 22—23 页。

畴的时候，由于约束了它在这个国家阶级权力内部的功能，恰恰把它排除在政治方面一个阶级中一个自主派别之外。”① 这里，波朗查斯实际上指出了官僚机构的一个基本特性，即韦伯所言的“中立性”问题，当然这种中立仅仅是一种制度形式的中立，而非价值与利益的中立。波朗查斯不承认官僚是一个独立的阶级，但并没有否认官僚产生于不同阶级或阶层的事实，其根本用意主要还是为了论证政治权力与经济权力的脱离（错位）问题，即尽管资产阶级掌握了经济权力，但这种经济权力并不必然导致对国家政治权力的最终掌控，这其实也证明了马克思所说的官僚特殊利益与资产阶级特殊利益存在分歧的相关论点。

尽管西方马克思主义者普遍倾向于认为，如果国家的统治阶级要执行一种服务于整个支配阶级利益的政策，他们就必须摆脱特定利益集团和个人的控制。但实际上，不同的学者对于国家自主性程度的强调是不尽相同的。一些热衷于国家如何才能反对支配阶级的抵制而维持现存生产方式的学者，如波朗查斯就断言，“不但有在国家和经济方面的阶级斗争之间的关系中所反映的政治和经济各自结构中的自主性，而且还有国家对于政治上占统治地位的各个阶级的相对自主性”②。国家的相对自主性不仅体现在反对支配阶级，甚至表现为抵抗整个支配阶级的生产方式。这一表述在国家自主性理论探讨上迈进了一大步。但实际上绝大多数学者在很多时候还是对此望而却步，如奥菲虽然认为国家结构与政策地位重要，但他认为国家功能的实际发挥却是基于一种“选择机制”的构建来维持现有统治方式。即便是波朗查斯最后也只是用阶级斗争还原论（class-struggle reductionism）来取代声望不好的支配阶级的工具论（dominant-class instrumentalism）。而到了高兰·瑟本那里，国家仅被视作社会中阶级关系的物质化浓缩。③

于是，西方马克思主义关于国家自主性的争论就此止步，争论中的双方要么倒退到工具主义的国家理论（如密利本德），要么仅仅把国家视为阶级冲突的一个方面（如波朗查斯）。但实际上，几乎所有的西方马克思主义还是简单地假定，“国家形式与活动的变化对应于生产方式的形式和

---

① 〔希腊〕尼科斯·波朗查斯：《政治权力与社会阶级》，叶林等译，中国社会科学出版社1982年版，第379页。

② 同上书，第318页。

③ 〔美〕西达·斯考切波：《国家与社会革命》，何俊志、王学东译，上海世纪出版集团2007年版，第28—29页。

变化，国家统治者不可能反对支配阶级的基本利益”①。虽然西方马克思主义者没能根本脱离社会中心论的影响，且其研究对象主要还是资本主义国家，但他们提出国家不仅仅是支配阶级创设出来的统治工具，无疑进一步推动了国家自主性的理论研究，为后来回归国家学派的理论探讨奠定了一定的基础。事实上，就是斯考切波也承认，她所讨论的比较和历史研究的许多文献，在确定问题和提出假设等方面都从新马克思主义者（西方马克思主义者）那里汲取了养分。②

四　回归国家学派：“找回国家”

多元主义与结构功能主义不愿使用国家的概念，而西方马克思主义也未能最终脱离社会中心论的影响，这使得国家与国家自主性的理论研究停滞不前。尽管上述理论流派之间存在观点分歧，但毫无疑问，它们却共同承继了自18世纪以来西方社会科学在现代化研究方面的主流范式。在这里，经济发展被视为社会各领域变迁的发动机，而19世纪英国的社会经济发展模式则被视为世界上其他所有国家效仿的对象。然而，20世纪新的发展事实却使得“最现代化国家”的主流理论面临窘境。20世纪30年代，蔓延整个资本主义国家的经济危机使得自由主义光彩不再，而倡导国家干预的凯恩斯主义开始受到推崇。此后，直至20世纪50年代，国家宏观调控一直成为标准做法，“看得见的手”在包括美国在内的广大西方发达国家被频繁运用。第二次世界大战以后，西方殖民帝国主义体系的瓦解催生了一批新兴国家，而人们也明显感到基于英美等发达国家的自由民主模式无法有效适应后发国家现代化发展的制度与政策安排。再加之，20世纪70年代，西方国家的石油危机及其引发的“滞胀症结”，再一次沉重打击了资本主义国家的自由市场体系，英国与美国也在面临更为激烈的国际竞争的挑战。

在上述背景下，国家作为一种主要的行为主体和制度结构开始重新回归西方学者的视野。20世纪70年代中后期，陆续有不同学科的西方学者开始把国家作为研究对象加以探讨。其中，艾里斯·阿姆斯丹（Alice Amsden）、彼得·埃文斯（Peter Evans）、艾尔弗雷德·斯特潘（Alfred Stepan）等人以亚洲、非洲和拉丁美洲的后发国家（地区）为研究对象，探讨国家

---

① 〔美〕西达·斯考切波：《国家与社会革命》，何俊志、王学东译，上海世纪出版集团2007年版，第29页。

② 〔美〕彼得·埃文斯等：《找回国家》，方力维等译，生活·读书·新知三联书店2009年版，第5页。

或政府在政治改革和经济发展的主要作用。道格拉斯·埃斯福特（Douglas Ashford）、大卫·卡梅因（David Cameron）等人则以欧美、日本等发达国家为研究对象，探讨国家在开展社会项目、管理国内与国际问题等方面的职能。西达·斯考切波（Theda Skocpol）、乔尔·S. 米格代尔（Joel S. Migdal）、查尔斯·蒂利（Charles Tilly）等比较历史学家则对民族国家的形成、社会革命中国家的解体与重建以及国家对社会的影响等问题开展了广泛研究。以道格拉斯·诺思（Douglass North）、罗伯特·贝特斯（Robert Bates）等为代表的经济史学家和政治经济学家则对作为产权界定者和市场规制者的国家进行了阐述。此外，克利福德·吉尔茨（Clifford Geertz）等文化人类学家还对非西方语境下“国家”的特有含义展开了研究。[①]

为了促进不同学科间的对话与交流，进一步推动国家理论的研究进程，1982 年 2 月，在美国社会科学研究协会和全美学术团体协会的拉丁美洲研究与西欧研究联合委员会的共同资助下，“国家理论在当前研究中运用”会议在纽约基斯科山（Mount Kisco，New York）召开。致力于新背景下国家的比较研究和理论化的众多学者参加了这次会议，与会者包括政治科学家、社会学家、经济学家和历史学家，其中既有理论学者也有熟悉国际不同地区事务的区域专家。会后，为了筹建社会科学研究协会的国家与社会结构研究委员会，彼得·埃文斯、迪特里希·鲁施迈耶（Dietrich Rueschemeyer）、西达·斯考切波、查尔斯·蒂利、斯蒂芬·克拉斯纳（Stephen Krasner）、艾伯特·赫希曼（Albert Hirschman）、彼得·卡岑斯坦（Peter Katzenstein）以及埃拉·卡茨纳尔逊（Ira Katznelson）八位与会者继续进行相关研究。1985 年，在埃文斯、鲁施迈耶以及斯考切波的主持下，1982 年会议上提交的绝大部分论文得以集结成册并给予出版，书名就是《找回国家》（*Bring the State Back In*）。该书出版后，在西方学术界引起强烈反响，而该书的主要作者斯考切波、埃文斯、鲁施迈耶等人，以及其他以国家为研究中心的学者也因此被统称为“回归国家学派”或“新国家中心主义”（Neo-statism）。

① 〔美〕彼得·埃文斯等：《找回国家》，方力维等译，生活·读书·新知三联书店 2009 年版，第 2—3 页。

第二章　国家自主性理论及其批评

20 世纪 70 年代，国家回归学派抛弃社会中心论的理论假设，重新把国家拉进西方社会科学研究的视野。在此基础上，以斯考切波、埃文斯、诺德林格等为代表的学者在批判继承西方马克思主义国家相对自主理论的基础上，结合发展中国家政治发展的实际，以国家自主性、国家能力等为核心概念提出了一系列命题假设，把国家自主性理论研究向前推进了一大步，也为当代许多经济、政治与社会现象提供了一种新的分析路径。国家自主性理论在解释一些国家的经济发展与社会变革方面产生了重要影响，以“发展型国家”为核心特质的“东亚模式”更是为其提供了有力佐证。回归国家学派关于国家自主性与国家能力的相关理论与观点正在被许多学者接受并加以运用。另外，国家自主性理论也存在概念界定不清、理论推演不够严密以及研究方法过于单一等问题，这些问题在某种程度上削弱了其理论解释力。

第一节　国家自主性的理论基础

在 19 世纪，即使是在工业化已全面启动之后，一些倾向于欧洲大陆的社会变革与政治现实的社会科学理论家并不赞成有关忽视国家及其作用的观点。这些研究社会现象的大陆学者，尤其是德国学者，仍然坚持认为国家是一种机制性的现实，重视国家对市民社会施加的影响与作用。[①] 其中，马克斯·韦伯（Max Weber）和奥托·辛策（Otto Hintze）对国家概念与内涵的解读，为回归国家学派的国家自主性理论提供了直接的思想素材。前者为国家自主性理论提供了一种国家概念界定的不同方式，而后者则为国家自主性理论提供了一种双重向度的分析路径。

---

① 〔美〕彼得·埃文斯等：《找回国家》，方力维等译，生活·读书·新知三联书店 2009 年版，第 8 页。

一 马克斯·韦伯的国家理论

马克斯·韦伯是20世纪最为伟大的思想家之一，他的学术成就反映在很多领域，诸如法理学、经济学、社会学等。尽管韦伯没有关于国家与政治理论系统的著作，其相关理论更多散见于若干讨论政治、国家问题的文章及其他著作之中，然而这丝毫不妨碍韦伯在这些领域内产生同样深远的学术影响。

韦伯在论述国家问题时，是把国家的制度性发展分为三个阶段来进行的，这三个阶段分别是"政治权力""国家"和"现代国家"。在第一阶段，有"政治权力"，但没有国家。在一个给定的领域内，由于行政班子使用武力相威胁，使得一个统治集体的存在和秩序获得保障，这样一个统治集体可以被称为"政治团体"。因此，"政治权力"本质上是地域性的，它是由一个专业化的行政班子强制推行的。"国家"是在第二个阶段就出现的，即当行政班子可以卓有成效地要求对合法的有形强制实行垄断以推行它的命令时，这种能够持续运作的强制性政治组织就被称为"国家"。韦伯关于国家的这个定义受到了广泛的认同。进入第三个阶段，即"现代国家"阶段，国家的制度化程度更加明显。"现代国家"是具有明确领域的强制性组织，它是一组分工合作的制度与人员；它具有一整套行政与法律秩序，且后者随立法而改变，同时也决定行政人员在立法的约束下进行有组织的行为；这一由秩序组成的体系也要对国家的所有成员与管辖范围拥有令行禁止的权威。① 这样，现代国家将更大范围内的理性的、正式的与合法的强制权施加于其领土与人口之上。通过行政与法律的双重手段，现代国家实现了以往国家所做不到的"合法—理性"统治。

韦伯对于现代国家的定义，凸显了现代国家的基本特征：其一，国家表现为一套制度或曰机构；其二，国家以特定的领土为界域；其三，更为重要的是，国家垄断了合法使用暴力的权利。② 韦伯更多是从制度（工具）视角而非功能（目的）视角来对现代国家进行定义的，这与传统的国家概念的界定截然不同。后者更多采用一种功能主义的方法，例如亚里士多德把古代城邦视为"共同的善"，霍布斯则认为现代国家存在的目的是为了避免"所有人对所有人的战争"等。因此，韦伯认为，从国家的活动范围

---

① 〔英〕迈克尔·曼：《社会权力的来源》（第二卷·上），陈海宏等译，上海世纪出版集团2005年版，第63—65页；〔德〕马克斯·韦伯：《经济与社会》（上卷），林荣远译，商务印书馆1997年版，第82—84页。

② 李强：《后全能体制下现代国家构建》，载《战略管理》2001年第6期。

或目的来对其加以界定是不合适的，他指出，“几乎没有什么工作，不曾在某时某地，被某政治团体引为己任；而在另一方面，也没有什么工作，在任何时地，都完全是国家的工作”①。

韦伯式国家观给回归国家学派以重要启示，那就是不能仅仅把国家视为社会集团提出要求并致力于政治斗争或妥协的一个平台，而应当把国家看作一个独立的行动主体与制度安排，其中行政、立法、征税以及强制性机构是一切国家的核心。“国家应当适当地被理解为不仅仅是一个社会经济冲突展开战斗的场所。毋宁说，它是一套以执行权威为首，并或多或少是由执行权威加以良性协调的行政、政策和军事组织。任何国家都要首先并主要是从社会中抽取资源，并利用这些资源来创设和支持强制组织和行政组织。”② 回归国家学派正是在上述意义上使用国家自主性的概念的。

二 奥托·辛策的国家理论

奥托·辛策（1861—1940）是德国的比较历史学家。他和韦伯是同时代人，而且也受到韦伯的影响。辛策的研究领域主要是宪政与政府制度，其观点是强调历史现象本身的特殊性以及可比较性。1975 年出版的《奥托·辛策的历史文集》（*the Historical Essays of Otto Hintze*）收集了辛策的 11 篇论文，辛策关于国家的有关理论也主要反映在这本论文集中。在其中一篇名为《军事组织》的论文中，辛策认为，有两种现象限制着国家的实际组织，其一是社会的阶级结构；其二是国家的外部秩序，即国家之间的相对地位以及它们在世界上的总体地位。③ 根据辛策的观点，现代国家的组织结构及其行为特点将不可避免地受到国内社会结构与跨国关系的影响与约束，因此，国家必须同时扮演好两种角色：其一是内部平衡者，处理本国内部国家与社会的关系问题；其二是外部平衡者，处理好国家与国家之间的关系问题。辛策的国家观对回归国家学派及其国家自主性理论产生了直接影响。例如，斯考切波就认为讨论国家自主性议题需要从两个维度展开，即国家内部的社会结构维度和国家的地缘政治环境维度。她强调，“国家从根本上说具有两副面孔，从而内在地依赖于两个方面：其一是阶

① 〔德〕马克斯·韦伯：《韦伯作品集：学术与政治》，钱永祥等译，广西师范大学出版社 2004 年版，第 196 页。

② 〔美〕西达·斯考切波：《国家与社会革命》，何俊志、王学东译，上海世纪出版集团 2007 年版，第 30 页。

③ Otto Hintze, *The Historical Essays of Otto Hintze*, New York: Oxford University Press, 1975, p. 13.

级分化的社会经济结构；其二是国家的国际体系”，“国家自主性的实际程度和后果，只能从特定的政治系统和特定的历史性国际环境的角度来分析和解释”①。这一观点与辛策有关国家两种角色的论点几乎如出一辙。

第二节 国家自主性理论的主要内容

一 国家自主性的不同定义

在伦理学意义上，自主是一个“个人意志自由的道德概念，指人在正确认识和意志选择的基础上，自己控制自己的行为，自己掌握自己的命运，处理和支配事物的能力。自主同盲目、没有主见、没有骨气、任人摆布或甘当傀儡的精神状态是对立的，自主就是对这种精神状态的克服”②。一般认为，自主性（autonomy）的概念起源于康德。康德认为，自主性是个体摆脱控制状态实现启蒙的主要预设。他指出，理性的个人，想要成为一个道德的存在，就必须具有一种有意识的选择自由。康德的上述观点在此后的其他启蒙政治思想中被阐释为：有意识的和理性的个体可以自由的行使自己的政治偏好。

黑格尔曾经论述过与国家自主性类似的意义，他认为“国家具有特定的、自在自为地存在的过程”③。不过，他主要探讨的是国家的精神合理性问题，而不是国家与社会关系层面的自主性问题。马克思和恩格斯关于上层建筑与经济基础相互作用、国家来源于市民社会又高于市民社会以及国家官僚之于集团统治独立性的观点，一般被认为是国家自主性理论的知识缘起。西方马克思主义者在阐述国家理论时，继承并进一步发展了经典的马克思主义理论。葛兰西（Antonio Gramsci）对马克思关于波拿巴政权的阶级平衡观点表示了认同，他说，“国家的生命可以被认作是……在基本集团的利益与从属集团的利益之间持续不断谋求并取代不稳定的平衡的过程——在这种平衡中统治集团的利益占优势，但也有其一定的限度，即只要不是狭隘的集团

① 〔美〕西达·斯考切波：《国家与社会革命》，何俊志、王学东译，上海世纪出版集团2007年版，第33、30页。

② 宋希仁等主编：《伦理学大辞典》，吉林人民出版社1989年版，第415—416页。

③ 〔德〕黑格尔：《法哲学原理》，范扬、张企泰译，商务印书馆1961年版，第285页。

利益”[①]。阿尔都塞（Louis Althusser）则运用“相对独立性”这样一个概念来阐述上层建筑与经济基础之间的关系，他指出“一方面，生产方式经济因素归根结底是决定性的因素；另一方面，上层建筑及其特殊效能具有相对独立性”[②]。阿尔都塞认为，虽然经济基础最终决定上层建筑，但在某些特定时期，意识形态或上层建筑发挥的作用比经济因素更大。阿尔都塞的学生波朗查斯第一个明确提出“国家的相对自主性”这一概念，他对国家的相对自主性作了如下解释，“关于这样一种国家类型的相对自主性，我的意思并不是指其结构与生产关系之间的一种直接关系。我的意思指的是国家对阶级斗争领域的关系，特别是针对权力集团的阶级和派别的相对自主性”[③]。波朗查斯把相对自主性视为国家对于支配阶级的一定程度的独立性，而不是像前述学者那样，从经济基础与上层建筑之间关系的视角上来界定这一概念。密利本德虽然没有对国家自主性概念作出明确的界定，但他的理解却十分全面：其一，资产阶级分裂为不同利益集团的事实是国家相对自主性的重要缘起，同时这一相对自主性并没有否定国家的阶级性；其二，从经济基础与上层建筑的关系出发，强调国家自主性的意义在于避免对马克思主义国家理论的误读和走向简单的“经济决定主义”；其三，相对自主性不限于资本主义国家，同时也不仅仅针对于统治阶级，它可以存在于其他任何形式的国家，同时面向所有的阶级。[④]

值得一提的是，以社会中心论为主要分析范式的结构功能学派则对官僚的自主性与政治系统的自主性议题进行了探讨。艾森斯塔得（S. T. Eisenstadt）认为，组织上与专业上的自主性是官僚机构自身特有的组织特征，这种自主性倾向主要表现在两个方面：第一，官僚通常设定了维持着特定的服务方式、标准和规则，把民众的某些利益纳入考虑，同时对那些为了一己私利而企图对之加以改变者的压力进行抵制。第二，大部分官僚将形成这样一种自我理念，即他们是国家或共同体的“公仆”而不仅仅是统治者的“私仆”[⑤]。此后他又进一步指出，政治系统相对自主性的集中表现就

---

① 〔希腊〕尼科斯·波朗查斯：《政治权力与社会阶级》，叶林等译，中国社会科学出版社1982年版，第207页。

② 〔法〕路易·阿尔都塞：《保卫马克思》，顾良译，商务印书馆1984年版，第89页。

③ 〔希腊〕尼科斯·波朗查斯：《政治权力与社会阶级》，叶林等译，中国社会科学出版社1982年版，第285页。

④ 〔英〕拉尔夫·密利本德：《马克思主义与政治学》，黄子都译，商务印书馆1984年版，第9、95、90页。

⑤ 〔美〕艾森斯塔得：《帝国的政治体系》，阎步克译，贵州人民出版社1992年版，第279页。

是权力的运用，这种权力行使也有两个基本表现：“权力拥有者能够①使用各种资源以贯彻不同的目标；②依照其意志动员人力资源——那些行驶权力者（统治者）能够把意志强加于他人。”[①] 另外一位著名学者亨廷顿则把自主性视为衡量政治制度化的主要标准，认为，“就自主性而言，政治制度化意味着并不代表某些特定社会集团利益的政治组织和政治程序的发展。凡充当某一特定社会团体——家庭、宗族、阶级——的工具的政治组织便谈不上自主性和制度化”[②]。

延续亨廷顿的学术传统，部分承继了韦伯对国家的定义，回归国家学派开始以国家自主性为核心概念来考察国家发展问题。斯考切波认为，国家是一系列以执行行政权威为首并由执行权威加协调的强制性组织，“只要这些基本的国家组织存在，它们在任何地方都具有摆脱支配阶级直接控制的潜在自主性。它们实际上所具有的自主性程度，以及所产生的实际影响，都因具体的场景而异”[③]。此后，斯考切波又进一步指出，国家自主性是指“作为一种对特定领土和人民主张其控制权的组织，国家可能会确立并追求一些并非仅仅是反映社会集团、阶级或社团之需求或利益的目标。只有国家确实能够提出这种独立目标时，才有必要将国家看作一个重要的行为主体”[④]。

诺德林格主要是从公共决策的层面来理解国家自主性的。他认为，自主性的概念实际上包含三个基本要素：即国家、自主性行为以及国家偏好。国家由那些被授予社会决策制定权的公共官员组成，国家与社会是相互区分的；自主性行为则泛指各种被采纳和未被采纳的公共政策，它体现在国家内部关系的调整、国家与社会的关系以及经济与社会生活的所有方面；国家偏好则是指对政策议题产生影响的公共官员的诸多偏好的“平行四边形”（或者说加权偏好），是那些最受官员们极力支持的偏好，它受到对相关议题持不同立场的官员数量，官员各自权力的对比，处理议题时的等级性与战略位置，以及官员处理问题时的信息量、专业性和人际关系技能等因素的影响；与国家偏好所对应的是社会偏好，它是指那些同时施加于各种政策议题的各种社会力量的加权。在此基础上，诺德林格认为，国

① 〔美〕艾森斯塔得：《帝国的政治体系》，阎步克译，贵州人民出版社 1992 年版，第 370 页。

② 〔美〕塞缪尔·P. 亨廷顿：《变化社会中的政治秩序》，王冠华等译，上海人民出版社 2008 年版，第 16 页。

③ 〔美〕西达·斯考切波：《国家与社会革命》，何俊志、王学东译，上海世纪出版集团 2007 年版，第 30 页。

④ 〔美〕彼得·埃文斯等：《找回国家》，方力维等译，生活·读书·新知三联书店 2009 年版，第 10 页。

家自主性关系着“国家将其自身偏好转化为权威行为的范围以及公共政策服从公共官员资源加权偏好的平行四边形的程度”[1]。此外他还指出，国家与社会偏好之间的合拍与否，是讨论国家自主性行为的关键性变量，也是区别国家自主性不同类型的重要基础。由此，他根据国家偏好与自主性行为的符合程度将民主国家自主性划分为三种类型：一是国家与社会之间无偏好分歧的情况下，国家官员将其偏好转化为权威性行动；二是国家与社会之间存在偏好分歧，但国家官员通过规劝社会接受国家偏好，最终官员将国家偏好转化为权威行动；三是国家与社会之间存在偏好分歧，但国家官员仍然可以将其偏好转换为权威性行动。[2] 同属于回归国家学派的其他学者也对国家自主性给出了自己的定义。贾恩弗朗哥·波齐（Gianfranco Poggi）认为，国家自主性就是要把“国家本身看作——一套集中关注于积聚和行驶政治权力的制度——一种重要的社会力量，有着自己的特定利益，自主性地、有时是决定性地影响国家自己的安排和政策”[3]。埃文斯则认为，国家自主性重要性如同国家机构需要官僚机构一样，它不仅能帮助形成集体目标，而且更有利于实现这些目标；国家相对于主导阶级的自主性是有效推动经济转型的前提条件。[4]

尽管不同学者就国家自主性给出的定义不尽相同，有时甚至存在某些冲突。但在回归国家学派那里，一个共同的取向还是比较明显的，那就是把国家自主性视为以行动主体（actor）为身份的国家依赖权力精英及其强大的官僚体系，把自己的意志上升为权威行动以指导国家经济社会发展的过程，而且在此过程中，国家往往是独立于市民社会、不依赖于其他社会力量的。由此，我们认为，回归国家学派对于国家自主性的定义主要还是从专断性国家权力层面进行的，即它更多强调的是国家特立独行的且不受干扰的决策力。尽管也有学者（如诺德林格）提到了政策的执行力问题，但这一层面显然并不是其强调的重点。

二　国家自主性与国家能力

回归国家学派对于国家自主性的阐述是与国家能力问题紧密联系在一

---

① 〔美〕埃里克·A. 诺德林格：《民主国家的自主性》，孙荣飞等译，江苏人民出版社 2010 年版，第 8—17 页。

② 同上书，第 24—27 页。

③ 〔美〕贾恩弗朗哥·波齐：《国家：本质、发展与前景》，陈尧译，上海世纪出版集团 2007 年版，第 99 页。

④ 〔美〕彼得·埃文斯等：《找回国家》，方力维等译，生活·读书·新知三联书店 2009 年版，第 66—67 页。

起的。斯考切波认为，组织现实主义和跨国视角的分析阐明了国家自主性的客观存在，但国家自主性的目标能否实现却要依赖国家实施各种政策的能力。国家官员最有可能着手那些看起来有可行手段的问题，一旦国家试图去完成其不可能完成的事情或者采取的手段引致意想不到的结构变化与社会反应时，国家政策的实施可能会带来难以预测的结果。在斯考切波看来，国家自主性目标的实现至少应具备以下几个基本要素：其一，完整的主权以及国家对特定领土的稳定控制，这是一切国家执行政策能力的前提条件。其二，忠诚而专业化的行政人员。其三，充足的财政资源。国家能力基本要素的构建是一种制度关系的长期积累，例如完备的官僚机构、专业化的行政人员队伍，绝非一朝一夕能够形成；而看似可以短期获取的财政资源，其实也依赖于国家与市民社会以及外国政府之间的政治权衡与讨价还价。[①] 此外，斯考切波也指出国家自主性与国家能力是两个不同的概念，她以美国为例分析后认为，美国是一个典型缺乏自主性组织机构基础的国家（三权分立、联邦制等），但政府在特定政策执行方面的能力却相当出色，这说明斯考切波已经意识到国家能力和国家权力的某种区别。

从上述分析来看，斯考切波对于国家自主性与国家能力之间关系的阐述基本上还是单一向度，即国家能力为国家自主性的实现提供前提条件。在埃文斯与鲁施迈耶两位学者那里，这一关系变得相对复杂。从某种程度上说，国家对经济、社会的有效干预，能够锻炼官僚机构的能力并提高国家作为一个集体行动者的能力。由此，国家对社会资源的掌控程度得到提升，因而国家自主性也得以增强，而国家自主性的增强又进一步提升了国家干预经济社会的能力，由此国家自主性与国家能力相互强化、循环往复。埃文斯与鲁施迈耶对国家能力与国家自主性之间的上述良性互动不置可否，但同时认为，这一简单互惠强化的观点对事实的解释不够全面。他们指出，随着国家行为的不断扩张，国家对经济社会的干预就有可能超越应有的制度底线，此时，国家自身的特性连同国家与市民社会的关系都变得模糊不清。国家对经济社会生活的广泛干预，对国家自主性的影响也超越了意识形态与文化合法化的界限，从而引发较强的政治反应，增加了利益集团俘获国家的可比性。“不断增强的干预使得国家愈发成为社会冲突的舞台，其组成部分也成为更具吸引力的追逐目标。换句话说，国家对市民社会的渗透越深，市民社会的内在矛盾在国家机器中也就嵌入越深，从

---

① 〔美〕彼得·埃文斯等：《找回国家》，方力维等译，生活·读书·新知三联书店 2009 年版，第 20—21 页。

而潜在地削弱了国家作为集体行动者的凝聚力以及国家的自主性。”①

诺德林格指出，学界存在把自主性视为国家权力（state power）或国家能力（state capacities）的同义语的倾向，这是不恰当的。不可否认，一个具有巨大管制、分配和再分配能力的国家是一个强国家的象征，但强国家和自主性并没有必然联系。他举例说，19世纪典型的守夜人国家并不必然比20世纪的国家缺少自主性，那种认为国家能力必然带来国家自主性的说法忽视了这种可能性，即“就社会偏好而不是国家偏好而言，国家权力的扩张基本是可辨明的”②。在这里，诺德林格否认了把国家强权或国家能力视为国家自主性的说法，同时也表明他已经在某种程度上开始注意到国家自主性的限度问题。

虽然回归国家学派一直试图对国家自主性与国家权力、国家能力等概念进行界分，但由于他们未能有效辨识两种国家权力，即专断性国家权力和基础性国家权力，致使其在概念界定方面显得含混不清。一方面是因为相关概念范畴不清、理论本身存在争议，另一方面也与回归国家学派强调精英主义的理论研究旨趣有很大关系，这个问题我们会在下文中进一步讨论。

三　国家自主性与官僚制

斯考切波认为，回归国家学派有关国家自主性的理论观点受到了韦伯与奥托·辛策等人的启发。辛策从跨国背景来认识国家机构及其行为的观点，为回归国家学派阐述国家自主性议题提供了两个不同维度（国内层面与国际层面）。韦伯对回归国家学派的影响主要在于国家概念的经典定义和官僚制理论。尽管国家学派在自主性理论上并未达成完全一致，但他们在沿袭韦伯式国家概念界定方面却保持了高度一致。韦伯认为，国家是在一定领土内成功地对暴力享有合法垄断的人类共同体。韦伯的这一定义之所以经典，主要是因为他秉持现实主义立场，视国家为一种理性实在的权威机构，而不是传统意义上的高度抽象的政治系统。在韦伯那里，国家由现代官僚集团组成，而不是统治阶级的简单化约，因此具有相对独立的利益与目标。这给后来的国家学派提供了有力的理论支撑，实际上，国家学派对国家自主性的阐述很大一部分是围绕官僚制展开的。正如上文所述，专业化的行政人员被视为实现国家自主性的一个基础能力要素。国家不是

① 〔美〕彼得·埃文斯等：《找回国家》，方力维等译，生活·读书·新知三联书店2009年版，第92页。

② 〔美〕埃里克·A. 诺德林格：《民主国家的自主性》，孙荣飞等译，江苏人民出版社2010年版，第18页。

一系列虚幻的制度安排，国家利益与国家偏好的实现需要国家政策的有力贯彻，而官僚机构及其组成人员则是其主要的实施者，“凝聚力很强的国家官僚集体，尤其是与当前主流社会经济利益相对独立的职业官僚集团，更有可能在国家危机时刻，启动特别的新型国家战略”①。

回归国家学派沿袭了韦伯对于官僚制的理性期待，他们强调，国家自主性是作为现代国家的一个基本特征而出现的，理性且专业化的官僚体制是国家能力的重要保证，同时也维持国家自主性必备的组织制度基础。完善的官僚机构对于国家自主性的实现之不可或缺，同时，建设这类机构也需要一个漫长而艰苦的过程。在这一过程中，既需要充足的物质资源作为保障，同时还需要积累一批专业的行政人员，除了上述有形因素之外，更加重要的还需要一种“共同理性”的培育，诸如“集体主义精神”的养成，政治目标、责任感等的确立，共同价值观的塑造等，这些“软实力”的积累需要更为长久的时间。回归国家学派强调，有了专业而理性的官僚制度，国家精英们便可借此发展出与众不同的知识与洞察力，从而有助于形成独特的观点、视角和问题表达方式，使他们区别于其他社会精英。总之，国家学派对于官僚制充满了积极期待。尽管没有直接表明，但在国家学派那里，国家自主性实质上就是以官僚自主性为基础演绎而成的，他们的基本假设就是，“在官僚制模式下，占据任何一个官僚职位的重要条件，就是熟悉各种命令，具备解释这些命令的知识能力，能够将这些命令转化为具体的指令，分析他们所可能面临的各种偶然情况，以及最终保障命令的执行”②。

四　国家自主性与经济发展

对经济过程进行干预是现代民族国家所承担的一项重要职能。第二次世界大战以来，在所有的西方工业社会中，政治过程逐渐围绕经济展开，主要包括国家政策如何最大限度地推动经济增长，以及随着经济增长而产生的收益和成本如何在整个人口中进行分配等。③ 回归国家学派认为，国家干预是资本主义大背景下进行经济转型的必要条件。首先，市场转型需要国家提供制度加以保障。由于市场经济需要足够多的规范性基础才能正常运转，因此这些规范性基础必须通过制度安排加以保证（否则将可能导致“交易成本”

① 〔美〕彼得·埃文斯等：《找回国家》，方力维等译，生活·读书·新知三联书店 2009 年版，第 11 页。

② 〔美〕贾恩弗朗哥·波齐：《国家：本质、发展与前景》，陈尧译，上海世纪出版集团 2007 年版，第 31 页。

③ 同上书，第 141 页。

过高以致市场配置资源失灵），而国家作为"对暴力合法性垄断的强制性团体"，在制度供给方面具有比较优势。其次，市场失灵的存在要求国家介入并给予纠正。作为一种资源配置方式，市场机制具有其他体制与方法不可比拟的优势，但市场自身也存在缺陷，在诸如公共物品供给、外部效应控制以及社会财富分配等方面也会失灵，因此国家干预并及时纠正市场失灵是必不可少的。"只要市场还未完全成为竞争的理想状态，国家就仍是一个相对受限但非常重要的角色。"① 最后，国际竞争的压力对国家的发展战略提出了更高要求。根据回归国家学派的观点，国家自主性是国内社会结构与跨国环境交互影响的产物。在跨国背景下，国家在政治与军事上的优势更多取决于其在经济发展水平上的比较优势。因此，为了自身的整体利益，国家有时甚至不得不卷入与本国支配阶级的冲突中去。

当然，国家干预的必要性与国家干预的有效性并不是同一个概念。"看不见的手"存在缺陷，必然要求引入"看得见的手"，因此国家是必需的，同时也就自然拥有行使其职能的意愿与能力。鲁施迈耶和埃文斯认为这样的推论过于简单，同时也容易陷入功能主义铺设的陷阱。根据回归国家学派的观点，国家自主性是国家实施有效干预的前提，但是国家自主性的形成却是一个长期的制度积累的过程，例如它与完善的官僚机构、国家组织能力与分配政策以及行政组织的分权制度等关系紧密。在资本主义体制下，国家所做的贡献既独特又必要：独特表现为它要超越竞争性市场的逻辑，即依赖非市场的强制机制；必要表现为它是某些公共物品当仁不让的供给主体，是市场的重要补充。无论是政策目标的提出还是其贯彻落实，都需要国家机器保持一定的集体凝聚力，这种集体凝聚力就是国家自主性。缺乏最低限度的国家自主性，国家的贡献就会丧失其独特性，从而无法为资本主义体制的系统性需求提供服务（丧失其必要性）。值得注意的是，国家自主性为政府的有效干预提供前提的说法也是相对的：首先，两者的正向相关关系不适用于前资本主义国家；其次，国家自主性受到知识与信息以及国家机构能力状况的制约；最后，国家自主性具有很强的相对性，仆从角色也是现代国家必须扮演的一种角色。②

埃文斯指出，国家自主性在经济发展中的角色并不是一成不变的。他认为，在有些国家，国家自主性塑造出发展型国家，而在另外一些国家，

---

① 〔美〕彼得·埃文斯等：《找回国家》，方力维等译，生活·读书·新知三联书店2009年版，第61页。

② 同上书，第81—84页。

国家自主性则演变成掠夺性国家。在前一类政权下，国家推动了经济的增长，同时也促进了自身的发展。发展型国家之所以可以有效推动经济增长，一个重要原因是国家与市场主体之间保持了一种恰到好处的平衡：一方面，国家为新兴企业提供政策与资金支持的同时实施必要的规制，另一方面，国家也要放松对企业的控制，尤其是类似直接干预方面的控制。这样一种国家自主性在埃文斯那里被描述为国家的“嵌入式”自主，即发展型国家作为一套制度安排在新兴国家中保持一种相对其他制度的自主性，同时国家也并没有过多介入作为新兴国家重要特征的社会联结与关系网络之中。而在后一类政权下，市场经济所生成的利润在国家政权的抽取之后，本来应该回流到相关的企业之中，以促进市场经济的进一步发展，但实际上却被国家的领导人所侵占。这类领导人就成了掠夺性国家的制度性代表，最终牺牲了国家与市场的利益，来满足其个人挥霍的欲望。[①] 在前一种国家形态下，“看得见的手”成为“扶持之手”，让利于民、藏富于民，而在后一种国家形态下，国家则成为“掠夺之手”，与民争利。

此外，鲁施迈耶和埃文斯还指出了国家自主性与国家干预之间的内在矛盾问题。他们认为，国家的高度自主性是国家有效干预经济的前提，但随着国家干预的不断加深，国家自主性却可能会不断衰微。国家对市民社会不断的渗透会引发政治反应，增加利益集团俘获国家的风险。伴随国家对市民社会的渗透不断加强，市民社会的内在矛盾也在国家机器中越嵌越深，最终导致国家作为集体行动者的凝聚力以及国家的自主性的整体削弱。[②] 上述矛盾性表明了国家干预的复杂性，同时也显示了国家自主性发展的动态特征。

五　国家自主性的制约因素

现代国家是一个控制特定的人口、占有一定领土的组织，其基本特征之一就是具有自主性。[③] 尽管如此，不同的国家其自主性程度并不相同，正如斯考切波指出的那样，国家自主性并不是任意政府体系中的一个永恒

① 〔美〕安东尼·奥罗姆：《政治社会学导论》，张华清等译，上海世纪出版集团 2006 年版，第 276 页；Peter B. Evans, Embedded Autonomy: States and Industrial Transformation, Princeton, N. J.: Princeton University Press, 1995, pp. 39 – 42.

② 〔美〕彼得·埃文斯等：《找回国家》，方力维等译，生活·读书·新知三联书店 2009 年版，第 92 页。

③ C. Tilly, Reflection on the history of European state-making, in The formation of national states in Western Europe, C. Tilly ed., Princeton: Princeton University, 1975, p. 70.

不变的结构性特征，它可能获得也可能丧失。第一，各种冲突与危机往往成为激发国家行使自主性行动的重要因素。国家回归学派倾向于认为，当国家出现危机时（如面临革命或者改革），秩序的维护尤其迫切需要国家实施自主性行为，类似观点也会很容易在亨廷顿那里找到，他认为转型国家首先需要建立国家权威以及由此带来的政治秩序。第二，国家自主性受到国内政治社会结构与国际环境的双重影响。

斯考切波在分析法国、俄国和中国革命的时候，指出上述三个国家之所以出现不同的革命模式和革命后果，原因在于：其一，各国传统农业社会存在不同的组织模式；其二，各国所处的国际背景不同。由此，斯考切波认为，不能仅仅把国家视作为争夺基本社会经济利益而展开冲突的竞技场，国家在任何时候都具有摆脱支配阶级及其直接控制的“潜在自主性”。但同时，她也认为国家自主性程度如何、产生怎样的影响将受不同政治系统和国际环境的制约。国家在追求自主性的过程中，必然会在一定程度上与支配阶级产生冲突：国家与社会在资源提取和分配方面是一种竞争关系，这些资源一旦被提取出来用以强化国家的自主性，就可能会偏离甚至是威胁到支配阶级的利益。另外，国家自主性还会受到地缘政治环境的影响，地缘政治环境为国家创造了任务和机会，但也可能会削弱其应对各种事务与危机的能力。[①] 持类似观点的还有艾伦·凯·特里姆伯格（Ellen Kay Trimberger），在《来自上层的革命》一书中，他重点分析了日本的明治维新、土耳其的凯末尔革命，埃及的纳赛尔革命以及1968年的秘鲁政变等重大历史事件。在这些事件中，国家均面临着种种危机状态，现有的社会、政治、经济秩序均受到外部力量或者是底层反抗的威胁。在此背景下，由早期职业兴趣和社会化导致的凝聚性官僚集团的形成，有效切断了其与主导阶级的私人或者经济上的联系，由此具有了“自主动力”，进而攫取了国家权力并进行了重新组织，并在此基础上利用国家摧毁了地主或者贵族等现有的主导阶级，最终重新确立国家的经济发展方向。[②]

此外，回归国家学派还认为，不同的国家体制会对国家自主性产生不同的影响。在非宪政体制下，国家精英利用整个国家来指挥和重构社会与政治，显示出较高的自主性，而在民主立宪政体中国家自主性则相对受限，国家自主性更多体现在一些具体的政策领域。休·赫克罗（Hugh

---

① 〔美〕西达·斯考切波：《国家与社会革命》，何俊志、王学东译，上海世纪出版集团2007年版，第30—31页。

② Ellen Kay Trimberger, *Revolution from Above: Military Bureaucrats and Development in Japan*, Turkey, Egypt and Peru, New Brunswick: Transaction Books, 1978, pp. 4 -5.

Heclo）在《英国和瑞典的现代社会政治》一书中曾对两个国家公共决策中国家自主性问题进行了比较研究，其研究重点主要集中于在失业保险和老年救济等社会政策领域。一般认为，与其他资本主义国家相比，美国更加缺乏自主性所需的结构性基础。例如，美国缺乏前工业社会时代继承的中央集权式官僚机构，再加之权力分割导致权威分散使得国家权力严重碎片化，相反，各种组织化的社会利益渗透其间。但斯考切波认为，虽然就自主性而言美国似乎是个“弱国家”，但在特定的历史时期、特定的政策领域国家同样会作出自主性行为，例如在第一次世界大战后，美国农业部在众多的弱势政府机构中就显示了极高的自主性。[①]

另外一位学者诺德林格认为有关国家自主性的讨论，都是建立在以民主为主要特征的国家政体的基础上的。他强调，他所确定的权威性行动和自主性提升的能力与机会，在任何意义上都不会与诸如社会保障，开放公平的选举制度，程序和命令以及言论与结社自由等民主形式相抵牾。主张民主国家的自主性并不意味着强制，同样关于国家自主性的任何主张都不是指某些非法活动或者那些实质内容被非法隐藏的活动。此外，他认为国家自主性的提出并不意味着国家中心论对社会中心论的取代，社会自主与社会支持同样对国家自主性产生重要影响。[②]

从上述分析可以看出，回归国家学派倾向于认为，国家自主性并非一个固定的现实，其强度会受到国际环境与国内环境的双重影响。但就国家与社会的关系来看，除了诺德林格等少数学者以外，其他学者并不承认国家自主性的相对性，在他们看来，国家自主高于社会自主，国家是控制和规约社会的。

六　国家自主性行为的合理性

“强制力的行使受到限制和控制以产生有效的结果，这一点是很关键的。因此强制力的使用应当尽可能地受到一般规则的指导，规定谁可以使用、在什么条件下和在何种程度上使用。”[③] 国家自主性的行为过程本质上就是以强制力为核心的国家权力的行使过程，因此国家自主性自然有其行

① Theda Skocpol, Kenneth Finegold, State capacity and Economic Intervention in the Early New Deal, *Political Science Quarter*, Vol. 97, No. 2, 1982, pp. 255－278.

② 〔美〕埃里克·A. 诺德林格：《民主国家的自主性》，孙荣飞等译，江苏人民出版社 2010 年版，第 34—35 页。

③ 〔美〕贾恩弗朗哥·波齐：《国家：本质、发展与前景》，陈尧译，上海世纪出版集团 2007 年版，第 15 页。

动边界。斯考切波认为，尽管在许多时候国家都可以提出不同于支配阶级的政策目标，但这并不意味着国家的自主性行为就具有必然的合理性。有些学者认为，国家官员能够超越唯利是图的资本家和狭隘的利益集团的局部性要求，进而实现国家发展的整体与长远利益。但也有学者认为，不应盲目认同政府官员有关自我合法性的观点，因为有限理性决定国家官员不可能全能全知。而且，“经济人”本性同样会诱导国家官员以合法性之名行特殊利益和自我利益之实。斯考切波指出，学界对国家行为超理性的质疑应当引起关注，她认为，从任何意义上说，国家自主性行为都不可能成为真正的“大公无私”，因为，一是所有的国家行为都必然有利于一些利益集团同时不利于另一些利益集团，二是国家自主性行为会“规律性采取那些能够增强其权威、政治生命以及对国家组织的社会控制的形式”，而这些控制形式必然加强全体政府官员的特权。①

拥有国家自主性并不必然导致国家行为的合理化，回归国家学派对此并不否认，但他们更多时候仍然坚持，部分或完全自主的国家行为有可能超越社会行动者及那些严重约束社会行动者的政府干预而找到解决问题的方案。国家行为合理化与否主要取决于，国家在处理社会问题时能做什么、应当做什么等理念思维的有效性，同时也取决于某一自主性国家机构的职权范围与处理特定问题所需行为的规模与力度之间的匹配程度。斯考切波认为，国家是否具有自主性与国家自主性行为是否合理其实是两个不同的范畴，前者在于说明国家有时会出台不同于社会行动者利益的公共政策，而后者则涉及政府政策执行的实际能力问题。这在某种意义上回到了国家自主性与国家能力的关系问题。当然，正如上文所言，回归国家学派未能对相关概念作出更为明确的界定，导致他们在分析国家自主性行为的合理性时显得立场摇摆不定。

第三节　国家自主性的理论批评

回归国家学派通过强调国家在经济发展与社会变革中的主体地位与重要作用，重新把国家拉回学术研究的中心，一定程度上纠正和弥补了社会中心论的理论缺陷，也给当代许多政治、经济与社会问题提供了一个新的

---

① 〔美〕彼得·埃文斯等:《找回国家》，方力维等译，生活·读书·新知三联书店2009年版，第19—20页。

解释框架。20世纪80年代以来，国家自主性理论在解释土耳其、日本、埃及等国家的社会变革方面产生了重要影响，在解释东亚和拉美的经济发展方面同样表现出色。国家学派关于现代国家具有自主性，国家自主性受到国家结构与国际环境等因素制约，国家自主性与国家能力密切相连等观点正在被许多学者接受并加以运用。另外，由于国家自主性理论过多关注国家精英的个人权力，国家的“运作者”角色，以及国家对市民社会的单向支配等层面内容，因此导致其应有的“制度国家主义”内涵弱化。此外，国家自主性理论还存在概念界定不清、理论推演不够严密以及研究方法过于单一等问题，这些问题也在一定程度上削弱了其理论解释力。

一　国家自主性理论的两种观点

国家是“一个具有自身逻辑和利益的结构”[①]。迈克尔·曼认为，从回归国家学派对国家的定义来看，他们的“国家中心论”其实包含两种完全不同的国家自主性观点：“真正的精英主义”与“制度国家主义”。真正的精英主义强调国家精英支配社会的个别权力，因此，国家被视为当仁不让的“权力运作者”，极力扩张自己的利益，甚至成为市民社会的掠夺者。制度国家主义则更多把国家视为一种制度体系，强调国家权力的集体性而非个别性特质[②]。制度国家主义试图说明的是，不是国家精英支配市民社会而是社会治理的所有行动者都受到政治制度的规约。根据制度国家主义的观点，国家本质是变迁的社会关系被权威加以制度化的途径，所以国家可以以一种“政治外套”（political lag）的理论得到诠释：“国家不仅把现存的社会冲突加以制度化，更是把对新冲突具有影响的历史冲突加以制度化”，国家由一种被动的场所不是变成权力的运作者，而是成为一种更加积极活跃的场所。[③]

值得注意的是，尽管国家自主性理论内在地包含两种不同的观点，但实际上这两种观点并没有得到同种程度的强调。相对而言，回归国家学派明显对“真正的精英主义”产生了更多偏好。例如，他们认为，只有凝聚

---

① Theda Skocpol, *State and Social Revolution*; *A Comparative Analysis of France, Russia and China*, Cambridge: Cambridge University Press, 1979, p. 30.

② 根据曼的观点，权力组织有三组形式特征，它们分别是集体权力和个人权力，广泛性权力和深入性权力，威权性权力和弥散性权力。曼认为，最为有效的权力运作应当把上述三组权力有机统一起来。参阅〔英〕迈克尔·曼《社会权力的来源》（第二卷·上），陈海宏等译，上海世纪出版集团2005年版，第7—8页。

③ 〔英〕迈克尔·曼：《社会权力的来源》（第二卷·上），陈海宏等译，上海世纪出版集团2005年版，第55—56、60页。

力很强的国家官僚集体，尤其是与当前主要社会利益集团相独立的专业官僚集团，才有可能在危机时刻启动新的国家发展战略；[①] 统治精英可以运用宣传、操纵以及强制等策略来分化社会，从而避免社会压力、提高自主性；[②] 国家精英能够借助超越私人部门及其精英的短视心理，发展出与众不同的洞察力与问题视角，进而有效实施国家干预。[③] 虽然回归国家学派不止一次提到，他们对于国家自主性的强调并不是完全取代社会中心论，更不是要回归到令人生畏的不受限制的“国家主义”，但其对国家权力尤其是国家精英个人权力的过多渲染，仍然会让人不由自主地联想起国家极权主义。同时，过多强调国家精英对国家自主性的决定性影响也带来了另外一个问题，那就是国家自主性理论另一个部分即“制度国家主义”受到冷落，国家权力制度化、规范化的相关探讨遭到忽视。在此情况下，将不可避免这样的风险，即国家自主性随时都有演变成国家官僚个人自主性的可能。

回归国家学派对精英主义国家观的强调，超越了多元主义仅仅把国家视为利益集团“角斗场”的传统，具有一定程度的理论创新意义，但也由此遭到了其他学者的猛烈批评。针对精英主义关于国家利益的统一性和国家精英的“超越性”的观点，鲍伯·杰索普（Bob Jessop）认为这几乎是一种不可能的假设。他指出，依靠中央集权的国家资源并不能完全满足雄心勃勃的国家主义纲领，国家精英集团需要与社会中的强势利益集团结盟。[④] 美国学者威廉·多姆霍夫（William Domhoff）在其著作《谁统治美国?》中也指出，不是政府官员，而是公司法律顾问、军事承包商、农业工商业主以及大公司领导者组成的企业共同体支配了美国政府。尽管历史与比较研究表明，政府的确有自主的可能，但这一可能性在美国并没有表现出来。他指出，国家自主只有在政府是一个统一体，且相对不会轻易被利益集团渗透的情况下才有可能。然而这两个条件在美国都不具备。例如，美国政府权力的多向分割，以及权力精英在公共部门与私人部门之间

---

① 〔美〕彼得·埃文斯等：《找回国家》，方力维等译，生活·读书·新知三联书店 2009 年版，第 11 页。

② 〔美〕埃里克·A. 诺德林格：《民主国家的自主性》，孙荣飞等译，江苏人民出版社 2010 年版，第 86—87、103—105、122—123 页。

③ 〔美〕彼得·埃文斯等：《找回国家》，方力维等译，生活·读书·新知三联书店 2009 年版，第 71—72 页。

④ Bob Jessop, *State Theories: Putting Capitalist States in Their Place*, London: Macmillan, 1990; 参阅〔英〕迈克尔·曼《社会权力的来源》（第二卷·上），陈海宏等译，上海世纪出版集团 2005 年版，第 58 页。

的自由流动等境况与国家自主性理论相悖。[①] 学者帕吉特（Padgett）对美国房屋与城市发展部的预算作了实证性研究后指出，在整个预算过程中都没有看到国家这个统一运作的因素，相反看到的是许多各自为政的行政部门。[②] 曼也认为，社会身份不能简化为阶级，国家精英不可能与平民和支配阶级完全隔离，因为他们自身就具有许多社会身份。[③]

此外，对于回归国家学派有关“国家按照自己的利益行事”的观点，不少学者也提出了质疑。基海因和奈（Keohane and Nye）如此追问：“是什么样的自己，是何种利益?”因为国家精英毕竟是一个整体而非明确的个人。[④] 邓利维与奥利里认为，国家自治（自主性）理论的主要困难并不在于对独特的组织基础和管理权力的强调，而在于缺乏对“国家”与“社会”概念清晰的具有操作性的区分。诺德林格所说的“国家偏好”与“社会偏好”都是很难界定的范畴，当政党成为精英群体时，这一问题尤其复杂，因为“政党的领袖不仅是社会精英，而且还是国家精英”，所以“如果国家由于民选精英的行动而呈现自治，我们很难确认政治领袖在以‘国家’精英，还是以‘社会’精英的面目行动”[⑤]。国家学派的一些学者也认识到了这一问题。蒂利承认，物化的国家欠缺说服力，这可能是因为他对社会阶级的忽视和解释上的简化所造成的。[⑥] 斯考切波也认为，自主性政府动机有可能是愚蠢的或是误导性的，有时可能是片面的甚至是自相矛盾的。国家精英的权力及其统一性是动态的，其结果受到政治体制的影响。民主政体禁止可能导致权威主义整体的精英自主性。她之所以以国家自主性为核心对近代早期的革命进行分析，是因为那些社会存在绝对君主制的权力。[⑦]

回归国家学派以“真正的精英主义”来研究前现代国家或者专制主义国家，强调专断性国家权力自主性在国家发展非常时刻（如危机、动乱与

---

① 〔美〕威廉·多姆霍夫：《谁统治美国？——权力、政治和社会变迁》，吕鹏、闻翔译，译林出版社 2009 年版，第 378 页。

② 转引自〔英〕迈克尔·曼《社会权力的来源》（第二卷·上），陈海宏等译，上海世纪出版集团 2005 年版，第 61 页。

③ 同上书，第 58—59 页。

④ 同上书，第 59 页。

⑤ 〔英〕帕特里克·邓利维、布伦登·奥利里：《国家理论：自由民主的政治学》，欧阳景根等译，浙江人民出版社 2007 年版，第 132 页。

⑥ Charles Tilly, *Coercion Capital and European States*, New York: Academic Press, 1990, pp. 33 – 34.

⑦ 〔美〕彼得·埃文斯等：《找回国家》，方力维等译，生活·读书·新知三联书店 2009 年版，第 19 页；〔英〕迈克尔·曼：《社会权力的来源》（第二卷·上），陈海宏等译，上海世纪出版集团 2005 年版，第 59 页。

革命时）的重要作用本来无可厚非，毋宁说这正是其理论创新之处，但遗憾的是他们似乎过于乐观地认可、依赖于这一分析路径，甚至由此走向极致。需要指出，对许多后发现代化国家而言，“真正的精英主义”在短期内可能会促进经济社会的发展，但从长远看它并不能保证国家的持续繁荣（“强人政治”在东亚国家的衰落就是例证）。现代国家治理理论认为，国家构建就是政治权力制度化不断深化的过程，这一过程包括政治权力的非个人化，政治权力的形式化，以及政治权力与市民社会的结合度三个层面。① 强调国家精英而不是国家制度的作用，这无疑有悖于现代国家构建的基本理路。回归国家学派对精英主义而非制度国家主义的坚持，也给其理论自身带来了某些混乱。

二 国家自主性理论的内在缺陷

（一）概念界定的模糊性

概念的界定总是一件困难的事情，尤其是一些新兴的理论，其核心概念的界定往往很难达成一致，例如“治理”“社会资本”等概念的界定亦是如此。“国家”本身是一个抽象的概念，而“自主性”也是一个抽象的概念，两个相对抽象的概念合成一个新的抽象概念，其结果自然可想而知。但不管怎样，一个概念如果不能得到明确的界定，以此概念为核心进行理论演绎就很难保证其严密性。在回归国家学派那里就存在这样一个问题。

根据西方马克思主义的观点，“国家自主性”只是一种相对的特殊的现象，它主要包含两方面含义。其一，意指上层建筑对于经济基础的相对独立性，即“国家从社会中产生又居于社会之上”。其二，意指国家对于统治阶级的相对自主性，即国家为了整个资产阶级的长远利益，有时会牺牲一部分资产阶级或者是资产阶级的一部分利益。需要指出的是，上述两层含义都没有背离马克思主义关于国家的基本观点，即一切国家都是阶级的国家，国家是阶级统治的工具。

到了回归国家学派那里，国家自主性开始被用来描述中央集权式国家权力的独立性问题，这样一种倾向多少与他们对韦伯式国家理论的坚持有关。② 如斯考切波认为，国家就是“一系列以行政权威为首，并在某种程

---

① 〔美〕贾恩弗朗哥·波齐：《国家：本质、发展与前景》，陈尧译，上海世纪出版集团2007年版，第32—33页。

② 安东尼·奥罗姆正是在这一意义上把西达·斯考切波、查尔斯·蒂利等人归为“新韦伯主义者”，参见〔美〕安东尼·奥罗姆《政治社会学导论》，张华清等译，上海世纪出版集团2006年版，第50页。

度上由行政权威加以有效协调的行政管理、政策与军事组织。任何国家首先且主要从社会中汲取资源，并以此创建强制性行政组织。……只要这些强制性组织存在，它们在任何地方都具有不受统治阶级控制的潜在自主性"①。在斯蒂芬·克拉斯纳那里，国家自主性同样被描述成一种国家权力相对于社会力量的强度。他认为，国家权力与其民主社会的力量对比围绕三个不同的谱系动态展开，在这三个谱系中国家强度由弱至强。其一，国家能够抵制社会的压力，但无法抵制私人部门的压力。其二，国家能够抵制社会的压力也能改变私人部门的行为，但不能改变社会和经济结构。其三，国家能够抵制社会的压力，改变私人部门的行为，同时也可以改变社会与经济结构。② 另外一位学者斯特潘也持相似的观点，在《国家与社会：比较视角下的秘鲁》一书中，他把自主性国家行为描述为国家的精英分子动用行政、军事等强制力量控制整个民族国家，然后雇佣官僚机构从上而下推动经济社会改革的过程。③ 由此可见，在斯考切波等人那里，所谓的国家自主性实质上就是专断性国家权力的自主性，它意味着国家精英通常能够凭借其对国家强力的合法垄断独立地追求自身的目标与利益。

尽管同样强调"国家中心主义"，诺德林格的观点有所不同，他更加关注国家在动态意义上的自主性，尤其是国家在公共政策制定与执行方面的自主性问题。诺德林格认为，国家自主性意指"国家将其偏好转换成权威行动的范围以及公共政策服从公共官员资源加权偏好的平行四边形的程度"④。因此，在诺德林格那里，国家自主性不仅受到国家偏好、国家权威行动的影响，同时也与国家偏好及社会偏好之间的分歧程度密切相连；国家偏好与社会偏好的不同组合可以形成不同程度的国家自主性类型。此外，诺德林格还指出，"虽然国家几近垄断了可威胁和限制其反对者的强制权，但其显著意义不能低估，主张民主国家的自主性，并未暗示强制"⑤。由此可见，尽管诺德林格也认为国家对强制权的垄断是维持一定程度国家自主性的基本要件，但他并不认为专断性权力是实现国家自主性目

① Theda Skocpol, *State and Social Revolution*: *A Comparative Analysis of France*, *Russia and China*, Cambridge: Cambridge University Press, 1979, pp. 27 – 28.

② Stephen D. Krasner Page, *Defending the National Interest*: *Raw Materials Investments and U. S. Foreign Policy*, Princeton, NJ: Princeton University Press, 1978, pp. 55 – 57.

③ 转引自〔美〕彼得·埃文斯等《找回国家》，方力维等译，生活·读书·新知三联书店2009年版，第11—12页。

④ 〔美〕埃里克·A. 诺德林格：《民主国家的自主性》，孙荣飞等译，江苏人民出版社2010年版，第17页。

⑤ 同上书，第35页。

标的唯一手段。事实上，诺德林格并不赞成将国家自主性视为国家强力（strength）或者国家权力（power），相反，他认为国家的强度是由国家自主性与社会支持共同决定的。[①]

尽管观点存在分歧，但毫无疑问，无论是斯考切波还是诺德林格都未能对国家权力与国家能力这两个概念作出明确界分。实际上，在他们的著作中这两个概念往往是混合使用的。例如，斯考切波认为，国家自主性意味着作为对一定领土和人口实施控制的组织，国家能够追求自身的利益与目标，这些目标能否实现却依赖于国家实施政策的各种能力（capacities）。[②] 在这里，可以看出斯考切波是把国家自主性、国家权力与国家能力分开表述的。但是，当她在阐述国家能力的基本要素时，却提到主权完整、行政与军事控制等问题，这实际上又有把国家权力与国家能力混同的嫌疑。[③] 类似的模糊性在诺德林格那里也有体现。尽管诺德林格认为国家能力与国家自主性不是同一层含义，但他同样并没有对国家权力与国家能力作出界分，导致其在行文中要么把国家自主性视同国家权力，要么把国家自主性与国家能力一起混用，让人不知所云。那么国家权力与国家能力到底有何区别呢？上文提到，英国学者迈尔克·曼把国家的自主性权力分为两种不同的形式，实际上就很好地区分了国家权力与国家能力。他所说的国家的专断性权力与我们今天较多使用的国家权力的概念较为相似，而国家的基础性权力则更加接近于国家能力一词。在美国学者弗朗西斯·福山那里，国家权力与国家能力也被作了合理的界分，前者意指国家活动的范围、承担的职能以及追求的目标，而后者意指一种制度能力，尤其是国家的决策执行力与执法能力。[④]

我们认为，国家权力主要是指国家运用其所垄断的经济、政治与意识形态资源对社会进行干预与控制的力量，而国家能力则是国家通过制度安排来贯彻公共政策和协调社会生活的能力。前者的基本特征表现为广泛性、强制性与专断性，后者则体现出基础性、渗透性、协商性的特点。一般而言，国家权力与国家能力并不是一种简单的正向相关关系。具体来

---

① Eric Nordlinger, Taking the State Serious, In *Understanding Political Development*, ed. Myron Weiner and Samuel Huntington, Boston: Little, Brown, 1987, pp. 361 - 371.

② 参阅〔美〕彼得·埃文斯等《找回国家》，方力维等译，生活·读书·新知三联书店2009年版，第10页。

③ 同上书，第21页。

④ 〔美〕弗朗西斯·福山：《国家的构建：21世纪的国家治理与世界秩序》，黄胜强、许铭原译，中国社会科学出版社2007年版，第7页。

讲，国家权力的增强并不必然会带来国家能力的提升，更有可能的是，过度膨胀的国家权力有时甚至会挤压市民社会，导致国家能力削弱，米格代尔、福山等人实际上就持有这样的观点。国家能力的提升也并不必然导致国家权力的增强，相反，增强的国家能力尤其是国家与市民社会之间的互动，可以对国家权力形成一定的制度化规约，如迈克尔·曼就认为，增强的基础性国家权力（国家能力）不必然会增强或者减少个别的、专制的权力，但行之有效的国家能力则肯定会增强国家的集体性、制度性权力。[①]

由于未能在国家能力与国家权力之间作出明确的区分，导致回归国家学派在国家自主性概念运用方面显得含混不清。这一状况直接影响了国家自主性的理论解释能力。阿尔蒙德就此提出过批评，认为国家自主性的观点不仅毫无新意而且容易产生误导，“在没有告别旧的范式之前，年青一代学者就已经开始被怂恿去拒斥他们的许多学术前辈，而且他们是急匆匆运用一个模棱两可的措辞来代替一种来之不易且操作严谨的学术传统”[②]。米切尔（Timothy Mitchell）也认为，回归国家学派并没有把“国家”的轮廓清晰地描述出来，他们退回到一种狭隘的理想主义，在那里，国家与社会的区分被简化为主体与客体之间的外在关系；国家主义者通过一种抽象的理想化的外在特征描述，把国家假想成一个与社会相隔离并反对社会的独特的行动主体，但实际上同政治体系理论一样，并没有解决好国家与社会之间的模糊界限问题。[③]

（二）理论推演的片面性

尽管回归国家学派一再强调，国家自主性问题的提出并不意味着社会中心论的抛弃，同时也绝不是要回归到传统的令人生厌的国家主义（这很容易让人联想到军国主义、法西斯主义以及集权主义等国家灾难），但他们的理论推演还多少会让人产生这样的担心。根据回归国家学派的观点，国家具备一定程度上自主性可以使其超越各种利益集团继而坚定地追求自己的目标，他们还假设这一自主性目标通常可以超脱个别利益集团的短期利益，指向全体成员的整体利益或者长远利益。那么，国家为什么可以成为“普遍利益”或者公共利益的代表呢？回归国家学派对此的回答是国家

---

① 〔英〕迈克尔·曼：《社会权力的来源》（第二卷·上），陈海宏等译，上海世纪出版集团2005年版，第69页。

② Gabriel A. Almond, The Return to the State, *The American Political Science Review*, Vol. 82, No. 3, 1988, pp. 853 - 874.

③ Timothy Mitchell, The Limits of the State: Beyond Statist Approaches and Their Critics, *The American Political Science Review*, Vol. 85, No. 1, 1991, pp. 77 - 96.

理性。由此，他们开始自然而然地从韦伯那里寻找思想来源。首先，回归国家学派的绝大多数学者都声称其对于国家概念的定义是韦伯式的。韦伯认为，国家是在一定区域的人类的共同体，这个共同体在自己的区域内要求自己垄断合法的有形的暴力。[①] 由此，国家被视为一个对一定领土及领土之上的人民合法行使暴力的强制性组织，行政、立法、征税以及其他强制性机构组成一切现代国家的核心。当国家被视为一个组织机构，国家的行为则自然不再是个人行为而是一种集体行动。由此，韦伯式国家观成为国家自主性理论推演的逻辑起点。其次，回归国家学派反复强调国家自主性是国家理性的体现，其实现前提就是具有集体凝聚力的国家官僚体系，于是回归国家学派再一次轻易地从韦伯那里获得了理论支撑。韦伯认为，传统国家向现代国家转型是一个国家不断走向理性化的过程。国家理性化主要表现在：一是国家对暴力工具的合法垄断；二是理性的法律即强调程序的法律的存在；三是政治与行政两分，专业化的官员队伍和职业政治家的出现；四是“持续不断而且有始有终”的经济政策；五是依靠合法性的统治，即依靠相信合法的章程和通过合理制订的规则的统治。[②] 官僚制被视为法理型支配类型之下的一种理想支配形式，韦伯认为它“是对人类行使支配的已知方式中，最为理性者”[③]。因此，官僚制自然而然地成为国家理性的主要载体。实际上，国家理性甚至可以追溯到17、18世纪的自然法权学派，以格劳修斯、卢梭、洛克等（霍布斯除外）为代表的政治思想家都把国家视为工具而非目的，他们追问的是国家的起源而非国家的原则，根据他们的观点，国家就是在某种道德力量约束下行使正义的理性工具。最后，回归国家学派认为，官僚制依赖于理性专业的公职人员，而理性专业的公职人员则来源于长期有效的制度建设如精英教育等，其中尤为重要的是事业心、责任感以及集体主义等共同理性的培育。[④] 这同样是沿袭了韦伯的观点。国家和官僚机构都不是抽象的存在，官僚制的最终运行还依赖于其中的行为主体——人的推动。韦伯认为，职业官员与职业政治家的素质和能力非常关键，因此，国家应致力于培养国家发展所需要的高

---

① 〔德〕马克斯·韦伯：《经济与社会》（下卷），林荣远译，商务印书馆1997年版，第719页。

② 樊红敏：《传统中国政治结构与现代国家转型——韦伯的制度主义分析》，载《求索》2006年第1期。

③ 〔德〕马克斯·韦伯：《支配的类型》，康乐等编译，台湾远流出版事业股份有限公司1996年版，第22页。

④ Peter B. Evans etc, Bring the State Back In, Cambridge, UK: Cambridge University Press, 1985, p. 51.

素质的职业政治家。这些职业政治家至少应当具备两方面特征：一是要有强烈的责任感；二是要有对权力支配和运用的能力。① 而职业政治家的成长与成熟，则需要广大的社会科学学者自觉地在自己的专业领域内致力于政治教育，而政治经济学更应当把政治教育视为学科的终极目标。

在这里，我们无意于探讨国家自主性理论究竟在何种程度上继承了韦伯的观点，但有一点是不容置疑的，即在回归国家学派那里，官僚制被视为国家自主性生成的一个重要的制度基础。如果沿着回归国家学派关于国家自主性的论述逆向推导，我们大致可以得出这样一个逻辑：

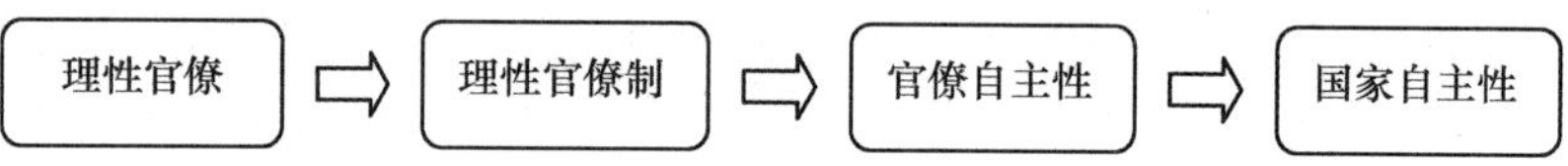

在上述理论推演中，理性官僚制无疑处在关键环节。这其实正是大多数回归国家学派学者所认同的一个假设，即一个发达的官僚体系决定着国家能力的成效，同时也是实现国家自主性的必备前提。因此，我们若探讨国家自主性的理论局限，必然要从其源头亦即官僚制谈起。然而，众所周知，官僚制本身并不是无懈可击的。即便韦伯本人也承认，官僚制只是一种理想建构的纯粹形式，在现实的社会组织中无法找到其真实完全的原型。著名的公共行政学学者和管理学家赫伯特·西蒙早就指出，受到信息、环境和个人能力的制约，完全理性的个人和完全理性的决策都是不存在的，人只能做到有限理性。政府官僚官员也是常人，自然也不可能全能全知。艾森斯塔得曾指出，官僚的自主性可能会形成不同的政治倾向：①为统治者和主要的社会阶级服务；②演变为统治者的消极工具；③自我扩张，致力于一己以及与之认同的社会群体的利益；④自我扩张的同时为政权和统治者服务。② 从艾森斯塔得的分析来看，官僚自主性所形成的政治倾向并不完全符合国家理性的要求，有时甚至是悖逆国家理性的。20 世纪 70 年代兴起的新公共管理理论更是举起了“摒弃官僚制”的大旗，抨击其低效、僵化、保守且缺乏创新。如果说新公共管理对于官僚制的批判尚显偏激的话，以布坎南为代表的公共选择理论学派对其的批判可谓直指要害：追求自身利益最大化是每个人的天性，政府官员同样不能例外。在经

① 〔德〕马克斯·韦伯：《韦伯作品集：学术与政治》，钱永祥等译，广西师范大学出版社 2004 年版，第 224、253 页。

② 〔美〕艾森斯塔得：《帝国的政治体系》，阎步克译，贵州人民出版社 1992 年版，第 280—281 页。

济人理性的刺激下，官僚的自主性也可能演化为官僚的自利性。作为国家自主性理论的代表人物，斯考切波同样认识到了这个问题。有些批判者指出国家官员没有特殊的资格可以证明他们能拥有解决各种社会问题的全部知识，他们的合法性象征之下有可能就掩盖着不可告人的私利目的。斯考切波对此不可置否，但她强调，当前研究的基本任务是发掘国家为什么、在何时以及如何自主的问题，国家行为的合理性问题可以在上述问题搞清楚之后再来讨论，由此事实上回避了对官僚理性与国家理性的进一步讨论。

对国家理性的片面强调可能会导致国家与社会关系的某种隔离，甚至走向极端化的国家主义，因为“对国家加以理想化，以及对市民社会给予道德上的低评价，这两者结合在一起却不可避免地要导致政治上的独裁主义”①。美国学者提莫斯·米切尔在评价诺德林格等人的观点时指出，国家不能拟人化地被简单地视为一个决策的角色。国家只是一个相对的概念，它还要受到来自社会的影响。国家的相对意义要求人们真正了解国家的本质，而不是一味追求国家与社会之间的无法捉摸的分界线。②奥罗姆也指出，回归国家学派对韦伯式官僚制的强调，确实凸显了政府在新兴民族国家中的核心地位与重要作用。但他同时认为，国家自主性理论即便在其极具解释力的国家同样面临一个明显的缺陷，那就是，在国家享有自主性的条件下公民权利如何实现的问题。“一方面是公民可以分享到最佳的经济发展成果；另一方面是同样的公民应该享有的自由表达他们的意见和见解的权利，而这些权利又只能由先前的民主体制加以确保”，因此，诸如像韩国这样的新兴民族国家，能否在国家自主性与公民权利之间达成平衡，成为其持续健康发展的关键。③ 在这里，奥罗姆实际上已经指出了国家自主性理论存在的一个重要问题，即片面强调国家自主而漠视社会自主可能会侵害民主政治的基本价值。“暴力像火一样，可以成为人们有用的奴仆，也可以成为危险的主人，一旦失去控制，就会拥有巨大的破坏力量。”④ 因此，如果仅停留在对官僚制和国家理性的良好期待上，国家权力的自主性

---

① 〔美〕乔治·霍兰·萨拜因：《政治学说史》（下册），刘山等译，商务印书馆 1986 年版，第 729 页。

② Timothy Mitchell, The Limits of the State: Beyond Statist Approaches and Their Critics, *The American Political Science Review*, Vol. 85, No. 1. (Mar., 1991), pp. 77 – 96.

③ 〔美〕安东尼·奥罗姆：《政治社会学导论》，张华清等译，上海世纪出版集团 2006 年版，第 277 页。

④ 〔美〕莱斯利·里普森：《政治学的重大问题》，刘晓等译，华夏出版社 2001 年版，第 61—62 页。

就有可能演化为国家的灾难，这不是夸张，而是已经被历史多次证明的事实。

（三）研究方法的局限性

斯考切波在《国家与革命》一书中指出，其研究国家的方法是“组织”的和“现实主义”的，因此，回归国家学派的国家理论往往又被称为组织现实主义国家观。组织现实主义以制度研究和政策分析为方法，通过对政策形成和国家制度发展的历史个案比较研究，力图对以前不能进入西方马克思主义国家理论的中间问题和假设进行涵盖。① 回顾国家自主性理论的相关文献，我们不难发现，对不同国家典型历史个案进行比较分析，探讨不同国际、国内环境下国家机构的特点、成因及其对社会革命、经济改革与社会转型等的重要影响，几乎成为回归国家学派的通用方法。相比结构功能主义、系统理论等传统研究方法，这种“捡西瓜丢芝麻”式的历史个案比较研究，更能够在案例数量有限的情况下，通过不同国家历史个案的求同与求异，为相关历史事件作出相对科学的解释。这种倡导以现实历史现象的解释取代纯粹概念推理的研究方法，推动了西方马克思主义国家理论的进一步发展，同时也在一定程度上摆脱了西方马克思主义玩弄概念推理的研究风气。然而，这一研究方法也存在一些明显不足。

一是具有代表性的历史案例并不总能够轻易得到，即使找到了一些大致符合比较逻辑的案例，也很难熟练地控制潜在的相关变量。研究者自认为强调了某些重要的东西，但同时可能会导致对其他要素的忽视。因为“丢掉的芝麻”——那些看起来微不足道的因素，可能也是社会历史问题解释的一个重要变量，有时甚至可以改变问题解释的性质。在此情况下，对这些要素的忽略将直接影响到相关理论的解释力与说服力。有学者在评价斯考切波《国家与社会革命》一书时就指出，斯考切波过分强调国家自主性，并以国家为中心来分析革命的原因与进程，却有意无意忽视了其他要素。例如，在她提出的影响革命的三组关系，即国家与国家、国家与上层地主阶级以及地主与农民的关系架构中，没有对城市工人阶级的作用给予足够的重视。实际上，在法国与俄国的革命进程中，城市工人阶级发挥的作用也是至关重要的。②

二是历史个案比较分析法属于经验主义的方法范畴，因此研究者在个

---

① 杨雪冬：《国家的自主性与国家能力——组织现实主义国家理论述评》，载《马克思主义与现实》1996 年第 1 期。

② Jack A. Goldstone, Reinterpreting the French Revolution, *Theory and Society*, Vol. 13, No. 5, 1984, p. 709.

案选取、资料收集以及理论建构等诸多方面更多依赖个体经验和主观判断，由此可能导致一个结果，即相关理论推演无法做到客观、全面。通过文献考察，我们注意到，回归国家学派在解释相关社会历史问题时偏好于强调某种特定的“社会情境”，而这种“社会情境”往往带有一定的偶然性和主观臆断性，这在很大程度上影响了其应有的理论解释力，同时也使其理论适用性受到了质疑。美国学者多姆霍夫指出，国家自主性理论的学者持有太多经验主义与虚拟式的论断，例如他们断言国家在很大程度上可以独立于社会阶级和利益团体，独立的专家在为国家提供政策建议和行政能力时举足轻重等。多姆霍夫认为这些观点多数是站不住脚的。[①] 在《谁统治美国》一书中，他更是毫不讳言：不是政府官员，而是公司法律顾问、军事承包商、农业工商业主以及大公司领导者组成的企业共同体支配了美国政府。他认为，尽管历史与比较研究表明，政府的确有自主的可能，但这一可能性在美国并没有表现出来。[②]

总的来说，国家自主性理论还并不是一个非常成熟与系统的理论，例如其对国家自主性、国家能力等问题的认识直到现在还在不断完善之中。考虑到这一点，国家自主性理论存在的诸如概念界定不清，理论推理不够严谨以及研究方法单一等问题也就可以理解。不管怎样，国家自主性的理论价值还是有目共睹的。首先，国家自主性理论为经济发展、社会变革或者社会革命提供了一个不同的分析框架，一定程度上弥补了社会中心论的理论缺陷，促进西方国家理论尤其是马克思主义国家理论的新发展。其次，国家自主性理论揭示了作为独立行动主体的国家同其他社会力量的复杂关系，有利于更深入地认识国家在社会经济生活中的实际力量与作用。[③] 尽管回归国家学派未能对国家自主性、国家权力以及国家能力等概念予以明确界分，但他们所强调并加以分析的诸如国家自主性、国家能力、理性官僚制等议题，无疑是许多后发现代化国家亟须认真思考的问题，因此这一理论对于发展中国家必然也会有一定的适用性基础。当然，其具体适用性与解释力也还要充分考虑不同国家的具体情境，在考虑中国情况时尤应如此。

---

① G. William Domhoff, State Autonomy or Class Dominance?: Case Studies on Policy Making in America, Aldine Transaction, 1996, pp. 3 - 5.

② 〔美〕威廉·多姆霍夫：《谁统治美国？——权力、政治和社会变迁》，吕鹏、闻翔译，译林出版社2009年版，第378页。

③ 杨雪冬：《国家的自主性与国家能力——组织现实主义国家理论述评》，载《马克思主义与现实》1996年第1期。

第三章　国家自主性理论的中国适用性

尽管国内许多学者已经对国家自主性理论进行了跟进研究，但国家自主性理论的中国适用性问题却一直不在讨论范围之内。“真正的学术研究，只有彻底地失去其特殊性，才能超越国界。”① 国家自主性理论能否适用中国的具体实践？若适用，其适用程度如何？在上述问题没有弄清楚之前就迫不及待地照搬相关理论，并不是一种负责任的学术态度。因为，简单的“拿来主义”不仅不会有助于中国问题的认知与解决，更有甚者，会给这些问题的认知与解决带来误导与伤害。

第一节　国家自主性理论的中国适用性语境

党的十八届三中全会首次明确了中国全面深化改革的总目标，即完善和发展中国特色社会主义制度，推进国家治理体系和治理能力的现代化。国家治理现代化是现代国家建构的一个基本要求，其实质与指向是制度的现代化。在此过程中，国家自主性和国家能力问题无法也不可能回避。国家治理体系现代化的一个重要方面就是国家机构的现代化（譬如建立现代官僚体制），而以专断性权力为基础的国家自主性是现代国家机构的一个重要特征，缺乏自主性的国家将难以制定长期决策，甚至沦为利益集团的“俘虏”。国家自主性只是国家治理现代化的一个必要条件，并不能保证国家治理目标的必然实现，为此国家还必须具备调动各种资源来实现这一目标的能力，即要实现国家治理能力的现代化。当前，我国在推进国家治理现代化的过程中，无论是在国内层面还是在国际层面都面临不少挑战与问题，这些挑战与问题也构成了国家自主性理论适用于中国的具体语境。

---

① 〔日〕猪口孝：《国家与社会》，高宗杰译，经济日报出版社 1989 年版，序言。

一　市场运行中的失灵纠偏

经由计划经济体制向市场经济体制的转变，是中国现代化进程中的一个重要事件，迄今为止，这一转变仍在进行之中。伴随市场经济体制的建立与不断完善，我国政府的职能也在发生改变，政府治理形态开始由全能走向有限，从封闭走向开放，从人治走向法治，从管制走向服务。当前我国全面深化经济体制改革的核心问题仍然是正确处理好政府与市场的关系问题。市场经济体制的建立及其有效运转并不意味着政府的彻底回退，相反，它对政府的治理能力提出了更高的要求。“对于转型国家而言，由于新生的市场经济具有不稳固性、幼稚性，因此，不但需要国家充当市场经济的培育者、助产者、规制者，也需要国家发挥比发达国家更多的积极角色。”[①] 正如党的十八届三中全会强调指出的那样，要“使市场在资源配置中起决定性作用和更好发挥政府作用”。在经济转轨过程中，政府的作用绝不是消极退出，尤其是在市场机制远没有成熟的初期发展阶段，政府应当在弥补市场失灵和完善市场经济体制方面积极作为。具体而言，在现代市场经济条件下，政府在经济领域应当发挥以下几个方面的重要作用：①资源配置。政府通过对暴力机器的合法垄断，能够有效配置各种公共资源，提供用以满足单一化、规模化需求的公共物品，同时依赖其强制性权威与广泛的动员能力，可以有效应对各种风险与危机。譬如，提供诸如国防、公共安全、学校、道路以及环境保护等公共物品或准公共物品；进行产业政策调整，对基础产业、支柱产业以及高新技术产业等的投资进行激励；实施政府规制，对资源合理使用施加影响等。②提供市场运作的制度环境。“许多市场要靠一套附属的社会制度网络，而为了正常运转，这些制度网络通常是由国家行为来构建并维持的。”[②] 在市场经济条件下，政府需要通过法定程序制定规则，以此明确多元市场主体间的权利与义务关系。其中，有两项职能政府必须承担。一是保护公民权利。市场之所以在配置资源方面效率更高，是因为公民享有对自己生产产品的所有权和自由交换的权利，这些权利需要得到国家强制机构的保障。“如果没有政府来保护个体的权利，人们就必须另寻保护自我权利的途径，这将会降低经济体的效率。假如人们的权利得不到保障，他们就没有激励去生产任何超越

---

① 郁建兴、何子英：《后社会主义国家转型的结构性危机与国家建构》，载《求是学刊》2008 年第 5 期。

② 〔美〕彼得·霍尔：《驾驭经济——英国与法国国家干预的政治学》，刘骥等译，江苏人民出版社 2008 年版，第 336 页。

个人保护能力的产品。因此，市场经济的生产力是基于社会保障个体权利的功能的。"① 二是维护公平竞争的市场秩序。市场主体的非理性选择，加之信息的不充分性，容易引发垄断与不公平竞争，导致市场秩序混乱。为此，需要政府通过法定程序制定规则并监督规则的执行，以此规范交易双方的经济行为，譬如改革和完善市场准入制度，打破地区封锁和行业壁垒；加强市场监管，惩处垄断与不正当竞争行为；完善市场信息平台，建立社会信用体系等。③进行宏观经济管理。市场经济存在普遍的周期性波动，容易引发失业与通货膨胀，破坏经济发展的比例关系；而依赖市场机制进行自我平衡，不仅过程漫长而且成本巨大。为此，政府需要运用各种经济政策去影响和调节社会供求，使经济尽可能在较短的时间恢复平衡，从而减少经济波动带来的损失。譬如，综合运用各种财政与货币政策手段，对经济运行状态进行干预；制定中长期的经济发展规划和政策，确保国民经济的健康、协调与可持续发展。④调节收入再分配。依赖市场机制调节收入分配可能会走向两极分化。为此，政府需要采用相关公共政策来改善处于不利状态社会成员的福利，为其提供一个保护网，确保每个人都能过上体面的生活。比如，通过强制性征税把财富从富人手中收集起来，再以货币或实物的形式转移给弱势人群；征集累进税用于公共事业投资；通过市场干预直接改变收入的分布等。

在市场经济条件下，政府干预经济的主要原因是存在市场失灵。但在这里，必须对市场失灵的具体情况加以分析。在当前中国，既存在市场机制自身的内在失灵，同时也存在因市场不完善导致的失灵。对于前者，可以采用一般市场国家通行的方法，由政府对私人组织或社会组织的职能加以补位，比如提供公共物品、慈善救助、社会保障等；对于后者，则需要不断完善市场机制，而不是以行政手段取代市场。② 如果不对上述两种情形的市场失灵加以区别分析，而仅强调政府的补位作用或者甚至把两者混为一谈，就可能会导致政府角色混乱，如果干预不当，甚至引发政府失灵。譬如在市场失灵的领域出现职能"缺位"与"失位"，比如公共服务理念淡漠，人浮于事、懒散懈怠、形式主义等，导致基础设施建设投入不够，公共物品供给不足以及社会公平正义受损等；在市场机制不完善的领域出现职能"错位"与"越位"，政府以纠正市场失灵为名，过度干预经

① 〔美〕林德尔·G. 霍尔库姆：《公共经济学——政府在国家经济中的作用》，顾建光译，中国人民大学出版社 2012 年版，第 27 页。

② 熊志军：《经济转轨时期政府职能转变的难点与对策》，载《中国党政干部论坛》2014 年第 10 期。

济，以致扭曲市场机制，阻碍了市场机制自身的发育与完善，比如繁多低效的行政审批，不当的价格管制以及形形色色的地方保护主义等。因此，就经济转轨中的中国而言，一方面，必须对国家在经济发展中的地位与作用问题予以高度关注，另一方面，也应对国家的限度、国家的职能定位以及国家治理能力等问题予以更加全面的思考与认识。可以说，在上述两个层面，国家自主性理论都提供了重要启示。

二　社会转型中的权威凝聚

改革开放以来，中国社会转型整体表现为一种有序变迁的进步过程。但与此同时，社会各领域各层面也出现了许多无序、失序、混乱甚至冲突等社会秩序缺失的现象，阻碍着当代中国社会良性运行和协调发展的进程。社会转型期加大了矛盾解决与社会治理的难度，对社会秩序的权威聚合带来了深远影响。需要指出，转型社会必须拥有强大的社会权威，才能有效组织社会成员，整合各种社会力量，保持现代化进程的秩序和稳定。正如亨廷顿指出的那样，对于大多数发展中国家而言，首要的问题不是自由，而是建立一个合法的公共秩序，“人当然可以有秩序而无自由，但不能有自由而无秩序。首先必须存在权威，才能谈得上限制权威”。[①] 对于像中国这样的超大国家转型而言，缺乏自主性国家的制度化依托几乎不可想象。超大国家的社会转型必然伴生的复杂社会问题，诸如“整体性治理”、统一的基础性制度安排、利益的权威性分配等根本性和全局性的问题，都要求国家作为“自变量”参与政策议程的制定中来，也只有国家这一最具权威的组织能够担当此重任。[②]

现代社会在给人类带来文明与福祉的同时，也给人类带来了各种难以预料的风险与危机。“在一个变革的社会中，有利于稳定的因素和不利于稳定的因素是同时存在的。由于传统社会向现代社会的巨大变革会引起社会各阶层、各集团之间的利益关系的大调整，任何一个阶层、集团甚至个人，在利益调整过程中，不管是其利益受到了实际损失还是自以为受到了损失，都会产生不满情绪，从而导致社会不安或动乱。”[③] 当前，我国正处在改革开放和现代化建设的关键时期。随着改革开放的不断深化和市场经

---

① 〔美〕塞缪尔·P. 亨廷顿：《变化社会中的政治秩序》，王冠华等译，上海人民出版社2008年版，第6页。

② 陈毅：《“中国模式”中的国家自主性问题：反思与前瞻》，载《中南大学学报》（社会科学版）2014年第1期。

③ 吴敬琏：《中国：政府在市场经济转型中的作用》，载《河北学刊》2004年第4期。

济的快速发展，中国社会结构正在急剧分化，加之社会规范的片段化以及新旧社会要素之间存在尖锐的冲突与对立，由此导致的巨大张力的积蓄，使整个社会的进一步发展变得摇摆不定，导致基本的社会安排难以定型，长期积累的各种矛盾与问题随时都有突破其临界点而爆发为危机的可能。我国社会转型的最大特点就是，在经济转轨的同时还伴随着传统农业社会向现代工业社会的转型，这样一种双重转型带来了更多风险与危机。德国著名社会学家乌尔里希·贝克（Ulrich Beck）把后现代社会诠释为“风险社会”，认为后现代社会充满不确定性和不可预测性，各种自然的或者社会的风险正在威胁人类的自我生存。毫无疑问，贝克所说的“风险社会”已经真实地成为我们今天的社会生活。

相对于革命而言，改革是一种相对温和的社会变迁方式，但这一变迁方式及其推动的经济增长仍不可避免地会对社会关系产生两个方面的影响。在中国的改革开放初期，经济的迅速发展、社会物质生活的极大丰富以及劳动者的身心解放等使得改革的正面影响得以全面体现。但随着改革的不断深化，社会利益分化不断加剧，改革的负面影响开始日益凸显。其中，社会分配不公问题成为民众不满情绪的一个主要来源，也是影响当前社会和谐稳定的一个重要因素。由于在经济转轨的过程中公共权力缺少必要的规约，加之我国的法治化进程进展比较缓慢，一些个人或组织肆无忌惮地把不受约束的公共权力当作个人谋取私利的工具，以至权力“设租”与“寻租”现象屡屡发生。与此同时，诸如普通工人、农民等群体则缺乏必要的资源支持与利益保护导致收入增长缓慢，这使得社会分配不公问题加剧，而分配不公又直接导致社会贫富差距加大。从基尼系数看，我国贫富差距正在迫近社会容忍的底线。国际上，通常把 0.4 作为收入分配差距的“警戒线”，但实际上，早在 2000 年我国的基尼系数就已经越过这一界限，此后我国的基尼系数仍在逐年递增。目前我国的基尼系数到底是多少？虽然说法不一，但世界银行给出的 0.47 似乎已经被许多机构所认可。有关统计表明，我国城乡居民收入比已达到 3.3 倍，这一数字大大超过国际平均水平；不同职业之间的工资差距悬殊，最高的与最低的相差多达 15 倍左右；不同群体间的收入差距也在迅速扩大，上市国企高管与一线职工的收入差距在 18 倍左右，国有企业高管与社会平均工资相差 128 倍。[①] 此外，资源要素的分配不公进一步加剧了两极分化。近年来，随着我国经济

① 新华社调研小分队：《我国贫富差距正在逼近社会容忍“红线”》，载《经济参考报》2010 年 5 月 10 日。

社会的快速发展，房地产业、证券业以及矿产业成为暴利行业，许多人借此一夜暴富，而更多失却资源者却被拒斥在财富形成的大门之外。

转型期各种利益矛盾与社会冲突的加剧，比以往任何时候都更加需要政府在化解矛盾、协调利益和推动经济发展方面发挥积极作用。吴敬琏认为，在中国的社会转型过程中，政府至少要在以下四个方面发挥正面作用：一是不断克服改革的阻碍和反抗；二是完善新体制的各种基础设施；三是增进市场和弥补协调失灵，保持宏观经济稳定；四是努力保持机会的均等和社会的公正。[①] 毫无疑问，政府作用的有效发挥是建立在一定程度国家自主性的基础上的，即政府必须能够脱离社会利益集团的控制形成自己的目标并付诸有效的公共政策，否则政府不仅不能成为促进社会发展的“扶持之手”，甚至还有可能成为阻滞社会发展的“掠夺之手”。就社会公平问题来说，政府的利益整合能力显得尤其重要。由于知识能力等方面的局限，有的群体天然地处于利益表达的弱势地位，为此政府要通过制定公共政策进行平衡，对弱势群体有所保护。“政府自主性就是能够获得行动的独立性，建立全面协调的机构来制定政策，有效地动员各类资源，抑制市场自组织扩张带来的影响，从而使政府能够成功地实现社会控制。”[②] 古人云，“不患寡而患不均”。维护社会公平正义是政府应有的价值追求，同时也是政府存在的合法性基础。一个放任社会分配公平问题不管不问，甚至沦为利益集团攫取不当利益“帮凶”的政府，最终必然失却民众的支持甚至会招致民众的抵制与反抗。正是在此意义上，亨廷顿认为缺乏自主性的政府是腐败的，是要下台的。[③]

社会转型带来的另外一重风险也不容忽视，这一风险就是非制度化政治参与带来的社会动荡。从人类历史上看，所有的传统集权国家在走向现代化的过程中，特别是走向以改革为导向的现代化的过程当中，都容易产生“薄壳效应”。“这种‘薄壳效应’在所有的专制帝国中都难以避免，这是因为，传统集权国家长期积累的矛盾在进入改革开放时期，人们会有一种宽松的预期，大量的政治诉求会在短时期内集中地以井喷的方式爆发出来。”[④] 广泛

① 吴敬琏：《中国：政府在市场经济转型中的作用》，载《河北学刊》2004 年第 4 期。

② 周志忍：《政府自主性与利益表达机制互融》，载《21 世纪经济报道》2005 年 12 月 25 日。

③ 〔美〕塞缪尔·P. 亨廷顿：《变化社会中的政治秩序》，王冠华等译，上海人民出版社 2008 年版，第 16—17 页。

④ 所谓“薄壳效应”是指在地球最薄的地方最容易爆发火山，这里意指政治需求的爆发。参见萧功秦《关于新权威主义体制与国家治理问题的若干思考》，载《华中科技大学学报》（社会科学版）2014 年第 3 期。

的政治参与是衡量政治现代化的一个重要标准。对于现代国家而言，公民是直接参与公共事务并受其影响的：在集权国家，政治参与意味着政府对人民控制程度的加强，而在民主国家则意味着人民对政府控制的加强。[①] 但是，政治参与的规模与水平必须与政治组织和政治秩序的制度化水平保持平衡。根据亨廷顿的观点，一个有效的政府必须是有能力平衡政治参与与政治制度化的政府；对于一些发展中国家来说，政治参与不应操之过急，如果仅仅是在民主的呼声中效仿先发国家，放任政治参与走在政治制度化的前头，只会给政治稳定带来危害。

在这里，我们并不完全赞成亨廷顿的上述观点。一方面，我们认为，政治制度化和政治参与其实并非一个孰先孰后的问题。就中国的现实而言，既不应效仿美国先行实现广泛的政治参与然后再推进政治制度化，也不应效仿欧洲国家先完成政治制度化然后再扩大政治参与，中国的政治发展其实可以是一个齐头并进的过程，即在扩大政治参与的同时推进政治制度化。实际上，这两者之间也并非一组不可调和的矛盾，一定提前量的政治参与并不必然导致社会秩序失衡。无论是政治参与还是政治制度化，如若保持在一定的范围之内，两者之间甚至是可以相互促进的。例如，当前中国存在于基层的虚拟的网络参与（论坛、微博、微信等）对政府改革的倒逼，实际上就是对政治制度化的促进。另一方面，我们认为亨廷顿的“强政府”理论对于中国这样的后发外生型现代化国家同样具有启示意义。我们说无论是政治参与还是政治制度化都要保持在一定的限度之内，是因为两者都要不可避免地受其自身发展规律与外在条件的双重制约。同样以网络参与为例，如果突破其应有限度，甚至破坏民主的基本原则，就可能给政治制度化带来伤害，譬如“网络暴民”就已经与民主政治相去甚远。同样，政治制度化的进程既要考虑民众的文化素质、受教育水平、心理承受能力以及国家的政治发展水平等外在条件，也要考虑政治制度自身的发展规律，例如尽管选举是民主的重要内容，但不成熟的选举制度却是对民主的极大伤害。因此为避免政治参与和政治制度化两者中的任何一方走向极端，就必须发挥政府制度供给和权威整合的重要职能，在尊重各自发展规律的基础上积极创设外部条件，合理安排政治参与的同时稳步推进政治制度化的进程。具体到中国现实，若要实现政治参与与政治制度化之间的平衡，公民民主意识的培养，公民受教育水平的提升，政治参与渠道的通

① 〔美〕塞缪尔·P. 亨廷顿：《变化社会中的政治秩序》，王冠华等译，上海人民出版社2008年版，第27页。

畅及其保障，国家发展战略的选择以及公共危机的预警与应对等都是不可或缺的因素，而所有这些因素离开自主性国家的制度依托显然难以实现。

三　公共决策中的正义维护

在中国的经济转轨与社会转型的进程中，利益集团尤其是强势利益集团的存在已经成为不争的事实。利益集团是使用各种途径和方法向政府施加影响，以便在公共决策中体现自身要求的组织群体。作为政治活动的基本单位，利益集团是公民政治参与的重要的组织形式，是现代民主政治的重要推动力量。同时，利益集团通过反映社会成员利益要求，提供公共政策信息支持，以及促成不同利益群体间的沟通与协调，有助于实现公共政策的科学化、民主化与法治化。当前中国社会的利益集团发展呈现出以下两个方面的特点：一方面，就发展阶段而言，当前中国社会的各种组织化的利益集团还处于相对初级的阶段，还远未成长为自由社会意义上的利益集团，其在现代国家治理中的积极作用也没有得到充分体现；另一方面，中国社会存在大量结构性、行政性强势利益集团，这些强势利益集团通过影响甚至掌控公共决策，对资源和财富的公正分配产生了消极影响。在这里，强势利益集团操控公共决策的行为需要引起特别关注。

强势利益集团是以争取本集团利益最大化为目标，组织化程度较高，利益表达顺畅，占有较多社会资源，积极运用本集团力量参与社会政治过程，在与其他利益集团的博弈中暂居主导地位，在社会中表现出强势的经济利益集团。[①] 在我国，强势利益集团主要包括操控国民经济命脉的自然垄断企业，具有较高社会声望与政治地位的私营企业主，以及其他暴富利益集体等。由于具备强烈的集体意识，成熟的组织架构和强大的话语权，加之掌控大量的社会资源，强势利益集团通常能够从各个方面对公共政策过程施加影响。尽管强势集团在促进政治沟通和维护社会稳定方面发挥了一定积极作用，但就目前来看，强势利益集团对公共政策的过度干预往往会破坏社会公平正义，导致社会利益失衡，引发一系列社会问题。

尤其需要警惕的是，强势利益集团与强势权力集团的利益媾和，有导致权贵资本主义的风险。这一风险也是东亚模式带来的重要教训。权贵资本主义又称裙带资本主义、关系资本主义，是指一种“畸形的”或“坏的市场经济”，其中一些人通过权势和关系网寻租致富，在成为既得利益者

① 孙永怡：《强势利益集团对公共政策过程的渗透及其防范》，载《中国行政管理》2007 年第 9 期。

后，对种种合理的市场化改革以各种方式大加阻挠。早在1998年，吴敬琏就呼吁要建立规范公正的市场经济，防止陷入权贵资本主义。在市场经济发展的过程中，一些强势利益集团为了获取超额利润，不惜一切代价寻找资本的“保护人”，其中就包括采取各种方式“寻租”政府部门等强势权力集团。在巨大的利益诱惑下，强势权力集团往往无法自已，自觉不自觉地成为强势利益集团的“俘虏”，进而主动为后者寻找更加有利的资源分配。[①] 一旦资本与权力形成一个稳定的利益共同体，资本将会像滚雪球一样被用来繁殖更多的资本，而这其中有许多资源是通过权力寻租的方式从弱势利益团体那里剥夺过来的，由此不可避免地导致强者越强、弱者越弱的“马太效应”，致使社会贫富差距加大。权贵资本的存在严重扭曲了公共政策，损害了社会公平正义，同时也滋生了各种贪污腐败行为。在中国近年来曝光的许多大案要案中，强势利益集团与强势权力集团之间的“权钱交易”几乎成为不变的主题，例如2006年上海社保基金案，2011年刘志军贪腐案，2013年中石油腐败窝案以及2014年山西官场“塌方式”腐败案等都是此类典型案例。

“势利，作为一种行为模式最大的特征，就是愿意锦上添花而不愿雪中送炭，其结果是，导致资源集中在那些拥有较多资源的人群手中。……政府势利的现象无疑会损害政府的超越性和公正性。”[②] 利益集团尤其是强势利益集团“俘获”政府的事实表明，在当前的中国，在一些领域，政府制定与执行公共政策的自主性已经受到严重挑战。与此同时，一些学者甚至提出了所谓的“国家自主性弱化”的命题，但这一命题值得商榷。需要指出的是，这样一种“自主性弱化”和西方语境下的国家自主性弱化并不是同一个概念。在西方发达国家，国家自主性的弱化主要是由国家权力分割制衡导致行政权弱小造成的，尽管也存在利益集团影响公共政策的情况，但在此过程中政府的地位相对被动。加之，由于政府行为受到了宪法法律的有效制约，利益集团对公共政策的影响更多是通过一种相对制度化的途径进行的，如对政治竞选的资助、对立法部门的游说等。与西方不同，当前中国存在的所谓“国家自主性弱化”并不是政府权力受限的结果，恰恰相反，而是政府专断性权力过度扩张的产物。政府“被俘获”（实际上是政府的主动寻租）的事实并不能说明专断性国家权力已经弱化。所谓“国家自主性弱化”其实不过是国家政策执行力的弱化，而这一弱化

---

① 毛昭辉：《依法遏制强势利益集团腐败》，载《政府法制》2009年第29期。

② 孙立平：《政府势利将影响社会公正》，载《商界》2006年第11期。

恰恰是专断性国家权力无所不在的结构性后果。在这一过程中，由于天然处于强势地位（掌控各种社会资源），政府通常也会更加“积极主动”，利用各种机会“设租”“寻租”，与各种利益集团进行权钱交易。“有权不用，过期作废”，反映的就是这种心态。而且，由于权力缺乏有效的监督制约，这种权钱交易更多是通过非制度化的渠道（其实是对制度的破坏）实现的，例如政府既当“裁判员”又当“运动员”，或者违反“游戏规则”直接裁定比赛的输赢（寻租者获胜）等。利益集团及其对政府的非制度化影响，耗费了大量社会资源，却没有带来社会产值的任何增加，在损害社会公平正义的同时大大削弱了国家治理的有效性。

四　全球化进程中的压力应对

根据回归国家学派的观点，国家自主性是一国国内结构与国际环境共同作用的产物。本书主要探讨的是国家的内部自主性议题，即国家相对于其他社会利益集团的自主性问题，但是我们并不会因此忽视外部环境对国家自主性的重要影响。在 21 世纪的今天，已经没有哪个国家可以脱离其他国家而存在，全球化的浪潮几乎已经席卷世界的每个角落。全球化的发展削弱了民族国家之间的原有界限，但并没有带来国家的必然衰落。埃文斯（Peter Evans）认为，无论是从跨国资本追逐利润的视角，还是公民社会持续发展的视角，“国家衰落”的说法都经不起推敲，信息化的全球生产体系更加依赖公共权力的有效行驶。在全球信息经济时代，世界经济行为的最有优势的主体即跨国公司，虽然希望国家行为得以限制以减少其对自身活动的阻碍，但它们需要的是强大而非软弱的国家。同时，公民社会的持续发展，也更加呼唤健全称职的国家机构。“国家衰落的可能性存在，但是却不太可能发生。”①

全球化对一个民族国家自主性的影响主要体现在两个层面：其一，通过经济、政治、文化以及社会等多领域的全方位渗透，直接影响国家的内部自主性；其二，在国家主权与国际关系层面影响该国的外部自主性，进而间接影响国家的内部自主性。随着对外开放的不断推进，我国与世界其他国家之间的交流与联系得到了前所未有的加强，全球化正在全面且深远地影响着我国经济社会生活的方方面面。有学者把我国的社会转型的复杂性形容为“三症并发”，即中国在由传统社会向现代社会转变的同时，伴

---

① 〔美〕彼得·埃文斯：《国家的衰落？——反思全球化时代的国家性》，杨望平译，载《国外理论动态》2012 年第 6 期。

随着计划经济向市场经济的经济体制转轨，此外还要面临全球化带来的新的风险冲击。[①] 全球化不仅是经济上的，同时也是政治上和文化上的，这使得全球化对于民族国家尤其是像中国这样的转型国家的影响变得更加复杂。在经济方面，全球化在资本、技术、人才、信息等方面为转型国家带来了前所未有的发展机遇，但同时它也带来了各种风险与挑战。如在原有的不平等的国际经济秩序下形成对西方发达国家的“依附”，经济失却自主性等。此外，经济全球化必然也会使发展中国家面临更多的竞争压力，从而不得不改变其国内、国际的发展战略，这肯定会对其国内各社会阶层的经济利益分配、力量对比等产生重大影响，进而对该国的国家自主性状况产生影响。在政治方面，全球化对于国家自主性的影响无疑更加直接。全球化对于发展中国家的政治影响集中体现为其对发展中国家政府治理能力与行政管理的影响。全球化时代的国家竞争，其本质是政府治理能力之间的竞争。正如亨廷顿指出的那样，国家之间区别最大的不是政府的形式，而是政府的有效程度。[②] 摩尔也曾指出：“政治上，成功的现代化意味着在广阔的领域确立安定和秩序，这便要求一个强有力的中央政府。”[③] 因此在全球化时代，衡量 个国家的强弱，是以其行为的有效性而非以其结构、规模的大小作为标准，而国家行为的有效性与国家自主性和国家能力都是息息相关的。政府行政管理是国家治理的重要手段，因此全球化对国家治理能力的影响又通过其对行政管理方式的影响具体体现出来：其一，全球化强化而非削弱了政府治理的地位与作用；其二，全球化赋予了政府治理以新的课题，也对其职能适用性提出了挑战；其三，全球化对政府行为的艺术性以及权力配置方式等也提出了更高的要求。[④] 在文化方面，全球化通过对意识形态与政治文化的重塑，甚至有可能引致民族国家的合法性危机，“伴随全球化而来的各种客位文化及其价值观（往往是一种文化扩张势力），不仅外在地产生政治涵化作用，而且从一个国家的内部激活着足以影响政治文化的各种变项，这个作用又被全球化对信息传播的扩散而大大加强，有的外来文化便带着前所未有的冲击和实现的可能性作用于

---

① 童星：《世纪末的挑战——当代中国社会问题研究》，南京大学出版社 1995 年版，第 14—15 页。

② 〔美〕塞缪尔·P. 亨廷顿：《变化社会中的政治秩序》，王冠华等译，上海人民出版社 2008 年版，第 1 页。

③ 〔美〕巴林顿·摩尔：《民主与专制的社会起源》，拓夫等译，华夏出版社 1987 年版，第 379 页。

④ 汪永成：《试论经济全球化对民族国家行政管理的影响》，载《中国行政管理》1998 年第 4 期。

一国传统的政治文化，这往往使本位文化或意识形态处于‘认同危机’之中”①。

国家的外部自主性与国家主权有着密切联系，它标志了独立国家之间的平等关系，意指一国在本国领土范围内拥有最高权力，在对外交往中能够保持独立自主，而不会受到其他国家的支配或制约。20世纪后半期以来，随着全球化步伐的不断加快，国家之间交往变得更加频繁，国家之间的疆界日益模糊化，国家的外部自主性受到前所未有的冲击，国家主权的概念开始受到挑战，例如，在欧盟一体化的进程中，成员国的国家主权就不可避免地受到欧洲理事会、欧盟理事会等超国家权力机构的制约。在全球化条件下，跨国公司、全球资本市场、全球通信、非政府组织、政府间组织以及国际法等因素交互作用，都在对民族国家的外部自主性产生着复杂的影响。② 这里我们仅以跨国公司和非政府组织两个因素加以说明。发展中国家在引入跨国公司时往往面临着两难选择：跨国公司需要追求利润最大化，但是东道国除了考虑经济增长问题，还要考虑民族工业发展、社会和谐稳定、公平正义以及可持续发展等问题。实际上，正如许多学者指出的那样，跨国公司在全球化大潮中的扩张是一把“双刃剑”，在促进发展中国家的经济发展的同时，也在一定程度上削弱了发展中国家的经济自主权。另外，全球性非政府组织崛起及其活动领域的不断扩张也会给发展中国家的国家自主性带来挑战。20世纪90年代，伴随经济全球化的迅猛发展和信息技术革命的突飞猛进，全球结社革命风起云涌，非政府组织的数量直线上升并不断发展壮大。近年来，一些著名的非政府组织如大赦国际、红十字国际委员会以及绿色和平组织等，积极活跃在各种国际事务活动的方方面面。在此背景下，广大发展中国家同样面临两难：非政府组织能够为发展中国家的经济社会发展带来必要的资源支持，同时非政府组织也会对受助国的公共政策施加影响，有时甚至会左右发展中国家的战略选择。

国家的外部自主性与内部自主性保持怎样的互动关系？虽然现有的资料并不能证明两者之间存在必然的正向相关性，但有一点可以肯定的是，国家的外部自主性与内部自主性之间是相互依存的，即若其中一方消亡，则另一方也很难得以延续。

① 刘春荣：《全球化与民族国家：建构开放条件下的政治观》，载《复旦学报》（社会科学版）2000年第5期。

② 鲁克俭：《试论全球化对国家自主性的影响》，载《教学与研究》2001年第9期。

第二节　国家自主性理论的中国适用性限度

国家自主性理论的知识缘起是马克思主义的国家相对自主性理论。马克思主义国家理论的主要研究对象是西方老牌资本主义国家而非落后的东方专制国家，尽管马克思也曾对亚细亚生产方式作过深刻的剖析，但其基本观点还是认为东方从属于西方，西方也必然会使东方走向同样的发展道路。后来的西方马克思主义继承并发展了马克思主义的国家自主性理论，但同时也认为该理论究竟在何种程度上、适用于不同类型社会国家的问题需要引起特别关注。正如密利本德所言，相关理论对于第三世界国家或社会主义国家应该怎样分析还是一个大问题，“显然，不可能简单地把用于先进资本主义社会的分析范畴搬到这些不同的经济、社会和政治结构中来”①。到了回归国家学派，研究视野与研究内容都明显扩大，从资本主义民主国家到非宪政国家，从先发工业化国家到新兴工业化国家，国家自主性理论几乎都找到了其“用武之地”。尽管如此，我们还是应该注意到，与其他发端于西方学术界的社会科学理论一样，国家自主性理论同样不可避免地带有“西方中心主义”的色彩，譬如，其理论主要缘起是西方的各种社会科学（如政治学、社会学等）思潮，其代表学者主要来源于西方学术界，其思想观点也更多带有一种“资本主义优越性的先见之明”。

我们注意到，尽管作为一种解释工具，国家自主性理论也常常被用来解释诸如“东亚模式”与“拉美现象”等非西方发达国家的历史事件，而且在很多时候这些解释也较具说服力。但是，考察一种理论的适用性还必须将其放在一个较长的时间周期内，换言之，理论的解释力必须能够经得起现实变化的考验。随着亚洲金融危机的全面爆发，东亚模式受到广泛批评与质疑，人们对由全能国家引发的“裙带资本主义”深表担忧，强调国家自主性的发展型国家也开始褪去其原有的光环。东亚模式的失败与挫折使我们看到了威权主义政府的弊端，同时也引发了我们对国家自主性理论适用性限度的思考。就东亚模式而言，国家自主性理论之于官僚制的理性期待与东亚国家官僚理性不足的现实之间存在矛盾，因危机而生成的国家自主性，最终因专断性国家权力的过度强调和国家能力建设的某些缺失，

① 〔英〕拉尔夫·密利本德：《马克思主义与政治学》，黄子都译，商务印书馆 1984 年版，第 116 页。

加之市民社会先天发育不良、国家自主孤立于社会自主之外，在更为重大的危机中衰落。

历史总是具有惊人的相似性。反观今天中国社会转型现实，东亚国家走过的路我们似乎并没有完全绕开，国家权力自主有余而社会自主严重不足，专断性国家权力有余而基础性国家权力严重不足，官僚主义有余而官僚理性严重不足，诸如此类的问题都可谓似曾相识。然而，上述问题在西方发达国家并没有明确地显示，或者说与中国相比有更加不同的显示。因此，我们在运用国家自主性理论解释中国现实的时候，必须对这一理论之于中国实际的具体指向尤其是其适用性限度问题加以界定。否则，就可能会因为具体语境的忽略导致理论运用上的人云亦云或生搬硬套，甚至是“文不对题”，给理论与实践带来双重危害。

国家自主性是现代国家的一个基本特征，因此讨论国家自主性理论的适用性问题首先应当放在国家构建的背景下加以考察。本节拟采用比较研究的方法对国家自主性理论在中国和美国国家构建中的不同适用情况加以分析，之所以选择以美国为比较对象，主要是基于以下几个方面的考虑：其一，美国是回归国家学派及其国家自主性理论的兴起之地，考察该理论适用性限度，首先应追根溯源考虑其原初应用语境；其二，当前中国社会科学领域存在的“拿来主义”多以美国为效仿对象，即所谓“言必称美国”，这也是本书对国家自主性理论误读与误用相关批判的主要指向；其三，中国正在进行的国家治理现代化的伟大实践需要借鉴外部经验，尤其是以美国为代表的西方发达国家的经验，考察国家自主性相关理论之于中美的不同适用情况，也可为上述经验借鉴提供一个相对准确的认识前提。

一 现代国家构建的总体比较

当前中国所倡导的国家治理现代化是一个全面系统的实践，它涵盖了经济、政治、文化、社会以及生态文明等诸多领域的现代化，它既是一个现代国家构建的过程，同时也是现代社会构建的过程。就此意义而言，国家现代化的概念与亨廷顿所说的政治现代化具有一定的相似性，当然其内涵比后者更加丰富。这里，我们可以借用亨廷顿有关政治现代化的理论框架来比较分析中美两国国家构建的不同历程。

根据亨廷顿的观点，政治现代化包括权威的合理化、机构的分化以及广泛的政治参与三个方面，前两者亨廷顿又统称之为政治制度现代化，意指政治组织和政治程序获取价值观和稳定性的一种进程，其实质就是现代国家的构建。亨廷顿在《变革社会中的政治秩序》一书中专门对美国与欧洲政治现代化的历程作了比较，他认为欧洲大陆和美国是两种截然不同的政治现代化类型。欧洲大陆国家在17世纪以前就基本完成了现代国家的构建，率先实现了权威的合理化和机构的分离，但其政治参与的扩大却进展迟缓，一些国家甚至直到20世初期才开始实行男性普选权。与欧洲相比，美国则是较早地普及了政治参与，但其现代国家建设却并不彻底，政治制度更多承继了16世纪英国都铎政体[①]的遗风，国家权威分散于整个社会和政治机体的许多器官之中，而且各政治机构权力分立、职能交叉，譬如司法与立法功能混合，国家的象征职能与实质职能不分。上述特点用亨廷顿的话就是“美国把世界上最为现代化的社会与世界上最古老的政体融为一体”[②]。由此，西方国家政治现代化的经验表明，在政治制度现代化与政治参与的扩大之间似乎存在一种反向关系，而且，前者在欧洲发展更为彻底，后者在美国发展更为迅速。那么，是什么原因导致这样一种政治现代化差异的呢？亨廷顿认为，这种差异与欧洲大陆战争与社会冲突绵延不绝而美国社会则相对安定有密切关系。在欧洲大陆，从16世纪后期一直到整个17世纪，各种战争与社会冲突此起彼伏，安全的需要和领土扩张的需求刺激了各国君主去大力发展军事机构，而为了实现这一目标，统一治理并合理化其国家机器是一种必然选择。相对而言，17世纪的美国偏安于两大洋之间，极少有外部侵扰，社会的同质性又使其很好地避免了社会冲突与社会分裂，而且由于不存在旧秩序和封建特权势力，也不需要建立一个用以涤荡它们的政权，因此推动欧洲政治现代化的强大权威在美国是找不到的。[③]

传统中国建成了一整套训练有素的官僚体系，运行达两千年之久，但其与现代国家治理的要求还相去甚远。直至清朝末年，中国才在内忧外患之下开始真正意义上探索现代国家构建，其标志性事件是“预备立宪”。1912年清王朝灭亡，此后的民国政府仍深陷于各种社会冲突与外部侵扰压力之下，国家建设举步维艰。1949年新中国成立以后，中国既面临快速发展经济和改善人民生活水平的压力，又面临国内外各种敌对势力的挑战，

---

① 英国都铎王朝（Tudor Dynasty）（1485—1603年）时期的政治体制，都铎王朝被称为英国历史上君主专制制度发展的顶峰时期，同时又被称为现代宪政体制的发源地。其主要原则和制度包括：国家与社会有机统合，政府与议会协调一致共同维护国家机器运作，政府服从于基本法，政治领域与法律领域交融，议会与国王权力相互制衡，地方政府机构充满活力以及依赖民兵组织保卫疆土等。参阅〔美〕塞缪尔·P. 亨廷顿《变化社会中的政治秩序》，王冠华等译，上海人民出版社2008年版，第80—81页。

② 同上书，第103页。

③ 同上书，第98—101页。

在此情况下，中国效仿苏联模式，建立了高度集权的全能主义国家，这种体制一直延续到改革开放之前。1978 年以后，伴随改革开放的实行与不断深化以及市场经济的建立与不断完善，中国进入“近代以来最为全面和深刻的国家构建时期”①，国家建设发展到一个新阶段。考察 19 世纪末到 20 世纪的中国现代国家构建的历程，我们可以发现，中国的现代国家建设与美国相比有很大不同，其中最为重要的一个方面就是，中国现代国家构建一直是在各种内外压力之下进行的，在此情况下就需要建立一个强大的国家权威来进行利益整合、冲突调适和压力化解，而美国国家构建的社会环境则相对“国泰民安”，因此并无建构国家集权的动力。另外一个重要的不同之处在于，中国的国家构建背负沉重的“历史包袱”，这就是沿袭了两千多年的封建专制制度及其官僚体系，尽管这一治理体制在传统社会治理中发挥了重要作用，但很明显无法有效适用现代国家治理的要求，相反，有时甚至可能会带来某些负面影响，譬如“人治”“官本位”等思想理念至今仍影响深远。从制度惯性的影响程度来说，美国国家建设几乎没有历史包袱，但并非白纸一张，其从英国那里继承的都铎政体就是一个重要方面，但这一古老的政治制度却与美国的社会生活完美地结合了起来，不仅没有对美国的国家建设形成阻碍，相反，提升了国家治理的有效性。此外，正如前文所言，美国政治参与的扩大远远走在国家建设之前，现代国家建设具有一个良好的社会治理基础，而中国的政治参与扩大化进展较为迟缓，国家治理的社会基础相对薄弱，因此中国国家治理现代化要同时面临现代国家建设和现代社会建设的双重任务。

通过上述比较来看，中国现代国家构建的原初背景倒是与欧洲大陆国家有不少相似之处，譬如对集权的需要，政治参与的迟缓性等。但事实上，从国家构建的总体进程与压力环境的具体情况来看，这种相似性也只是表面上的。一是国家建设的现代化程度不同。欧洲国家的现代国家构建已发展至较高阶段，属于“完成时态”，譬如其国家权威的合理化、组织的分化以及公民参与水平都相对较高，而中国的现代国家构建还处于初级阶段，属于“进行时态”，譬如公共权威还有待进一步凝聚，国家与社会的融合度依然很高，还存在党政不分、政府职能界定不清，政府机构的专业化、专门化水平较低，社会自主性不足，公共参与的制度化渠道不够通畅等诸多问题。二是国家建设面临的压力程度不同。早在 17 世纪，欧洲

---

① 贺东航：《国家构建理论与中国现代国家构建历程探析》，载《江汉论坛》2008 年第 6 期。

国家就已经普遍建立起现代国家，彼时的经济社会发展水平、公共事务的复杂程度等不可与今天同日而言，而且，此后的三百多年它们还有较为宽裕的时间来继续完善国家建设，同时稳步推进政治参与的扩大化。而中国则不同，中国政治现代化明显具有多重压力的共时性，即一方面需要凝聚转型社会必须的公共权威，维护国家应有的自主性，持续推进国家治理制度的不断定型，另一方面需要通过拓宽和完善公民参与的制度化渠道，对公民参与诉求进行积极回应，稳步推进政治参与和国家治理的民主化。在此过程中，传统与现代、现代与后现代、中国与西方、本土与全球化等各种因素彼此交织、共时影响，国家建设面临的压力与挑战更为复杂艰巨。

总之，无论是从国家建构的原初背景来看，还是以当前的现实背景进行观察，中国现代国家构建与美国乃至欧洲国家都存在根本差异，这种差异性决定中国现代国家构建必然要走一条有中国特色的发展道路。希望引入西方相关理论来解释中国实践的任何尝试都必须充分考虑上述差异性，否则，不顾国情的理论搬用，有可能会导致适得其反的结果。正如有学者指出的那样，各种复杂背景的交织叠加，“使得本来辛苦追求现代国家体制构建的中国面临着更加复杂的情势，这种复线式状态使得许多已经被提炼得很精致的理论显得无所适从，致使学术界在解释和研究中国问题时往往出现知识错位”[①]。因此，运用国家自主性理论解释中国实践，必须注意区分国家构建与国家治理的不同实际，进而选择运用具有本土说服力的理论观点，用以甄别分析中国问题。接下来，我们将分别从国家与社会的关系，国家自主性的形态表现以及官僚制的内在冲突等三个方面，来进一步讨论国家自主性理论之于中国的适用性限度问题。

二　国家与社会的关系消长

国家与社会关系状况会对国家的权力结构产生影响，同时也会对国家自主性的表现形态产生影响。英国学者迈克尔·曼指出，自主性的国家权力体现在两个层面：一是国家的专断性权力，即国家精英可以在不必与市民社会进行制度化商谈而活动的范围；二是国家的基础性权力，即国家在其统治的领域内渗透市民社会并有效实施其政治决策的能力。[②] 曼认为，

① 贺东航：《中国现代国家的构建、成长与目前情势——来自地方的尝试性解答》，载《东南学术》2006 年第 4 期。

② Michael Mann, *States, War and Capitalism*, New York: Basil Blackwell, 1988, p. 6.

虽然国家权力包含上述两个层面的内涵，但实际上，在西方学术界，更多学者是把专断性国家权力而非基础性国家权力视为“国家自主性”的来源。从斯考切波对美国国家自主性行为对公共政策影响的分析来看亦是如此。斯考切波认为，美国未能从前工业化和前民主化时代继承中央集权式的官僚机构，而且联邦制所形成的权威分散，主权在全国性政府部门的分割，再加上联邦行政分支机构与国会委员会存在密切的利益共融关系，使得美国的国家权力在整个20世纪都显得零散不堪，而各种利益集团则广泛渗入其间。[①] 因此，相比其他任何现代资本主义民主政体，美国更加缺乏自主性所需的结构性基础，换句话说就是，美国是一个国家自主性表现极不明显的“弱国家”。很显然，斯考切波所言的国家自主性指代的就是专断性国家权力的自主性，她所说的“弱国家”主要指向的是国家在公共决策方面的决断强度而非具体政策的执行力度，因为就后者而言，美国毫无疑问是一个“强国家”。回归国家学派的其他学者，诸如克拉斯纳、埃文斯以及诺德林格等人也持有类似的观点，我们这里不再一一论述。由此可见，回归国家学派所说的国家自主性更多意指专断性国家权力的自主性，其核心就是国家在制定公共政策时的集权性。

应当说，回归国家学派对于专断性国家权力的态度也是较为审慎的。一方面，他们强调专断性国家权力在形成国家意志方面的必要性与重要性，在特定的历史时期与特定的公共政策实践中，需要通过专业化官僚机构的完备、国家能力的提升等手段来增强专断性国家权力。另一方面，他们也认识到，专断性国家权力更多是一种国家精英的个人权力，这一权力走向极致就可能演变为极权主义或者独裁政治，因此有理由对专断性国家权力的超理性假设提出质疑。斯考切波其实已经指出过国家自主性的限度问题，类似的观点在诺德林格那里同样有所论述，例如他认为民主国家的自主性在任何意义上都不应当与言论自由、公平选举等民主制度相背离。[②] 然而，回归国家学派并没有就国家自主性上述两方面的内容投入对等的关注，相反，对“精英主义”的偏好使得他们在理论阐述时回避了对国家自主性限度问题的进一步讨论。正如斯考切波坚持认为的那样，“有意致力于国家自主性研究的学者所面临的最基本的研究任务就是要发掘国家为什么、在什么时候以及如何会提出这种不同的政策；然后人们才有可能质疑

① 〔美〕彼得·埃文斯等:《找回国家》，方力维等译，生活·读书·新知三联书店2009年版，第15—16页。

② 〔美〕埃里克·A. 诺德林格:《民主国家的自主性》，孙荣飞等译，江苏人民出版社2010年版，第35页。

国家在处理上述问题的合理性"①。由此，回归国家学派实际上几乎得出了一个共识性的结论，即认为：提高国家自主性需要加强专断性国家权力。一时间，在回归国家学派那里，国家自主性的限度及其潜在危害问题似乎成为一个认知"盲区"。这里，我们不免产生一个疑问，那就是，既然回归国家学派已经认识到专断性国家权力的可能危害与国家自主性的限度问题，他们为什么还要提出强化专断性国家权力而不是对其进行规约与限制呢？其实，我们只要分析一下西方发达国家尤其是美国专断性国家权力运作的社会基础与基本环境，就可以对这一问题作出解答。

如前文所述，美国是一个典型的社会偏强而政府偏弱的国家，多元文化的传统，国家权力的分立与制衡，政治权威的碎片化，加之市民社会强大、利益集团无所不在，导致国家权力活动的范围被极大压缩，国家变得异常脆弱。诺德林格指出，决策点的极大分散是美国国家的鲜明与核心特色，因此，"国家具有高度可渗透性，能够为各种大小的利益集团提供便利的进入通道。同时，国家具有明显的脆弱性和可塑造性，不断地受到来自不同大小的具有'否决权'的利益集团的要求"，致使其无法采取决定性的、一致的、积极的、前瞻性的公共政策，进而导致国家自主性严重不足。② 国家自主性的弱化一定程度上表明，专断性国家权力得到了限制，但这同时也带来了一些问题，其中最为主要的就是导致国家有时会因受利益集团干扰无法及时出台相关公共政策，即便这些政策符合国家的长远利益与整体利益。"没有机制上的保障能够确保美国制度既防范暴政，又在必要时按照某种初衷行使国家权威。后者取决于对政治目的达成社会共识，这恰是最近几年来美国政治生活中所缺乏的。"③ 与其他民主国家相比，美国的福利国家建立较迟同时水平也较低，例如没有建立全民的医疗保障体系，部分原因可能就在于国家缺乏出台相关政策的自主性。④ 因此，在对待国家态度问题上美国理论界其实一直存在两种声音，一种是坚持认为"国家是必要的恶"，必须最低限度地削弱专断性国家权力，另一种则对前一种声音进行反思乃至纠正，认为必须强化专断性国家权力、提升国

---

① 〔美〕彼得·埃文斯等：《找回国家》，方力维等译，生活·读书·新知三联书店 2009 年版，第 20 页。

② 〔美〕埃里克·A. 诺德林格：《民主国家的自主性》，孙荣飞等译，江苏人民出版社 2010 年版，第 172 页。

③ 〔美〕弗朗西斯·福山：《政治秩序的起源：从前人类时代到法国大革命》，毛俊杰译，广西师范大学出版社 2012 年版，第 7 页。

④ 〔美〕弗朗西斯·福山：《国家的构建：21 世纪的国家治理与世界秩序》，黄胜强、许铭原译，中国社会科学出版社 2007 年版，第 6 页。

家自主性，以此来推动符合国家利益的公共政策尽快出台。回归国家学派有关国家自主性的理论探讨无疑属于后者。

回归国家学派忽略国家自主性的限度问题，与西方发达国家较为成熟的权力制约机制也有一定的关系。在西方国家，民主、共和与宪政成为不可分离的伙伴，“民主规定谁拥有权力，共和规定权力的目的，宪政则规定取得与运用权力的方式”①。尽管政府是一种“必要的恶”，但在民主宪政制度下，这种“恶”却被有效地压制在合理的范围之内。掌握权力的人出于对制度及其惩戒措施的敬畏变得谨慎且克制，休谟关于“即便是流氓掌握公共权力也不敢恣意妄为”的设想已经成为民主宪政的现实。由此，我们认为，回归国家学派可能并不是刻意回避国家自主性的限度问题，毋宁说是他们认为这一问题并无讨论的必要。在西方中心论的语境下，在美国特殊的“弱国家、强社会”的社会背景下，专断性国家权力的规约问题已经得到了较好的解决，因此，回归国家学派需要着力论证的问题是国家究竟怎样才能超越各种利益集团而形成自己的意志，即专断性国家权力的自主性问题。

尽管倡导强化专断性国家权力具有理论和实践上的必要性，而且这一权力在某种程度上也得到了应有的控制，但这并不能充分说明国家自主性行为的合理性，除非可以证明，国家权力能够给人民带来福祉。“在评价民主国家自主性的时候，……需要考察自主性如何与民主国家（政权）的整个绩效密切相关，以及它们如何成功地获得这些和如何获得几乎我们所有人对民主国家所希望和期待的目标的。除了国家对社会的回应（或者说是代表性），这些标准还包括国家的合法性、成功地管理社会冲突、决定的有效性、对变化的可能性和吸引力的开放性。”② 因此，在确保国家权力限度的同时，还必须通过国家具体公共政策的贯彻执行来实现国家行为的有效性，这实际上就涉及国家能力问题。在西方发达国家，主要是通过加强基础性国家权力来做到这一点的。基础性权力是国家通过基础设施和基本制度来贯彻其公共政策的能力。就西方发达国家国家权力的表现形态而言，我们可以注意两点：其一，尽管西方发达国家的专断性国家权力相对薄弱，但其在政策执行方面却非常出色，这与其完备的公共基础设施有着很大关系，同时也离不开其专业化、高素质的职业官僚队伍。正如弗朗西

① 刘军宁：《共和·民主·宪政——自由主义思想研究》，上海三联书店 1998 年版，第 127 页。

② 〔美〕埃里克·A. 诺德林格：《民主国家的自主性》，孙荣飞等译，江苏人民出版社 2010 年版，第 200 页。

斯·福山指出的那样，从政策执行力与执法能力来看美国无疑是一个“强国家”，它在联邦、州和地方政府都拥有众多的执法机构，执法范围无所不在，内容涵盖从交通规则到商法乃至《人权法案》。[①] 其二，基础性国家权力的实现，并不是政府的单打独斗而是国家与市民社会通力合作的过程，或曰“多中心治理”的过程。理查德·C. 博克斯认为，21 世纪是美国政府治理的一个新的时代，这个时代将以公民治理为核心与主导。[②] 由此可见，基础性国家权力通过对专断性国家权力的补充与完善，可以避免后者的某些痼疾，例如低效、保守、简单粗暴等，进而提升国家自主性行为的有效性，同时基础性权力强调把公民参与纳入公共政策议程，也有利于民主价值的实现。

那么，在当前的中国又会有哪些不同呢？在回答这个问题之前，我们有必要考察一下中国国家与社会关系的历史演进过程。在古代中国，君主制与宗法制相互作用，以小农经济为依托，借助于传统思想对人民的灌输，国家与社会处于一种紧密胶合的状态。首先，以权力垄断和世袭制为主要特征的君主专制政体一直是国家组织的主要形式。在王权专制下，君权至高无上，“天下之事无小大皆决于上”，从名分、行政，到财政、经济、官员任免乃至个人生活，君主都有过问之权；庞大的国家机构都是君主的办事机构，从“三公九卿”到普通官僚永远都是君主的工具。君主的“灵机一动”，就会化作全民族、全社会的统一行动。[③] 其次，在中国早期国家形成之后，国家治理社会的基本手段主要依赖的是以地域与血缘关系为基础的宗法制度，在这样一种治理格局下，政权与财富通过血缘家族关系联系起来，构成了中国社会面貌最为重要的特征之一。宗法制度更多地造就了民众对政治权力的认同，形成了与国家统治之间互为补充的超稳定的结构，进而导致个人、家庭、社会与国家浑然一体，社会中个人的利益不断向外扩张，国家的政治管理不断向内传递，使得社会消解于国家之中。[④] 再次，分散的个体农业生产为君主制和宗法制提供了经济基础。一家一户从事个体生产的小农，符合专制君主的统治需要：他们彼此之间分

---

① 〔美〕弗朗西斯·福山：《国家的构建：21 世纪的国家治理与世界秩序》，黄胜强、许铭原译，中国社会科学出版社 2007 年版，第 6 页。

② 〔美〕理查德·C. 博克斯：《公民治理：引领 21 世纪的美国社区》，孙柏瑛等译，中国人民大学出版社 2005 年版，第 66—69 页。

③ 刘泽华等：《专制权力与中国社会》，天津古籍出版社 2005 年版，第 12—18 页。

④ 孙晓莉：《中国现代化进程的国家与社会》，中国社会科学出版社 2001 年版，第 39—40 页。

散、联系较少，形成不了统一的力量，有利于统治者“分而治之”；小农民风淳朴、安分守己，一般不会抱怨自己的不满；小农少私利，法令易行；小农少流动迁徙，不会给社会稳定带来威胁。最后，传统专制文化思想也在一定程度上强化了国家与社会的胶合状态。“在人类的历史之上，政治上的独裁与文化思想上的独裁是密切相关的。因为作为掌握一切人命运的专制君主，并不会只满足于仅统治臣民的肉体，而更要求统治他们的灵魂。正因如此，权力支配一切的古代中国的文化，只能是专制主义的附庸。”[1]

在外来民族侵略刺激下，为挽救民族危亡，近代中国政治变革势力试图依照西方社会制度模式，建立宪政基础上的国家与社会关系的近代体制，但国家的过渡性和国家统一的双重使命使这一任务不能实现。1949 年新中国成立后，国家与社会的关系有了很大的改观，但由于受到高度集中的计划经济体制的影响，加之单位制组织的推波助澜，国家政治权力与整个社会紧密地结合起来，导致一种国家与社会同构状态的出现。在这一结构下，单位、社会与国家同构，国家全能主义发展至顶峰。国家本位以及由此引发的政治权力膨胀，严重压制了社会的自主性和活力，导致社会组织发育迟缓甚至发育畸形，而且影响了国家和政府的合法性，进而阻碍了社会的变革与发展。[2] 改革开放以来，中国的国家与社会关系进入一个全新的历史时期。在这一时期，社会主义市场经济体制得以逐步确立，生产与经营者的自由与权利范围得到进一步扩大，经济发展、政治文明以及人的思想观念都得到了极大的促进与提升，社会自主性在一定程度上得到增强。

尽管如此，当前中国国家与社会关系的现状远没有达致其应有的均衡状态。所谓国家与社会之间的均衡是指国家制度与社会制度以某种方式、在某种程度上的有机结合，能最有效地保证社会的稳定，并使其在稳定中充满活力、向前发展。[3] 均衡的国家与社会关系，首先意味着国家与社会各自代表的社会力量就国家活动的范围和权力达成一致，即国家与社会的界限在现有的给定的条件下相对稳定，这一情况的主要体现就是全能国家的消解。国家与社会的均衡，同时还意味着国家所代表的力量与社会其他

① 刘泽华等：《专制权力与中国社会》，天津古籍出版社 2005 年版，第 232 页。

② 孙晓莉：《中国现代化进程的国家与社会》，中国社会科学出版社 2001 年版，第 54—55 页。

③ 曾峻：《公共秩序的制度安排——国家与社会关系的框架及其运用》，学林出版社 2005 年版，第 130 页。

力量在利益分割上出现了暂时性的妥协，即社会各方力量依据一定的程序与规则就社会剩余资源的分割达成了一致。[①] 当前的中国，国家与社会不均衡状态的主要表现是：政府职能界定不清，政府既当“裁判员”又当“运动员”，政企不分、政社不分，政府“越位”“缺位”与“错位”的现象仍在一定范围内大量存在；国家与社会之间的权能分割未能做到规范化、制度化，国家权力“一统就死、一放就乱”的死乱循环症结仍未能得到有效解决；市民社会发育迟缓，第三部门缺乏自主性、独立性（许多成为政府部门的附属机构），公共参与能力受限、水平较低，国家权力侵犯公民权利的情况时有发生；国家机构臃肿，冗员过多、人浮于事，行政效率低下，政府运行成本居高不下，政府官员缺乏公共财政意识，挥霍浪费，甚至挪用公款、以权谋私；地方政府基于自身利益或者利益集团的特殊利益，广泛介入经济、社会生活，甚至利用自己的特殊地位与民争利等。

通过中国国家社会关系的历史回顾，我们注意到，中国和西方发达国家在国家自主性理论的运用上具有完全不同的论说语境。由于受到两千多年来王权专制思想的浸淫，加之新中国成立以后高度集中的计划经济体制的影响，从国家与社会力量的对比来看，当前的中国仍然是一种“强国家、弱社会”的格局。在这一格局下，专断性国家权力一家独大，社会自主性受到极大压制，无法为经济社会的持续发展提供足够的动力。[②] 因此，在这种背景下，当前的中国首先要做的显然不是一味地增强专断性国家权力，提升西方学界所谓的国家自主性（其主要表现是专断性国家权力），而是应当加强社会自主性，在概念与事实上对公共领域与私人领域加以明确区分，以此提升社会活力，促成“强国家—强社会”格局的形成。

实际上，就当前中国现实而言，不仅不应过多强调专断性国家权力，相反，还应该对这一权力进行必要的规约。众所周知，中国是一个缺乏民主传统的国家，长久以来形成的君主专制思想，一方面造就了迄今在中国社会仍影响深远的官本位意识（其本质即权力崇拜），另一方面也严重抑制了公民的权利意识与主体意识，从另外一个方向强化了官本位意识与权力崇拜。在今天的中国社会，国家权力的理性化、制度化水平都有待加

---

① 曾峻：《公共秩序的制度安排——国家与社会关系的框架及其运用》，学林出版社 2005 年版，第 131 页。

② 社会自主性是社会成员自由决定其意志和行动的权利，其在很大程度上表现为社会成员在经济活动中的正当权利的不可侵犯以及对国家权力的监督与制约的能力。参阅孙晓莉《中国现代化进程的国家与社会》，中国社会科学出版社 2001 年版，第 57 页。

强。在权力运行方面，公共权力尤其是“一把手”的权力一直未能得到有效的监督与制约，权力压制法律、人治大于法治的现象仍广泛存在。在党政关系方面，党政不分、以党代政的问题未能得到很好地解决，党与人大、政府、司法机关以及其他社会团体的关系有待进一步理顺。在宪法与法律制度建设方面，公民的法治意识有待进一步提高，法律的制度化、体系化水平仍然不高，法律在现实中的实施仍不尽如人意，有法不依、执法不严、违法不究的现象仍有存在；宪法未能完全发挥其应有的限政职能，宪法更多停留在理论层面而不是落实在实践领域。历史经验一次又一次表明，任何掌握权力的人都有滥用权力的动机，而不受规约的权力必然会给国家、社会和人民带来深重的灾难，因此在民主法制尚需不断完善的中国，任何时候都不应忽视对国家权力的监督与制约。

此外还应指出，在当前中国，伴随专断性国家权力一家独大的另一个方面是基础性国家权力的弱化。福山认为，国家制度的力量比其职能范围更加重要，然而许多发展中国家并未能有效提升这种能力，“对于许多国家来说，在缩减国家职能的进程中，它们一方面削弱国家力量的强度，另一方面又产生出对另一类国家力量的需要，而这些国家力量过去不是很弱就是并不存在”①。很显然，福山所说的国家的制度力量或者国家能力指的就是基础性国家权力。基础性国家权力的弱化主要表现在两个方面：一是国家不能有效地在全社会贯彻和实施自己的政策，导致国家政策难以发挥预期作用，甚至导致政府俘获于各种利益集团，失却国家应有的自主性。二是国家在汲取社会资源后未能向公众有效提供基本的公共物品与公共服务，导致社会成员无法平等共享经济发展的成果。应当说，上述两个方面在今天的中国都有所体现，例如，在房地产市场调控、食品药品监管以及自然资源垄断企业改革等领域国家（尤其是地方政府）对相关政策的贯彻与执行还很不到位，而在诸如教育、医疗、社会保障以及环境保护等公共物品或准公共物品领域，政府的供给能力也显得非常薄弱。应当注意的是，不论是政府政策执行力的弱化还是其公共物品供给能力的弱化，这些问题如果长期不能得到有效解决，势必会影响国家与政府应有的信任水平，甚至导致国家合法性权威丧失、政府下台。因此，就当前的中国现代国家构建来说，一方面需要合理规约和限制专断性国家权力，另一方面需要进一步完善基础性国家权力，这两个方面也许正是中国语境下完善国家

① 〔美〕弗朗西斯·福山：《国家的构建：21 世纪的国家治理与世界秩序》，黄胜强、许铭原译，中国社会科学出版社 2007 年版，第 15—16 页。

自主性的应有内涵。

诚如罗伯特·达尔（Robert Alan Dahl）所言，“不应把基于一个国家环境下行政管理运作而归纳的结论普遍化，也不应当把它运用于不同环境的行政管理。也许一个原理可以运用于不同的框架，但这一运用只有在对那个特殊框架研究以后才能作出”①。这是理论学习与借鉴中的一个基本问题，但很显然，国内许多学者在解读或运用国家自主性理论时并没有充分注意到这一问题。

三 国家自主性的形态表现

受到国家权力结构的影响，不同国家其国家自主性的表现形式存在很大差异。应当如何判断当前中国的国家自主性现状，对于这个问题国内学界存在两种不同的认识。有学者认为，中国是一个传统的高度自主性的“强”国家，理由是中国缺少法治传统，国家权力未能得到有效的监督与制约，政府超越自身行为边界过度干预经济社会生活。这部分学者并不太赞成甚至排斥国家自主性的说法，在他们看来，在中国，国家一直就是“自主”的，而且“自主性”程度已经很高，若仍然强调提升国家自主性必然会导致更多的公权滥用。因此他们认为，当前中国最为重要的不是提高国家自主性而是削弱国家自主性，是把全能政府转变为有限政府，使政府在法治的框架下运转。另一部分学者则持相反的观点，他们以政府被利益集团绑架的事实来说明，当前中国的国家自主性不是很高而是很低，理由是国家出台的许多政策没有取得预期成效，国家的超越性、独立性没有得到体现，公共政策更多成为利益集团追逐财富的工具，比如国家对于房地产市场的调控就是如此。例如有学者就指出，中央政府每次抑制房价政策的结果刚好是政策初衷的反面，几乎每一个控制房价来帮助中低收入家庭的政策就把房价推到一个新高点，从而使中低收入家庭的状况雪上加霜，因为无论是开发商还是地方政府都有能力来扭曲政策，从政策上“寻租”②。

这样，两种不同的观点似乎形成了一种“国家自主性悖论”：国家是“自主的”同时也是“不自主的”。然而，这一悖论果真就是中国实际的反映吗？答案显然是否定的。“悖论之所以成为悖论，是因为它是从一种

---

① Robert A. Dahl, The Science of Public Administration: Three Problems, *Public administration Review*, Vol. 7, No. 1, 1948.

② 郑永年:《中国住房政策的症结在哪里》，载《联合早报网》（新加坡）2009 年 12 月 22 日，http://www.zaobao.com/special/forum/pages7/forum_zp091222.shtml。

视野来看待问题造成的。”[1] 上述所谓的“国家自主性悖论”，其产生的认识论基础也是如此。我们认为，上述两种观点都犯了以偏概全的错误，即双方都没有对国家权力与国家能力作出明确的区分，而是仅仅把其中一方视为国家自主性的全部。国内学者李强认为，曼所说的专断性权力和基础性权力近似于我们平常所说的国家权力与国家能力这两个术语。他指出，国家权力与国家能力是两个不同的概念，两者关系颇为复杂，有时两者可能互为因果，但有时则可能相互冲突。中国当前国家能力的下降正是国家权力过大的结构性后遗症。[2] 孙立平也认为，国家形成意志的能力与贯彻意志的能力存在不一致性。一般来说，一个组织或机构形成意志的能力不会低于其贯彻意志的能力，但其贯彻意志的能力则很有可能会小于其形成意志的能力。[3] 中国的现实是：一方面，国家形成意志与提出政策的自主性较高，表现为国家较少与市民社会进行商谈，公民对公共政策的参与程度较低；另一方面，国家贯彻意志的能力又相对较弱，具体表现为政策执行过程中的敷衍、抵制、变形以及扭曲等政策异化行为。政府执行力弱化与政策的异化最终导致国家自主性的行为结果与其初衷背离，国家自主性因目标难以落实而弱化。因此所谓的国家自主性“悖论”其实是一种认识偏差，是对国家自主性内涵的片面理解，是国家权力与国家能力两个概念界定不明、混淆不清的结果。

回顾新中国成立以来中国国家与社会关系的发展历程，我们也会观察到这一纠结局面的存在。改革前，高度集中的计划经济体制与全能主义的政治架构共同形塑了一种总体性社会的社会结构。在这样一种社会结构下，国家几乎垄断全部的重要稀缺资源，国家无论是在专断性权力还是基础性权力方面都表现出极高的自主性。主要表现在：在经济层面，国民经济的各个环节都要完全服从中央政府的统一计划，各种经济实体没有独立的经营自主权，只是国家指令性计划的被动接受者。在政治层面，中央高度集权，并通过意识形态、组织结构以及有效的干部队伍展开广泛的政治动员，以实现对社会生活所有方面的渗透与控制。在社会层面，单位制成为整个社会的细胞，同时也是执行国家意志的主要工具，“一方面，它们

---

① 〔美〕德博拉·斯通：《政策悖论——政治决策中的艺术》，顾建光译，中国人民大学出版社 2006 年版，导言第 1 页。

② 李强：《国家能力与国家权力的悖论》，载张静主编：《国家与社会》，浙江人民出版社 1998 年版，第 20 页。

③ 孙立平：《向市场经济过渡过程中的国家自主性问题》，载《战略与管理》1996 年第 4 期。

是公共物品的提供者，承担相当程度的社会组织、管理以及意识形态传播的功能，是社会与政治控制的组织者。另一方面，它们又是非公共物品的提供者”①。然而，高度集权的计划经济体制，无所不在的全能国家以及相互勾连的单位制组织，并没有使改革前中国的国家自主性如人们想象的那般强大，也就是说，国家自主性的实际效果与国家的强权表征并不一致。实际上，由于行政区划分割了整个社会，社会组织结构呈现出一种低度整合的“蜂窝式”状态，如同蜂窝壁式的单位组织以及各级行政组织把社会分割为互不沟通的部分，每一个单位或行政组织实际上成为一个相当自足的分散团体。在这种情况下，国家执行政策的自主性（基础性权力）远没有其制定政策的自主性（专断性权力）那样强大，由此就出现了一种政策制定的高度自主性与政策执行的低度自主性并存的奇怪局面。

改革后，这一症结没有得到有效缓解，甚至在一定程度上愈演愈烈。为了克服计划经济体制与全能主义国家的弊端，“放权让利”成为起始阶段体制改革的基本思路，这一思路又体现在两个相互交织的层面，即中央政府对地方政府的放权以及国家对社会的放权。在改革初期，放权在很大程度上意味着利益结构的重新调整，由此激发了市民社会的积极性，促进了国家与社会一定程度的分离。然而，因为计划经济时期形成的基本政治与组织框架仍然存在，国家统御社会与经济的状况并未得到根本改善，以单位制为细胞的高度中央集权的体制没有发生根本性变化。随着改革的不断深入，各种单位组织的自利性趋势日渐凸显，被国家表面上的强大所掩盖的“蜂窝状社会结构”与“政策执行变通化”这两个原体制遗产，不仅在改革后复活，而且得到了更为充分的发展和表现。② 进而，导致中国政治呈现出一种奇怪的悖论现象，即尽管国家机构作为一个无所不在的庞然大物依然存在，但这些机构应当履行的国家职能却在日益缺失。在此情况下，各级政府部门开始演变成为形形色色的追求自我利益最大化的行动主体，提供公共物品与公共服务原本是政府的“分内事”，却退化为“业余职能”。由此，又导致另外一个奇怪的现象，那就是出现了公共物品供给不足与公共物品供给“过剩”共存的局面：不足主要表现在，政府在教育、卫生、环保、就业以及社会保障等政策领域的公共服务服务供给能力低下；所谓的“过剩”其实并不是真正的公共物品的生产过剩，而是由于

① 李强：《国家能力与国家权力的悖论》，载张静主编《国家与社会》，浙江人民出版社1998年版，第20页。

② 孙立平：《向市场经济过渡过程中的国家自主性问题》，载《战略与管理》1996年第4期。

政府所生产的公共物品偏离甚至违背公共需求所导致的相对过剩，比如层出不穷的形象工程，名目繁多的行政审批，无所不在的价格管制等，其实更多是政府追求自我利益的产物。

国家权力过度膨胀而国家能力尤其是政府政策执行力严重弱化，是后全能体制下中国国家建设面临的一个重要问题，同时这也是我们在讨论国家自主性理论时需要认真思考的一个问题。应当注意，西方学术界在探讨国家自主性时具有和中国明显不同的语境。西方发达国家尤其是一些传统的自由资本主义国家，更多强调增强国家权力尤其是专断性权力，可能的原因是：一方面，由于权力分割性和组织结构的松散性，这些国家的专断性权力一般较弱，而在决策、政策执行、司法以及抵制腐败等方面的能力却相对较强。另一方面，多元主义与公民结社的传统使得利益集团在政治参与中的活力得到极大释放，利益集团对政府决策的影响不断加强，但同时也容易导致政府决策受制于利益集团，甚至成为后者谋取特殊利益的工具，使得国家自主性目标的提出变得困难重重。所以西方学者更多强调通过强化专断性国家权力来提升国家政策制定的自主性，但是这种强调是有前提的，即西方国家普遍具备的相对完善的基础性权力，或者说，这种强调也是在专断性权力与基础性权力之间寻求某种程度的平衡。

此外，西方学者所强调的专断性权力也是有限度的。正如诺德林格所言，主张民主国家的自主性并不意味着强制，同样，关于国家自主性的任何主张都不是指某些非法活动（尤其是一些打着合法旗号的非法活动）。[①] 由此可见，西方学者在论及国家自主性的时候，并非没有注意到国家权力尤其是专断性权力的限度问题，只是他们倾向于认为，在西方民主宪政的制度安排下，国家权力已经被约束在必要的限度之内。因此，西方学者所论及的专断性国家权力与传统社会（如古代中国的王权社会）中那种无所不能的专制性权力显然不是同一概念。反观今天中国之现实，一方面，受传统“官本位”意识与官僚主义的影响，国家的专断性权力依然非常强势且缺乏有效的监督制约，国家权力自主性过度膨胀。另一方面，作为国家权力过度扩张的结构性后遗症，国家能力尤其是反腐、执法以及制度执行等层面的能力明显弱化，国家自主性目标往往难以实现。因此，“对于大多数发展中国家来说，强化它们的国家制度的基础性力量应当是当务之

① 〔美〕埃里克·A. 诺德林格：《民主国家的自主性》，孙荣飞等译，江苏人民出版社 2010 年版，第 34—35 页。

急，只有这样才能提供只能由政府来承担的那些核心职能”①。

四　官僚理性的自我冲突

理性官僚制（Bureaucrat Institution）是现代国家的行政体制基础，同时也是国家自主性的制度依托，因此讨论国家自主性理论的适用性问题，必须对中国行政体制的发展现状进行考察。“忠诚且有技能的官员与丰富的财政资源是国家有效追求各类目标的基础”，“有效的国家必须拥有完善的官僚机器”②。可见，在回归国家学派那里，官僚制是国家自主性生成的重要前提。对于韦伯来说，当代社会以及政府的突出特点是官僚制取代家长制或世袭制的统治体制，理性合法的权威取代传统的权威，而且这一过程是不可逆的。③

在许多中国人眼里，“官僚”并不是一个让人愉悦的词汇，人们很容易把它与衙门作风、官僚习气等负面词语联系起来。然而，在韦伯的理论框架里，官僚制却是一个十足的中性词。有观点认为，中国并不缺乏官僚制的传统，理由是自秦朝以来，中国就已经开始实行中央高度集权的政治体制，还有就是隋唐以后发展起来的科举制度，这些都可以视为西方官僚制的“老祖宗”。这样的说法看似有道理，但其实并不正确，因为它没有对传统官僚制与现代官僚制作出区分。中国传统的政治体制在组织结构形式上表现为郡县制，而西方实行的贵族统治的政治体制在组织形式上则表现为分封制。东西方政治体制的不同，主要来源于两者在经济体制上的差异。西方分封制政体其基础是领主经济（landlord economy），封建割据特征表现明显、权力相对分散，各领主具有相当大的自主权；中国专制官僚政体是建立在封建的地主经济（landowner economy）基础上的，权力的高度集中是其政治上最突出的特性表现。④ 中国的科举制度在当时来说无疑是一种公开、公正的官吏选拔制度，但如果就此把科举制度等同于西方的官僚制或者文官制度，也是不恰当的，因为科举制度最多只是一种人才竞争机制而非一种系统的行政体制。总之，中国传统的官僚体制与讲求非人

① 〔美〕弗朗西斯·福山：《国家的构建：21 世纪的国家治理与世界秩序》，黄胜强、许铭原译，中国社会科学出版社 2007 年版，第 40 页。

② 〔美〕彼得·埃文斯等：《找回国家》，方力维等译，生活·读书·新知三联书店 2009 年版，第 21、66 页。

③ 〔英〕戴维·比瑟姆：《马克斯·韦伯与现代政治理论》，徐鸿宾等译，浙江人民出版社 1989 年版，第 66 页。

④ 张定淮、黄国平：《西方官僚制与我国公共行政的发展取向》，载《深圳大学学报》2005 年第 2 期。

格化、专业化、理性化的现代官僚制度还相去甚远。下面，我们就此作进一步比较分析。

合理性是韦伯官僚制最为核心的理论预设。韦伯的官僚制是建立在对三种统治类型划分的基础上的，这三种统治类型分别是：传统型统治、“卡里斯马”型（又称个人魅力型）统治以及法理型统治。在这三者中，韦伯显然更为偏好第三种统治类型，即法理型统治，因为他认为前两种都不是理性的，只有法理型统治才是一种程序化的理性统治形式。“纯粹的官僚体制的行政管理，即官僚体制集权主义的、采用档案制度的行政管理，精确、稳定、有纪律、严肃紧张和可靠，……言而有信，劳动效益强度大和范围广，形式上可以应用于一切任务，纯粹从技术上看可以达到最高的完善程度，在所有这些意义上是实施统治形式上最合理的形式。”[①] 因此，韦伯认为，现代官僚制就是法理型统治的典型形式，他甚至还预言，20 世纪人类将不可避免地生活在官僚制的“理性铁笼”之下，官僚制将成为一切社会组织的组成形态。

韦伯对于官僚制的信心也正是来自其合理性假设。“对韦伯来说官僚制是现代文明所内含的维持法律、经济和技术理性的必要条件或者组织手段。”[②] 其中，法律理性体现了现代官僚制的法治特征，即官僚组织的权力来源于法律制度的授予，其运行受到法律制度的监控与约束，组织领导与组织成员均按照规制制度行事，个人服从的是一种权责匹配的职务而不是占据职务的人；经济理性体现了现代官僚制的效率特征，即官僚组织职能分工科学，职责权限明确，职位授权合理，指挥统一、命令服从、层级节制且相互协调，可有效避免相互推诿与相互掣肘；技术理性体现了现代官僚制的专业化特征，即官僚体制组织成员均需通过考核获取职位并需参加培训以更好适用岗位，注重发挥专家的参谋作用，强调运用各种先进技术手段，不断促进管理方法的科学化、专业化。

艾森斯塔得认为，现代官僚政治体系与历史（前现代）官僚政治体系之间的主要差异，在于前者具有如下特征：①政治活动以及“被统治者”角色的巨大分化，出现了统治机构的各主要方面的“权力分割”；②政治权利被分配给了被统治者，以及由之而来的社会中的更加宽广的政治活动范围；③在决定政治目标上各个群体都存在参与的可能；④专门性的政治

---

① 〔德〕马克斯·韦伯：《经济与社会》（上卷），林荣远译，商务印书馆 1997 年版，第 248 页。

② 〔美〕文森特·奥斯特罗姆：《美国公共行政思想危机》，毛寿龙译，上海译文出版社 1999 年版，第 37 页。

组织和行政组织，特别是专门性的党派组织的充分发展；⑤统治者的传统的、世袭的合法性类型的衰微，统治者对于统治权利拥有者及其代表的正式负责制的制度化；⑥围绕权力和获得执政地位的竞争在形式上或实践上的制度化。[①] 中国传统的行政管理体制正是艾森斯塔得所说的历史官僚体系中的一种典型形式，是一种传统型统治而非法理型统治。中国传统的官僚制与其说是一种官僚制倒不如说是一种官僚专制体制，它是“人治”而非“法治”，对公民权利的严重忽视，使得这一体制带有了许多反动色彩，它“不是被运用来表达人民的意志，图谋人民的利益，反而是在‘国家的’或‘国民的’名义下被运用来管制人民、奴役人民，以达成权势者自私自利的目的”[②]。

随着我国各项改革事业的不断推进，加之对外开放后对西方公共管理学理论以及相关实践成果的学习与借鉴，时至今日，中国的行政管理体制在文化、体系、政策、机制等诸多领域都取得了重要进展，例如，公民本位的理念得到倡导，服务型政府建设初见成效；政府职能定位日趋合理，政府与市场、社会的关系得到极大改观；建立了现代公务员制度，公务员招考、录用、管理与培训日趋规范化、科学化；政府决策体制机制不断完善，决策科学化水平得到极大提升等。当然，在看到中国行政管理体制改革取得巨大成绩的同时，也要对目前现状保持清醒认识，必须承认，由于受到传统官僚主义、苏联模式治理体制以及革命年代“个人魅力型统治”的交互影响，今天中国的行政管理体制与韦伯意义上的理性官僚制还存在不小的差距。

其一，在行政文化层面，官本位意识与官僚主义遗风犹存，以人治为特征的家长制地位根深蒂固。具体表现为，政府官员脱离群众，主仆关系颠倒，为人民服务意识淡漠，摆官架子、搞“衙门作风”、高高在上，“门难进、脸难看、话难听、事难办”；主观主义与形式主义盛行，民主不足专断有余，政府官员尤其是领导干部听不进不同意见，甚至对持异见者打击报复，大搞“一言堂”；不少官员贪图享乐、不思进取，甚至以权谋私、腐化堕落。其二，在行政体制层面，机构设置不够合理，权责界定不够明确，制度、机制建设落后。新中国成立以来，我国尽管进行了若干次行政管理体制改革，尝试进行了一些制度机制创新，但仍然未能走出中央与地

① 〔美〕艾森斯塔得：《帝国的政治体系》，阎步克译，贵州人民出版社 1992 年版，第 26—27 页。

② 王亚南：《中国官僚政治研究》，中国社会科学出版社 1981 年版，第 190 页。

方之间“一放就乱、一收就死、死了再放、放了又乱”的死乱循环怪圈。具体表现为，政府职能仍然未能转变到位，政府任意干预微观经济活动和挤压市民社会空间的行为时有发生，政府供给公共物品的方法单一、能力低下、效果不佳；政府机构职能设置不合理，权责不分明，机构臃肿、人浮于事、行政效率低下；政府决策的科学化、民主化与法治化水平不高，主观决策、随意决策的行为普遍存在，决策失误、政策失灵现象时有发生，政策执行水平低下，“上有政策、下有对策”等政策异化问题比较突出，缺少有效的监督制约，问责乏力。其三，在行政过程层面，行政行为缺乏形式理性化规则的约束，人格化色彩浓厚。就我国政府的权威结构来看，人格权威无论是在地位上还是影响力上都远远超过法律权威与机构权威。首先，行政行为的效力在较大程度上依赖于领导者的个人意志，“对人不对事”成为某些官员的行为取向与行为模式。由于个人意志缺乏稳定性，加之政府官员在行使权力过程中存在一定程度的专断性，导致政府行为变得难以预期，进而引发政府政策多变乃至政策失误。此外，强调领导人的个人意志也严重削弱了法律制度应有的权威性，进而给以权谋私、贪污受贿等权力腐败行为带来可乘之机。其次，政策凌驾于法律、制度之上，导致政府无法有效提供一整套长效的、可预期的管理体系。在计划管理体制下，党政不分、以党代政成为一种常态，社会规范与行政管理主要依据各级党委政府制定的各类政策（文件、规章、条例等），而立法机构（人大）制定的法律则处于附属地位。由于政策缺乏稳定性与预期性（更容易受到领导人个人意志与客观环境的影响），导致政府“无法为社会中的组织与个人提供能对自身行为作较长期预测的一整套规则体系，最终不利于社会的发展与进步”①。改革开放后，随着我国社会主义市场经济体制的建立与发展，依法治国方略的实施以及政治文明的不断推进，以党代政的现象有了很大改观，法律制度在社会治理领域中的重要作用日益凸显。但不可否认的是，中国当前仍然没有摆脱行政规制与法律规制并行的“双轨法制”②。在这一不完善的法治形态下，法律控制与行政控制之间的冲突仍然难以避免，导致人们在行为选择与结果预期方面无所适从；更有甚者，法律控制在行政干预下偏离基本理性甚至附庸于后者，导致社会公平受损、社会行为失范。

---

① 黄小勇：《现代化进程中的官僚制——韦伯官僚制理论研究》，黑龙江人民出版社 2003 年版，第 318—319 页。

② 参阅孟勤国《论中国双轨法制一元化》，载《天津社会科学》1993 年第 1 期。

20 世纪 70 年代后期，以市场化、企业化为基本取向的新公共管理运动在西方发达国家蓬勃兴起，这场政府改革运动对传统公共行政学理论和官僚制进行了激烈批判。在公共管理学理论领地，“摒弃官僚制”“突破官僚制”以及“再造政府”的呼声此起彼伏，而在实践中，诸如参与模式、市场模式、弹性政府模式和去管制型政府模式等政府治理变革举措也在不断出台。[①] 但是必须指出，新公共管理运动的兴起并不意味着官僚制的“寿终正寝”。不可否认，新公共管理运动确实指出了官僚制自身存在的弊端，例如过度强调规则程序导致效率低下，墨守成规、反对创新，侵蚀民主、压抑人性等，但不能就此认为新公共管理运动已经超越甚至取代了官僚制。新公共管理运动“对官僚制的否定在很大程度上是解构性的而不是建构性的，它们与其说已经宣告了官僚制行政的终结，毋宁说是为调适和完善官僚制提供了新的机遇”[②]。实际上，我们看到新公共管理运动所谓的一些“后官僚制”的改革尝试，恰恰是在官僚制稳定的组织架构下进行的，脱离官僚制的基本架构，人们同样无法预测这些改革的发展方向与成效。此外，新公共管理运动批驳官僚制的某些缺陷，其自身也未能完全避免，民主与效率的两难选择同样使其顾此失彼，例如新公共管理运动片面强调顾客导向，有可能会侵害公民权利进而削弱民主价值，在许多地方，民营化改革浪潮并没有带来政府规模的缩减而是相反。总之，一个社会无论怎样发展，理性、秩序以及专业化的权威结构都是不可或缺的。正如有学者指出的那样，“虽然官僚制的具体形态多样，其职能结构上的革故鼎新不断，虽然官僚制的精神已成为资本主义早期政治文化承诺的异在之物，但是官僚制的合理性内核却不但不会从现代工业文明社会中衰微，相反，官僚制还要伴随人类走的很远”[③]。

综上所述，无论是从历史传统还是从当前现实来看，中国的官僚制“都不是太多，而是太少”。传统中国的官僚制行政体制强调依赖统治者个人权威进行国家治理，权力布局的一元化状态以及等级森严的“线状”控权模式构成其基本特征，这一体制实质是一种“人治”统治体制，它与强调制度理性的现代官僚制存在本质区别。在推进国家治理体系与治理能力现代化的背景下，当前中国的行政管理体制改革取得了重大进展，但与现

① B. Guy Peters, *The Future of Governing: Four Emerging Model* , Kansas: University Press of Kansas, 1996, p. 191.

② 何显明：《现代官僚制的理性审视》，载《中共浙江省委党校学报》2004 年第 1 期。

③ 孔繁斌：《行政管理理性化的追求与困境——马克斯·韦伯的官僚制理论分析》，载《南京大学学报》（哲社版）1998 年第 1 期。

代国家治理所需要的行政体制之间仍存在不少差距，“人治”在不少领域还广为存在。此外，行政权力在中国特定政治权力结构中表现出来的二律背反现象尤其应当引起注意，即在党政关系层面，行政权力相对不足、行政部门不能独立自主、完整负责地行使行政权力；在国家与社会关系层面，行政权力又显得过于庞大，存在着行政权力失控和任意行使权力的现象，法律控制和行政控制的关系失衡。在此情况下，轻言弱化官僚工具理性，其本身就是缺乏理性的表现。因此，讨论国家自主性理论的中国适用性问题一定要重新审视中国行政管理体制“官僚”有余而“理性”不足的客观实际，而不是人云亦云，甚至“张冠李戴”。

五　警惕国家自主性理论的误用

国家自主性理论揭示了现代化进程中国家作为行动主体的重要意义，同时也为具体公共政策的分析提供了一个新的视角。国内学者对国家自主性理论的及时跟进体现了一定的学术敏锐度和勇于探索的学术品格。但是，任何理论的学习与借鉴都必须充分考虑本国实际，在引入西方相关学术理论时，如果不能准确把握其理论内涵及其适用范围，如果只是把其中的核心概念作为“时髦”的词汇加以炫耀，甚至不顾具体国情生搬硬套，就可能会给实践带来误导与伤害。美国学者米格代尔曾对国家自主性理论在发展中国家的适用问题提出过质疑，他指出，回归国家学派把国家拥有自主性和能力视为当然，实际上是对第三世界国家的忽视，他们要么认为这些社会都是没有国家的社会，要么就直接把欧美国家的国家自主性不加区别地应用到第三世界。米格代尔认为，回归国家学派过于相信权力精英的力量，同时又过于偏好国家中心论，然而，“至少对于第三世界国家而言，采用国家中心论的路径犯了类似于只关注捕鼠器的设计而不了解老鼠的实际情况的错误”①。

米格代尔的警示值得我们深思。作为发展中国家，中国具有和西方发达国家完全不同的国情。正如上文指出的那样，国家自主性理论带有浓厚的“西方中心论”色彩，其对发展中国家的适用性也存在一定的限度。考虑到这些方面，我们对于国家自主性理论的解释与应用就必须做到客观、审慎，一个重要的前提就是，该理论的解释与运用不能脱离中国国家治理的实际。然而值得注意的是，当前一些国内学者在运用国家自主性理论解

① 〔美〕乔尔·S. 米格代尔：《强社会与弱国家——第三世界的国家社会关系及国家能力》，张长东等译，江苏人民出版社2009年版，前言第5页。

释中国问题时，并没有认真考虑中国的具体国情。这里，我们需要重点指出两种片面的观点。第一种观点，完全在积极意义上理解国家自主性，认为国家自主性就是国家行为的公共性，国家自主性必然指向国家的整体利益和社会的长远利益，因此，国家自主性越多越好。第二种观点，赋予国家自主性过多消极色彩，认为国家自主性就是国家权力的专断性和政府官员的自利性，国家自主性的目标指向仅仅是政府的部门利益和官员的个人利益，国家自主性是对公共利益和民主的伤害，因此国家自主性应当降低到最低限度。很显然，上述两种观点都未能准确地认识国家自主性理论的应有内涵，同时也不能有效解释中国国家治理的具体实际。而且，这两种认识都可能导致对国家自主性理论的误用：前者可能会招致全能主义甚至是集权主义，给国家与社会带来灾难；后者则可能演化为无政府主义与暴民政治，甚至导致国家合法性丧失、国家构建失败。

第四章　国家自主性理论的实践反思

理论必须与实践结合才能显示其解释力。国家自主性理论的中国适用性及其限度问题，不能仅仅依赖纯粹的理论演绎加以阐释，还应当结合当前中国具体公共政策实践展开讨论。本章将从相关案例分析入手，探讨国家自主性理论在中国国家治理相关政策领域的具体运用。

第一节　不同政策领域的两个案例

地方政府一方面是国家利益在地方的代表，另一方面又是地方局部利益的代表，承担着中央政府所制定的政策方针的执行职能，以及对本地区公共事务的管理职能，提供地区性的公共物品与公共服务。[①] 实际上，很多时候地方政府不仅仅是中央政策的执行者，同时也是地方各项公共政策的决策主体。鉴于上述考虑，我们对国家自主性相关案例的讨论将重点放在地方政府层面。政府治理是国家治理的重要组成部分，在市场化不断推进的过程中，地方政府在经济社会发展中扮演着何种角色，即地方政府的职能问题备受关注。就中国的现实来说，一方面，从纵向上要处理好中央政府与地方政府的职权划分问题，实现中央政府与地方政府的双向互动。另一方面，从横向上要处理好国家与社会之间的边界划分问题，实现国家与社会的双向互动。由于第一个维度不在本研究的探讨范围之内（这一点上文已有论述），因此本节的案例分析将主要从国家与社会关系的维度展开。城市征地拆迁与邻避式冲突[②]是近年来中

① 陈尧：《当代中国政府体制》，上海交通大学出版社2005年版，第177页。

② 邻避式冲突是因为邻避设施的修建而引发的民众与政府之间的冲突。所谓邻避设施是指国家为了满足公共需求而建立的一些具有环境污染威胁的设施，如焚烧厂、垃圾填埋场、火电厂、核电厂等，这些设施通常具有污染环境、影响居民生命健康等负外部效应，因此，当地居民往往加以抵制以致使此类设施不会建在自家附近。

国社会各界关注的热点问题，本章所选两个案例正是这两个领域的代表性事件。

一　案例一：城市拆迁之痛

2010 年 9 月 10 日，江西省抚州市宜黄县凤冈镇在拆迁期间发生一起自焚事件，最终导致拆迁户钟家一死两伤的惨剧，而这距国务院关于禁止强制拆迁的“紧急通知”（《关于进一步严格征地拆迁管理工作切实维护群众合法权益的紧急通知》）的下发还不到四个月的时间。该通知要求，对于程序不合法、补偿不到位、被拆迁人居住条件未得到保障以及未制订应急预案的，一律不得实施强制拆迁。此前不到一年的时间，重庆“钉子户”唐福珍为阻止城管执法局的强拆，在楼顶天台自焚，后经抢救无效死亡。有关统计资料显示，近年来，因拆迁与强拆导致的伤亡或者伤害事件已不下 80 起。[①]

（一）事件背景与起因

宜黄县位于江西省中部偏东、抚州市南部，因县址设于宜水、黄水汇合处而得名。宜黄县政府的官网称，该县是迄今为止唯一发现野生华南虎种群的主要栖息地。2009 年，全县财政收入完成 2.53 亿元，收入总量在江西省居第 88 位。2010 年年初的宜黄县政府工作报告中也指出，宜黄经济社会发展的困难和问题是：经济总量偏小、人均水平较低；经济发展主要靠投资拉动，资金需求量大、财政压力大。2006 年，宜黄还曾被《小康》杂志曝出部分公务员被拖欠工资达 51 个月之久，以及存在机关冗员严重、财务管理混乱、公务浪费无度、财政收支无法平衡等问题。[②] 在财政的压力下，发展经济成为地方政府治理的第一要务。

从安徽逃荒至此的钟如奎一家，共计九口人，最初以烧窑为生，于 1999 年修建了一栋三层楼房。2007 年宜黄县政府决定兴建河东新区汽车客运站项目，并于当年开始对涉及该项目的居民住宅进行拆迁，由宜黄县投资发展有限公司负责拆迁工作。而该汽车站项目正好位于钟家所在的桥头村，包括钟家在内的 21 户居民因此成为拆迁对象。由于未能就拆迁补偿达成一致，钟家拒绝在拆迁协议上签字，由此成为“钉子户”。谈判无法进行下去时，政府强权开始发力。2009 年 11 月 19 日，宜黄县房管局向宜黄县人民政府申请了行政强制拆迁，同日，宜黄县人民政府抄告县房管

---

① 杨耕身：《“血房地图”是不应忘却的纪念》，载《东方早报》2010 年 10 月 27 日。

② 陈建芬：《宜黄公务员工资被拖欠 51 个月》，载《小康》2006 年第 12 期。

局，同意依法实施强制拆迁。2009 年 11 月 23 日，县房管局将行政强制拆迁通告张贴在拆迁地点，要求钟家在 2009 年 12 月 8 日前必须搬离，否则实施强拆。规定期限到了之后，钟家没有搬离而政府也没有大的动作，双方的沟通仍时断时续。但随着时间的推移加之谈判无果，政府逐渐失去耐心，2010 年 4 月 18 日钟家的电被强行断掉。在要求相关部门继续供电遭到拒绝之后，无奈之下，钟家买来发电机与汽油自己发电照明，与政府抗衡。

（二）事件的过程与进展

2010 年 9 月 10 日一大早，钟家刚刚吃过早饭。8 点 45 分，眼尖的钟如翠（钟家大女儿）发现，自家楼房左侧的土路上，出现了一些警车和许多政府公务人员，而更远处的滨江大道旁，则停着黄色的大铲车和红色的消防车（事后媒体报道，这支队伍由副县长李敏军带队，包括公安、建设、房管、城管、国土、法制办、公证处、医院、县拆迁公司等部门多达 185 人）。此时，几名警察从警车里下来，正快步朝自己家里走来。“不好，拆房子的人来了，快上楼”，钟如翠赶紧大喊。听到钟如翠的呼喊，二女儿钟如琴、小女儿钟如九及母亲、大伯快速跑上二楼，并反锁上了楼门。此时，楼下的政府人员欲冲上二楼，并扭住了钟如翠和及时赶回家的弟弟钟如奎和钟如田。三姐弟与政府工作人员发生了激烈的争执，场面一度相当混乱。楼上的二女儿钟如琴、母亲罗志凤及大伯叶忠诚见自家人被抓住了，以为接下来就会拆房子，便开始在二楼与三楼楼顶浇泼汽油实施自焚。全身着火的钟如琴从二楼跳下，当场被烧得面目全非，而其母罗志凤、大伯叶忠诚实施自焚后也被严重烧伤。随后，三位伤者被紧急送往南昌大学第一附属医院进行抢救。

9 月 11 日，数张当事人被烧伤的现场图片出现在网络上，这些照片与相关文字报道被众多网站转载，引起全国网民广泛关注。而后，全国主流媒体先后介入，使事件骤然升级，并迅速上升为一起全国关注的公共事件。9 月 16 日，伤者家属钟如翠、钟如九姐妹准备乘飞机去北京反映情况，在南昌机场遭到县委书记邱建国率领 40 多人围截，无奈之下躲入女厕用手机向媒体求救。9 月 17 日，宜黄县“9·10”拆迁自焚事件中的 8 名相关责任人受到处理，其中，负有重要领导责任的宜黄县委书记邱建国、县长苏建国被立案调查，负有主要领导责任的宜黄县委常委、副县长李敏军被免职、立案调查。9 月 18 日，被烧伤的当事人之一叶忠诚因抢救无效死亡，尸体被运回宜黄。9 月 18 日以后，省市派出相关调查组进驻宜黄展开调查。10 月 10 日县委书记邱建国、县长苏建国被免职，同日，新任领导到岗。[①]

（三）事件引发的争论及其影响

相关领导被免职，宜黄事件也暂告一段落，但该事件引发的讨论远没有结束。值得注意的是，网络上并不是一边倒批评政府，有些网民尤其是一些宜黄当地的网民对于自焚事件持有不同的观点。网友天蓝草碧认为，处理几个官员似乎并不意味着宜黄事件的最终完结，宜黄今后的发展问题同样值得关注，他在空间里这样写道，“此事最终如何，尚需时日解决。但不管如何，受影响最大吃亏最多的还是宜黄人民。这笔账最后还是要由宜黄老百姓承受埋单。一些人只是看到了几个官员受处分，就拍手称快幸灾乐祸。其深层次的影响却没有思考。城市建设、招商引资、社会稳定、和谐发展这些与大家息息相关的工作绝对会受制约，也将滞后甚至停滞。车站没有搬迁，丰乐路人流车流拥堵的局面将得不到改变。一条路都修不好，城市如何让生活更美好？我们在空谈，人家在实干。我们在内耗，人家却是只争朝夕奋力赶超。三五年之后，蓦然回首，才发现自己跟人家的档次和差距了”[②]。

然而，真正引起轩然大波的是一个署名“慧昌”，自称为宜黄地方公务员的网民。2010 年 10 月 12 日，他在财新网上发表了一篇题为《透视江西宜黄强拆自焚事件》的文章。在这篇文章中，他指出了政府在发展地方经济与处理各种利益关系中的两难处境，并竭力为地方政府的强拆行为辩护。慧昌认为，强拆并非地方政府所愿，中西部地区财政困难，又普遍存在冗官、冗员、冗费等问题，“吃饭”与“建设”的矛盾十分突出。搞城市建设需要进行大量的拆迁，如果迁就被拆迁户的利益诉求，大幅度提高拆迁补偿标准，政府肯定吃不消；同时，被高涨的地价和房价吊足了胃口的农民，做梦都想依靠政府征地实现一夜暴富。在这种情况下，政府与被拆迁户就补偿问题达成一致意见可谓难上加难，于是被征地户、被拆迁户越级上访告状便成为常态。“地方政府为实施地方发展战略，强拆更在所难免，或者说不得已而为之，否则，一切发展免谈”，“从某种程度上说，没有强拆就没有中国的城市化，没有城市化就没有一个‘崭新的中国’，

---

① 本部分有关材料参阅：《燃烧的真相——江西宜黄拆迁“自焚”惨剧再调查》，载《南都周刊》2010 年 9 月 15 日。

② 天蓝草碧：《对宜黄事件的反思》，腾讯空间，http：//user. qzone. qq. com/1062948839/blog/1285339616，2010 年 9 月 24 日。

是不是因此可以说没有强拆就没有‘新中国’?”[1] 慧昌的言论甫一提出，立即引来社会各界的广泛争议，同情者有之，但骂其“脑残”者亦有之，甚至《人民日报》、新华社等国家主流媒体也罕见介入，就其“没有强拆就没有新中国”的言论进行激烈批判。

宜黄事件也引起了中央决策层对拆迁问题的高度重视。2010 年 12 月 15 日，国务院法制办公布了《国有土地上房屋征收与补偿条例（第二次公开征求意见稿)》全文，再度就“新拆迁条例”立法向社会公开征求意见。行政法规出台前两次公开征求意见，这在新中国的历史上还是第一次。条例规定，当且仅当政府为了公共利益的需要时才有权作出房屋征收决定，同时规定:“被征收人在法定期限内不申请行政复议或者不提起行政诉讼，又不履行补偿决定的，由作出房屋征收决定的市、县级人民政府依法申请人民法院强制执行。”

二　案例二:“不要在我家后院”(Not in My Back Yard)

（一）事件概况

为解决“垃圾围城”问题，广州市番禺区有关部门发通告，决定建立一座日焚烧能力达到2000 吨的生活垃圾焚烧发电厂，计划于 2010 年亚运会前建成并投入运营，厂址设在番禺区大石街会江村与钟村镇谢村交界处，这一计划遭到广州百万居民的强烈反对。2009 年 11 月 23 日，来自番禺区数百名群众聚集在广州市城市管理委员会门前，他们戴着口罩，打着标语，高唱国歌，然后集体到广州市政府门口游行示威，而这一幕正是广州番禺垃圾焚烧事件的高潮。此后，广州市民又分别通过不同的渠道就垃圾焚烧发电项目表达自己的抗议。2009 年 12 月 20 日，番禺区委书记谭应华正式宣布番禺垃圾焚烧项目终止。此事随即也上升为一个全国瞩目的公共决策事件，同时，该事件也成为中国式“邻避冲突”（Not In My Back Yard）的经典案例。

（二）事件回放

2009 年 9 月 24 日，广州番禺区民众突然从报纸上得知番禺区会江村附近要建垃圾焚烧发电厂的消息，而垃圾焚烧厂选址周围都是广州中产阶级聚集的生活社区，包括海龙湾小区、丽江花园等。社区业主们在网上查询得知垃圾焚烧产生的二噁英对人体伤害极大，生活在垃圾焚烧厂周围癌

---

[1] 慧昌:《透视江西宜黄强拆自焚事件》，财新网，http://policy.caing.com/2010-10-12/100187635.html，2010 年 10 月 12 日。

症的发病率会明显提高。这一信息引起了当地居民的普遍恐慌，业主们随后起草了《坚决反对番禺大石垃圾焚烧发电厂，30万业主生命健康不是儿戏》的倡议书在网络上传播，同时创建QQ群以方便信息交流。

10月23日，业主代表携带《反对垃圾焚烧处理厂的意见书》和业主签名到广州市环卫局反映意见，接下来业主分别到番禺区政府、番禺区市政园林局以及负责环评的华南环科所等单位进行信访，并给广州各大媒体以及人大代表、政协代表，乃至中国环境科学研究院研究员“反对垃圾焚烧”的专家赵章元教授打电话，呼吁社会各界关注此事。

10月30日，一直处于风口浪尖的番禺生活垃圾焚烧发电厂项目终于召开情况通报会。番禺区市政园林局局长周剑辉表示，采用先进的垃圾焚烧发电技术处理生活垃圾是比较适合现状的生活垃圾无害化处理方式。会议公示了环评单位的电话供市民提意见。不过，因为通报会只对媒体开放，前来探听消息的市民只好失望而归。

11月5日，广州的许多报纸刊登了省情中心有关调查报告。有97%以上的居民反对建立垃圾焚烧发电项目，就在这一天，《番禺日报》在头版头条却发布了另外一条新闻：“区人大代表们认为，建设垃圾焚烧发电厂是民心工程。”

11月9日，广东番禺市城管委环卫部门有关负责人回应了有关番禺垃圾焚烧厂选址的问题。该负责人表示，番禺垃圾焚烧厂的选址是比较适合的，目前暂无在别处选址的意向，垃圾焚烧厂的环评报告也在编制当中。

11月20日，中央电视台“新闻调查”播出节目《垃圾焚烧之惑》，聚焦报道了番禺垃圾焚烧发电项目引发的争议。在接受采访时，番禺区区长楼旭逵承认垃圾焚烧场存在程序缺陷，但同时表示，“这不是一个不可完善的问题，我们可以重新申请”。

11月22日，广州市就番禺垃圾焚烧发电厂项目召开了新闻通报会，并允许记者提问。会上，有关领导明确表示，将依法推进垃圾焚烧项目建设。

11月23日，“创建番禺垃圾处理文明区”工作座谈会在番禺洛浦街会议室召开。来自番禺多家小区楼盘的业主代表共100多人，与区长面对面讨论垃圾焚烧发电的相关问题。番禺区区长楼旭逵在座谈会上表态说：“感谢市民认真负责、富有诚意的意见，（垃圾焚烧）项目环评不通过，绝不开工，今天我再加一句，绝大多数群众反映强烈，也绝不开工。”

11月24日，番禺区官方网站发布消息显示，相关政府部门已经召开会议，并就垃圾焚烧发电项目初步提出五条措施。其中第二条为：聘请专家开展番禺区的区域规划，同时就垃圾焚烧发电选址问题进行重新论证；第四条为：建立科学、民主的政府决策机制，适当时候可以推行全区群众投票。其他三条措施是：问计于民，通过开展全民大讨论，广泛听取民意，发动大家建言献策；加强环境评价工作；建立科学的垃圾处理机制。

11 月 30 日，广东环保厅负责人表示，目前该厅尚未接到该项目的环评报告书。他同时表示，环评审批一个很重要的环节就是公众参与，番禺垃圾焚烧厂一定会严格按照法定程序，认真听取各方意见，依法依规作出审批决定。

12 月 10 日，广州市番禺区委、区人大、区政府、区政协联合召开群众代表座谈会，明确表示将重新开展番禺区生活垃圾处理系统规划修编和区域规划环境评价工作，并在此基础上由政府部门、专家、市民代表共同选择若干个垃圾综合处理项目选址进行可行性研究。同时推行垃圾分类，即日起先选择 3 个小区试点，2010 年 1 月全面推行。区委书记谭应华在会上表示，番禺今后在包括垃圾处理在内的重大问题上，从方案制订到最终决策以及项目开展，都将有市民参与。

12 月 20 日，番禺区委书记谭应华应邀与小区居民进行面对面的座谈。会上，谭应华表示，会江垃圾焚烧发电厂项目已停止。“以后垃圾处理以某种方式落在什么地方，要形成共识，要大多数周边的人同意才行，这个比例要达到 75%。”他还表示，今后所有有关民生的重大项目的决策，一开始就要让群众参与，希望和全区民众一起把番禺建成全国垃圾分类处理的榜样。①

三　案例剖析：求同与求异

对不同政策领域进行案例分析时，本研究有意使用了多案例的研究方法。之所以如此，其实有一点“野心”，即通过“求同存异”来归纳出国家自主性在不同政策领域中的共性与个性特征。根据斯考切波等人的观点，受到国际环境与国内社会结构的双重影响，不同政策领域国家自主性的程度与状态存在很大差异，国家自主性表现出较强的“个性”色彩。但正如上文提到的那样，国家自主性理论在中国的解释力有其限度问题，

---

① 本部分综合张艳伟：《“不要在我家后院”：国家自主性视域下的中国式邻避冲突——基于广东番禺垃圾焚烧发电厂事件的个案分析》，http：//www. sirpa. fudan. edu. cn/s/80/t/219/3b/45/info15173. htm；新浪网，http：//news. sina. com. cn/c/2009 - 12 - 21/041019301630. shtml，2009 年 12 月 21 日。

国家自主性的实际表现和西方国家相比具有不同特征，其中，最为主要的就是长期以来中国的国家与社会的关系格局并未发生根本性改变。因此，若能够通过不同政策领域的案例比较，找出某些共性的同时指出其差异，将可能在实践层面加深我们对国家自主性理论及其中国适用性问题的认识。

（一）案例反映的共同情境

1. 公共利益与个人利益的冲突：国家自主性面临的困境

从应然意义上说，追求公共利益是国家存在的合法性前提，而政府公共政策的价值指向也应当是全体公民的福祉。因此，国家利用其专断性权力，可以在不与市民社会协商的情况下独立地制定各项方针政策，进而实现社会的整体利益和长远利益。然而，在这一过程中，并不是国家的每一项活动都会得到公民的认可与拥护，并不是国家的每一项方针政策都能得到贯彻与实施。每个人或群体都有其个人（个体）利益，一旦国家的某项方针政策不利于个人利益的最大化，甚至危害其应有的合法权益，他们就会想方设法抵制该政策的实施。由此，我们看到的是：一方面，国家要排除利益集团尤其是强势利益集团的干扰，独立自主地推行公共利益最大化的政策；另一方面，国家政策也可能会遭到少数群体的抵制与反对（某些公共政策的推行使其利益受损），换句话说，国家存在“为多数人谋福利而剥夺少数人利益”的可能。这就是政府政策过程中公共利益与个人利益的冲突。上述两个案例都反映了这样一种冲突。在案例一中，政府为了推动当地经济的快速发展，实现大多数人的福祉，需要不断加快城市化的进程，需要兴建各种公共基础设施，需要统一规划城市布局，因此征地拆迁成为一种必要。但在这一过程中，宜黄地方官员并没有摆正公共利益与个人利益、经济增长与人民福祉之间的联系。在压力型体制下，以经济增长为主要导向的发展观成为地方政府执政指南，“官出数字，数字出官”的因果循环在各级地方政府不断上演。在经济发展被简化为 GDP 狂热崇拜的背景下，“短视效应”代替长远发展，部门利益代替整体利益，公共利益由此被抬高、虚化甚至扭曲，成为个人谋取政绩的“添头”，甚至成为公权侵犯私权、强势集团剥夺弱势群体的借口。实际上，正是由于一些政府部门领导与工作人员未能摆正公共利益与个人利益之间的关系，才使得他们错误地认为公益是凌驾于私权之上的，同时使他们确信在公共利益与个人利益发生冲突时，个人利益应当无条件地为公共利益“让道”。于是，“公共利益”变得冠冕堂皇，而个人利益则被视同草芥。政府强权之下所有人都是弱者。事件中的钟家不是宜黄强拆的唯一被侵害对象，只不过更多人是选择了服从与接受（尽管政府的赔付未能达到他们期望的标准）。几乎可以肯定的说，没有钟家的自焚事件，宜黄的跨越式发展还会继续，宜黄的强拆还会继续，类似的悲剧还会上演。然而，我们不禁要问，政府的强拆到底是为了谁的利益？政府的经济发展又究竟为了何种目的？

在案例二中，广州番禺的垃圾焚烧发电项目无疑也是为了实现地方民众的公共利益，但因为邻避设施的建造对周边环境带来潜在危害，这一计划同样遭到了当地居民的强烈反对。从成本收益的角度看，邻避设施给所处地居民带来的成本远远高于其可能的收益。在该案例中，建造垃圾焚烧发电厂能够解决广州市番禺区日益严重的垃圾围城问题，同时也可在一定程度上缓解本地区居民的用电压力，从长远看，这无疑是利国利民的好事。但另一方面，建造这些设施所衍生的成本却往往集中于周围居民身上，如破坏生态环境，影响民众身体健康，降低生活品质以及冲击房地产价值等。因此，邻避设施的兴建将不可避免地引起公共利益与个人利益之间的冲突，这一冲突能否有效化解则对邻避设施的最终建成产生关键影响。在广州番禺事件中，政府同样表现出了一种“公共利益代言人”的盲目自信。在此，我们可以对番禺区垃圾焚烧项目相关政策出台的过程加以简要回顾。早在 2002 年，广州市番禺区人大常委会就已审批通过了广州市番禺区生活垃圾处理系统规划；2006 年 8 月，广州市番禺区生活垃圾综合处理厂的选址方案通过规划部门批准，同时将选址意见书向社会公布；2009 年 2 月，广州市政府发布通告，要求任何单位和个人，不得阻挠建设工程的测量、钻探、施工以及征地拆迁工作；2009 年 4 月，垃圾焚烧发电项目的土地预审报告获得国土部门批准；2009 年 9 月，番禺市政园林局局长周剑辉向媒体表示，番禺区垃圾焚烧发电厂征地工作已经基本完成。在这一过程中，我们看到更多的是政府单方面的“规划”“决议”与“公告”等，而对于这些“规划”“决议”与“公告”是如何出台的，利益相关人的声音有无体现等问题我们则一无所知。从已有的新闻报道来看，许多番禺市民直到 2009 年 9 月才在媒体上得知垃圾焚烧发电项目的相关信息，而对于政府部门关于征地已经完成的说法，当地许多村民更是予以否认。

国家在确定自主性目标和实现这一目标的过程中有时会面临公共利益与个人利益的冲突，如何在不侵害个人利益的同时更好地实现公共利益，是国家自主性面临的一个难题。我们认为，在主体间性的语境下，国家（政府部门与政府官员）需要摆正自己的位置，不能想当然地把自己视为“公共利益的代言人”，更不应忽视与社会各主体的良性互动关系，而应在政策制定与执行的全过程倾听社会民众的声音，使得社会各阶层的利益得以协调与体现。不论到什么时候，国家都不能以公共利益为理由侵害个人的合法权益。正如布莱克·斯通（William Blackstone）说过的那样："离开保护每个私人权利谈公共利益是毫无意义的。"①

2. 多元主体的复杂交互：国家自主性的作用过程

国家在追求自主性目标的过程中，会面临公共利益与个人利益的冲突，因此需要正确处理好政府与公民的关系。除此之外，其他公共政策主体也在对国家自主性施加影响，例如强势利益集团、媒体以及专家等分别从不同层面对政府政策产生了重要影响，由此塑造了国家自主性行为的复杂环境。

首先，利益集团尤其是强势利益集团对国家自主性的干扰不容忽视。利益集团是基于共同的利益要求而组成的社会团体。"政治就是团体之间为了影响公共政策而展开的斗争"，"特定时间内的公共政策是团体斗争所形成的平衡，这种平衡由所有利益集团的相应影响力所决定"②。利益集团本身并不是一个贬义词，而是一个中性的概念：若能在追逐集团利益的同时推动公共福祉的实现，即"利己且利他"，利益集团的存在意义则是积极的；相反，若仅以追逐特殊利益为目标，甚至通过寻租的方式剥夺其他群体尤其是弱势群体的资源，即"损人利己"，利益集团的存在意义则是消极的、有害的。在案例一中，钟家之所以不同意政府的补偿协议是因为他们对政府拆迁的目的存在异议。他们认为，宜黄政府征地拆迁并不是完全为了建造汽车站（公共利益）而是为了建造酒店（特殊利益）。《南都周刊》的记者在采访时也发现，在宜黄县政府河东新区的规划图上，钟家所在的位置的确标明的是一家酒店。如果情况属实，这就意味着政府拆迁的背后可能存在某些特殊利益驱动的利益集团，甚至还意味着政府很可能已经被这些利益集团所俘获。案例二中，番禺民众之所以抵制垃圾焚烧发电项目，除了担心其潜在的危害以外，还有一个重要原因就是他们对政府存在一定程度的不信任，不少居民怀疑番禺垃圾焚烧发电项目的幕后推手是某些利益集团。值得一提的是，垃圾焚烧发电是一个具有超额利润的行业，因为它不仅可以享有高额的垃圾处理补贴，同时又能从发电业务中获取收入且享受众多税收优惠，因此番禺市民的担心并非空穴来风。

其次，新闻媒体成为影响国家自主性行为的一支重要力量。今天，新

---

① William Blackstone, *Commentaries on the Laws of England*, Oxford: Clarendon Press, 1783: 46.

② 〔美〕托马斯·R. 戴伊：《理解公共政策》，彭勃等译，华夏出版社2004年版，第18页。

闻媒体的影响几乎延伸到政府政策行为的方方面面。从问题性舆论的引发、政策议题的提醒，到政策的实际执行与绩效评估乃至最终的政策终止，大众传媒都是政府完善其行为与过程的主要机制，即大众传媒发挥了政策主体的作用。[①] 政府、媒体与民众之间的关系是相互的：一方面，民众需要通过媒体向政府反映诉求、表达意愿，进而扩大自己在公共决策中的影响，使其在与政府的博弈过程中处于相对有利的位置；另一方面，政府也需要媒体对其意志、政策等加以宣传，以使这些意志与政策能够在民众中获得拥护与支持。在危机与冲突事件中，媒体的作用更加关键。无论是宜黄事件还是番禺事件，之所以能够引起社会各界广泛关注，迅速上升为全国性的公共事件，相关新闻媒体的持续跟踪报道功不可没。案例一中，宜黄拆迁自焚事件发生的第二天，烧伤者的照片就开始出现在网络上，相关报道经各大主流网站转载，影响迅速扩大。此后，各新闻媒体又跟进报道，甚至通过微博、博客、个人空间等对事件进展进行“现场直播”。在新闻媒体持续关注下，宜黄事件迅速上升为一个全国性公共事件，甚至引起中央高层关注。但也有人对此持有异议，认为新闻媒体为了吸引大众眼球，将人们的注意力引向它们希望发展的方向，在事件报道中未能做到客观公正，不少消息其实与事实不符，有些甚至是记者个人的主观猜测。[②] 还有学者认为，现实中诸多媒体，抛弃了客观公正的基本职业要求，硬要代表弱势群体，推波助澜，拿主观代替客观，实际上已经成为具有价值偏向的参与者而非中立的事实报道者。就宜黄事件来说，政府与拆迁户都是输家，媒体成为唯一的赢家。[③] 在案例二中，无论是早期的居民维权抗争活动（倡议书、意见书、QQ 网络群等），还是后期的政府纠偏举措（各种新闻发布会、通报会、座谈会等），毫无疑问，媒体都在其中扮演了举足轻重的角色。实际上，也正是番禺区政府与新闻媒体的良性互动才使国家的自主性行为（垃圾处理的公共政策）引起民众的同情与谅解。

最后，专家对国家自主性的影响值得关注。专家是在某一特定领域具有专门知识、经验与技能的个人或者组织。在政府决策过程中，发挥专家的专业技术优势及其决策咨询职能，有利于实现公共政策的科学化与民主化。但另一方面，若专家不能坚守专业精神，甚至曲意迎合、误导视听，则可能会给公共政策的科学化带来危害，最终在销蚀专家自身信用的同时

---

① 严强主编：《公共政策学》，社会科学文献出版社 2009 年版，第 49 页。

② 慧昌：《透视江西宜黄强拆自焚事件》，财新网，http：//policy. caing. com/2010 - 10 - 12/100187635. html，2010 年 10 月 12 日。

③ 萧武：《理解拆迁》，载《绿叶》2011 年第 1 期。

损害政府信誉。当前，许多网友把专家戏称为“砖家”，正是对部分专家信用缺失不满的表达。[①] 在案例一中，专家对国家自主性的影响主要是在中央决策层。2009 年的唐福珍自焚事件触动了一大批知识分子，“北大五教授上书”[②] 直接促使国务院法制办在 2010 年 1 月 29 日第一次向公众公开《国有土地上房屋征收与拆迁补偿条例（草案）》并征求意见。宜黄事件后，众多专家学者更是口诛笔伐，对中国现行的拆迁制度予以猛烈抨击，这又直接促使了国务院法制办就《国有土地上房屋征收与拆迁补偿条例（草案）》面向全国第二次征求意见。一部行政法规两次征求意见，这在国务院立法史上可谓“史无前例”。但就宜黄事件的演变过程而言，专家又是“缺位”的，例如在城市的布局规划，拆迁赔偿数额的界定以及与拆迁户之间有效协商等需要提供技术性专业性建议的场合，我们看到的不是专家的身影，而是政府的强力。在案例二中，专家的介入更加明显，专家意见对政府决策的影响几乎贯彻了事件发展的始终。垃圾焚烧发电该不该实施、如何实施，在学术界尚存争议。在广东番禺垃圾焚烧事件中，政府与民众博弈的背后其实还是持不同观点专家之间的较量，例如，在政府的新闻发布会或者官方媒体上，持支持意见的专家竭尽所能宣讲垃圾焚烧发电项目技术上的安全性及其对经济发展的利好，以此推进项目的顺利开展；与此相反，当地居民则从反对垃圾焚烧的专家那里寻求理论支持，着力宣传垃圾焚烧发电项目给生态环境与居民身体健康带来的危害，以抵制该项目的最终实施。从番禺事件的最终结果来看，先进行垃圾分类然后再进行科学焚化的垃圾处理思路，其实也是专家意见的综合结果。

3. 两种国家权力的运用：国家自主性的载体

不可否认，国家对暴力的合法垄断是维持一国国内秩序、防止外来侵略的重要保障，同时也是国家自主性行为的制度支撑。正如韦伯指出的那样，现代国家是对暴力合法性垄断的强制性组织。从一定意义上说，对暴力的垄断减少了强制性特权的滥用。但无论如何，国家强力的使用却必须慎之又慎。就现代社会治理而言，国家强力的运用应当是最后一种选择。然而，近年来中国各地发生的许多所谓“群体性事件”及其处理过程，似乎并不完全支持上述观点。在案例一中，公共利益与个人利益之间的冲突

① 刘召：《政府决策中的专家角色》，载《学习时报》2013 年 11 月 4 日。

② 2009 年 12 月 7 日，北京大学法学院的五位教授以公民的名义，向全国人大常委会递交了对《城市房屋拆迁管理条例》进行审查的建议，他们建议全国人大常委会对该条例进行审查，撤销条例或者由全国人大专门委员会向国务院提出书面审查意见，建议国务院对拆迁条例进行修改。这五位教授分别是：沈岿、王锡锌、陈端洪、姜明安和钱明星。

并非不可解决。一般来说，只要拆迁户受损的个人利益得到了及时合理的补偿，他们也并不会刻意抵制政府的行政行为。毕竟，城镇化与基础设施建设从长远看对于他们及其子孙后代都是有利的（我们不排除现实中确实存有少数拆迁户存在投机行为，例如突击建造房屋、加盖房屋以获取政府超额补偿，以及漫天要价等）。但遗憾的是，在案例一中，地方政府显然缺少必要的耐心，同时也缺乏一定水准的商谈技巧，统治型治理的思维模式使他们确信国家强力才是解决问题的最佳途径。在他们看来，只要政府的政策是正义的，譬如为了实现公共利益，那么就可以选择一切可能选择的手段，于是，警察、城管、拆迁公司一起出动，推土机与铲车可以所向披靡，甚至，为阻止拆迁户上访，控制拆迁户的人身自由。在这里，政府强权已经演化为赤裸裸的政府暴力。

案例二中，尽管我们没有看到像案例一中那样赤裸裸的政府暴力，但从垃圾焚烧发电项目规划的审批到选址方案的确定，最后到政府宣布征地完成时当地群众才如梦初醒的决策过程来看，政府在公共政策制定过程中唯我独尊的傲慢仍然可见一斑。这里，我们可以做一个大胆的设想，假如番禺民众没有结成反垃圾焚烧项目的统一联盟，而仅仅只有个别居民发出抗议，番禺事件最终会不会也要演化为国家权力的强势介入，以国家强制力要求个别居民的服从呢？考虑到许多地方政府长期以“公共利益代言人”角色自居的心态和政府权力缺乏有效制约的现实，如此的结果有很大可能。然而，更多的事实表明，政府强权的滥用不仅未能有效化解各种利益冲突，推动政府政策的有效贯彻与执行，反而使矛盾激化、冲突加剧，最终导致政府政策举步维艰甚至无果而终。

正如上文所述，英国学者迈克尔·曼是从专断性国家权力与基础性国家权力两个层面来认识国家自主性的，前者的表现形式正是以国家机器为后盾的强制性权力，而后者则表现为建立在与市民社会商谈基础上的制度性权力。根据曼的观点，西方发达国家由于受到宪法与民主制度的制约，国家官员的个人权力相对受限，因此专断性国家权力相对偏弱，但另一方面，完备的官僚制度、高水平的政策执行力以及相对成熟的市民社会，却又使得这些国家拥有很强的社会渗透能力。而反观许多后发现代化国家，则呈现出完全不同的“景象”：一方面，由于缺乏民主与法治传统，国家权力长期缺少有效制约，国家权力尤其是政治领导人的个人权力过度膨胀，国家权力在公共政策制定与执行过程中体现浓厚的专断性色彩；另一方面，由于政府能力低下，官员腐败，市民社会孱弱，又导致国家政策无法有效渗透于市民社会，以致公共政策贯彻执行时阻碍重重。美国学者弗朗西斯·福山也认为，发展中国家的政府所寻求承担的职能范围往往过于宽泛而且不断膨胀，但对于发展中国家来说强化国家制度的基础力量更加重要，这些制度能力包括制定和实施政策以及制定法律的能力，高效管理的能力，控制渎职、腐败和行贿的能力，保持政府透明与诚信的以及最为重要的执法能力。① 就中国现实来说，中国属于发展中国家，需要强化的不是国家的专断性权力，不是盲目地扩大政府的职能范围，而应当合理地界定政府职能，正确处理好国家与社会、政府与市场的关系，以强化政府的政策执行能力、拒腐防变能力、诚信透明的执法能力为重点建构现代国家。“从国家权力的发展来看，缺乏自主性的国家固然是不利于社会现代化与政治发展的，但国家权力无限增长所带来的畸形自主，同样会影响到现代化进程中的国家建设。”② 因此，无论是专断性国家权力还是基础性国家权力都是有其限度的，尤其是专断性权力更是具有极强的排他性和扩张欲望，一旦缺乏有效的监督与制约就会肆无忌惮地发展，最终给国家与社会带来灾难。

在上述两个案例中，我们发现地方政府在制定执行相关公共政策时，并没有从根本上摆脱“主体—客体”的习惯性思维模式。在此模式下，政府永远处在公共政策制定与执行的“高位”，是“自主性权力”的垄断者，而社会、公众则处于公共政策过程的“低位”，成为制度安排的对象。国家的自主性简化成专断性国家权力的自主性，其最终结果可能会导致“国家自主性的弱化”。这一极具悖论的表述反映了国家自主性本身存在的矛盾。一方面，国家凭借较强的自主性确立政策目标以实现公共利益。另一方面，由于制度化约束的缺失，专断性国家权力极有可能蜕变为政府的部门权力甚至是政府官员的个人权力，而强势利益集团则会利用国家与社会分离的超然假象，谋取有利于集团利益最大化的社会价值分配，进而导致国家自主性目标无法实现。国家的强势自主最终导致“国家自主性削弱”。20 世纪 80 年代埃文斯等人在分析东亚模式时就已经指出的“国家自主性悖论”问题，在今天的中国似乎也未能避免。然而，正如上文指出的那样，所谓的“国家自主性弱化”并非真正意义上的自主性弱化，它只不过是专断性国家权力过度集中且缺乏有效制约而基础性国家权力结构性弱化的一种必然表现。“国家自主性弱化”仅仅是其表象，其实质仍然是

---

① 〔美〕弗朗西斯·福山：《国家的构建：21 世纪的国家治理与世界秩序》，黄胜强、许铭原译，中国社会科学出版社 2007 年版，第 40、9 页。

② 时和兴：《关系、限度、制度：政治发展过程中的国家与社会》，北京大学出版社 1996 年版，第 134 页。

国家权力自主性的强势膨胀，因此，它与西方语境下国家权力分散导致的国家自主性弱化并不是同一含义。

（二）事件结果的差异性及其可能原因

本章所选两个案例都是近期社会舆论关注的热点，反映了当前中国国家自主性存在状态的某些共性特征，但从政策结果来看两者又有所不同。在案例一中，强拆以拆迁户一死两伤和县委县政府主要领导被免职的悲剧而结束，拆迁户的合法权益未能得到保护，政府推动地方经济发展再次搁浅，可谓是一种“双输”。案例二中，广州番禺垃圾焚烧发电项目的政策刚一出台就遭到当地居民的强烈反对，值得庆幸的是当地政府没有将政府强势进行到底，而是及时转变思维，以柔性的协商互动取代了政府强权，例如通过召开座谈会、见面会以及新闻发布会等多种渠道向市民公开相关信息，广开言路、认真听取各方面意见与建议，开展全民大讨论、因势利导将全体民众心智引向国家自主性目标所向（城市垃圾处理问题）等。从这一意义上说，番禺事件的结果则是双赢的，即民众通过被动抗争到主动参与更好地维护了自己的权益，而政府也在与社会、民众的互动中重新调整并强化了其自主性，同时也因对社会、民众的及时回应赢得了信任。

从上文的分析来看，两个案例存在许多相似的情境，如面临公共利益与个人利益的冲突，国家自主性受到多元主体的交互影响，专断性国家权力扮演重要角色等。问题是，为什么这两个案例还会出现如此不同的结果呢？通过分析两个案例中国家自主性的不同表现形态与作用过程，我们不难找到答案。在案例一中，国家自主性的主要形态是“孤立式自主性”，其基本表征就是国家权力强大而国家能力虚弱，国家在追求自主性的过程中过度依赖专断性权力、忽视基础性权力，具体表现就是公共政策排斥公民参与与社会合作，忽视与社会主体的互动与交流。在案例二中，国家自主性的形态在政府决策的初始阶段同样表现出“孤立”与“专断”的特点，但到事件发展的中后期，番禺地方民众的意见得以体现，国家的基础性权力开始发挥作用，国家自主性的形态也随之发生重要变化，“孤立式自主性”由此向“互动式自主性”[①] 转变。“互动式自主性”强调国家权力与国家能力的均衡发展，提倡政府的柔性治理，公民的制度化参与以及多元治理主体间的平等交流与协作互动，以此协调不同社会阶层的利益要

① 本研究使用的“互动式自主性”的概念是在埃文斯等人的“镶嵌式自主性”的概念上发展起来的，之所以没有使用“镶嵌式自主性”，是因为“镶嵌”一词仍未能摆脱“主体—客体”的单向思维模式，同时也未能准确反映出国家自主性多元主体互动的客观状态。

求进而实现国家的整体利益与长远目标。

在案例一中，宜黄县县委书记邱建国被一些宜黄官员描述为“阅历丰富、办事干练、事业心极强，是一个不可多得的县级领导干部”，在其执政期间，宜黄经济实现了跨越式发展，甚至，“前几年传说他要调走，宜黄许多老干部联名上书市委，要求他继续留任宜黄”①。对地方官员有如此之高的评价确实难得，然而，反观宜黄拆迁自焚事件中地方政府的所作所为，我们却无法对宜黄地方政府的治理能力作出太高的评价。如果说宜黄地方政府确实是为了公共利益而追求政府自主性的话，那么，这一自主性在整个事件中更多表现为孤立式自主性而非互动式自主性。事实上，在众多的征地拆迁伤亡案例中，我们看到的都不是国家与社会的沟通、交流与互动，而是公安、武警、拆迁办和推土机等象征政府强权的专断与跋扈。在此过程中，政府部门权力往往一家独大且缺乏制度化规约，而政府能力又过多体现为“一把手”的个人权力。一旦制度性权力（能力）退化为个人权力（能力），法治被人治所取代将不可避免，而公共权力的专断性以及由此引致的脆弱性、危害性也立刻显现无疑。从宜黄事件的发展过程来看，我们注意到地方政府在政策执行、社会管理以及突发事件的应急处理等许多方面还存在明显不足，例如，在事件初期，谈判协商尚有一定空间时，政府想的不是如何让谈判进行下去，而是采取断电、恐吓等方式对钟家施加压力，导致谈判破裂；政府过多依赖公安、城管、拆迁办等强力机构“大兵压境”，未能发挥基层组织（如村委会）、专家学者以及新闻媒体等非政府部门的参与和协动作用；当拆迁户拿出汽油准备实施自焚时，政府部门缺乏必要的风险意识与危机处理能力，导致事态进一步扩大；当自焚事件发生后，政府部门则表现为手忙脚乱、不知所措，甚至因担心事件被曝光而对相关信息进行封锁，失却了在第一时间与媒体交流的主动性。

与案例一相比，案例二中我们观察到的最大不同就是“互动式国家自主性”的出现。尽管在事件初期，尤其是政策决策阶段（垃圾焚烧发电项目的出台），广州市番禺区政府同样表现为“孤立式自主性”，民众的意见也未能得到真正体现，导致当地居民强烈抵制，政府政策推行受阻。但到事件发展的中后期，政府并没有“沿着一条路走到黑”，而是对当地民众的呼声作出了主动回应，并及时调整了相关政策安排。例如，番禺区市政园林局摒弃“鸵鸟政策”习惯，主动接受中央电视台等新闻媒体采访，对

① 参阅慧昌《透视江西宜黄强拆自焚事件》，财新网，2010 年 10 月 12 日。

政府决策中存在的问题不搪塞、不回避；在事件处理过程中，频频召开相关新闻发布会、公告会，及时向市民解释相关政策问题、通报政府政策议程进展情况等；番禺区委、区人大、区政府、区政协多部门联动，召开群众代表座谈会，就垃圾焚烧发电项目听取群众意见与建议，问计于民、展开城市垃圾处理的全民讨论；发挥专家作用，聘请专家作全区的区域规划，就垃圾焚烧发电厂选址问题进行重新审视和科学论证等。“互动式自主性”从表面上看好像是削弱了国家的自主性，阻碍了国家自主性目标的实现。但实际上并非如此，因为强调国家与市民社会的互动，国家专断性权力的规约，削弱的只是非制度化的国家权力而非制度化的国家权力；同时，国家与市民社会互动以及专断性国家权力相对受限，恰恰为基础性国家权力的良性运作提供了更多空间。因此，从这一意义上说，“互动式国家自主性”的存在事实上促进了国家自主性目标的实现。

同属广东省的东莞市，在同样的政策领域似乎做得更好。请看下面的案例：2011 年“垃圾处理”首次被列入东莞市政府的“十大实事”，东莞计划年内新建四座垃圾焚烧厂，其中三处垃圾焚烧厂已经进入环评公众参与阶段。垃圾处理与我们每个人的日常生活息息相关，垃圾焚烧处理方式在民间有追捧也有争议，关于垃圾处理的问题正在成为东莞市民关注的热点议题。2011 年 1 月 22 日，东莞市城市综合管理局局长钟耀祥主动联系东莞电台，与市民进行互动，此举被称在东莞政府职能部门主要负责人中“史无前例”。钟耀祥甚至当众承诺“会建出让市民放心的垃圾焚烧厂”。2011 年 1 月 25 日，面对南方都市报记者全面采访“垃圾焚烧厂”的要求，钟耀祥再次出人意料：他亲自带领副局长陈旭坚、特别顾问谭满矶、总工程师陈烁钊、生活废弃物与淤泥渣处理中心主任游从正等部门主要负责人，就东莞垃圾处理中市民关注的热点问题接受了《南方日报》的独家专访。[①] 尽管在许多时候，政府的决策结果无法完全预料，但我们相信只要地方政府在公共政策制定与执行的过程中，能够认真听取公众意见与建议，主动寻求市民社会的合作与支持，国家自主性目标就一定能够实现。

当然，正如上文提到的那样，专断性权力作为国家权力的一个基本方面同样是不可或缺的，同时，专断性权力也并不必然走向极权与权力滥用，关键是看国家在什么时候、为了何种目的以及如何使用这种权力。同样，“孤立式国家自主性”与“互动式国家自主性”并非是一组不可化解

---

① 《东莞今年新建 4 垃圾焚烧厂　城管局长带队解释》，资料来源于南方报业网，http://nf.nfdaily.cn/nfdsb/content/2011-01/26/content_19624104.htm，2011 年 1 月 26 日。

的矛盾，在不同的政策领域以及同一政策领域的不同情境下，两者都会有其作用空间。在某些特殊情况下，过度强调“互动式自主性”可能会导致公共政策出台迟滞，影响国家的整体发展战略，进而弱化国家应有的自主性，此时“孤立式自主性”和专断性权力的运用反而是必要的和不可避免的。例如，同样是在拆迁领域，政府也要具体问题具体分析，对于那些为获取政府超额补偿而突击加盖的房屋以及其他违法建筑，政府应当依法进行阻止甚至清除，这是保护其他拆迁户合法利益的必要手段，同时也是维护正常拆迁秩序的必然要求。但不管怎样，孤立式自主性总是有其限度的，而国家专断权力的使用则更应慎之又慎。

从上述案例分析来看，当前的中国并不存在一些学者所探讨的“国家自主性不足”或者“国家自主性弱化”问题，所谓的“国家自主性弱化”更多是一种基础性（制度化）国家权力的弱化，其缘起则是专断性国家权力的过度膨胀。西方的国家自主性理论并不能完全解释中国的现实问题，为此我们需要在中国语境下对国家自主性的概念与内涵进行重新认知。

第二节　基于中国实践的再思考

通过中国具体公共政策实践的案例分析，我们发现，国家自主性理论在中国具有和西方国家完全不同的论说语境，国家自主性的产生发展与表现形式与西方国家相比也有许多不同之处。这在很大程度上证实了我们此前的理论预设。案例分析同样表明，纯粹的国家中心主义与社会中心主义并不能有效解释国家自主性的具体实践。为了缓和绝对国家理性与受限性国家理性之间的冲突问题，必须超越国家中心与社会中心的两个极致，引入主体间性的分析方法，对国家自主性理论进行重新认知。

一　国家自主性理论的内在冲突

在上文中我们提到，国家自主性理论内在地包含两种截然不同的观点，即“精英主义”与“制度国家主义”。这两种不同的国家自主性理论观点一定程度上折射了国家理性的内在冲突。国家理性（reason of state）是现代政治思想史中的一个重要话题。国家究竟是一种道德（目的）存在还是一种工具存在？对于这个问题有两类不同的论说。今天汉语语境中使用的“国家理性”概念，更多带有一种预设性的道义禀赋色彩，本质是一种“绝对化的国家理性”。该观点强调，国家理性是国家与生俱来的品性，是国家的自身禀赋，它不受制于国家以外的任何力量。这种预设性的国家理性观点最早可以追溯到古希腊的城邦政治时代。柏拉图对“最好国家形态”即理想国的图景设计，及其后来退而求其次对“次等好的国家形态”即法治国的追求，均反映了他对国家理性的美好期待，由此也草创了国家理性的原初形态。而其学生亚里士多德关于政治共同体是“最高的善”的描述显然也是继承了他的观点。后来，凡是超越经验形态的国家来谈论理想国家形态的学者，大多数受到柏拉图的影响。马基雅维利明确提出了国家理性的命题，为近代民族国家提供了合法性基础，由此国家具有工具理性的某些意蕴。然而，这种工具理性仍然只是一种权势与手段，其目的是服从并服务于国家的政治统治，在这里，国家与君主成为惩恶扬善的必然选择。在霍布斯那里，人性同样被设想为恶的，国家则被描述成无所不能的“怪兽”，理所当然地扮演着协调冲突、维持秩序和扶助正义的角色。黑格尔对理性国家的论述也明显受到了柏拉图思想的影响。在他那里，国家更是成为一个绝对的自在自为的伦理实体，一种自知的伦理精神，是“神自身在地上的行进”[①]，国家由此具有强大的控制性力量，因此能够在德性上对市民社会加以规范与引导。在某种意义上，黑格尔已经把国家理性推向了极致。另外一个不同的观点，可以称之为“限制性的国家理性”或曰“国家的理性”。国家的理性是一种后设的理性形式，是指国家权力被规约以后，它不得不理性运作而显现出来的理性，是社会限定国家权力并促使国家克制地运用权力而体现出的理性品质。[②] 从本质上说，国家的理性（限制性国家理性）是一种工具理性，即国家只能是人民实现自己目的（保护个人财产、防范侵略等）所不得不运用的一种工具，这一思想主要发端于以洛克为代表的自由主义理论。根据洛克的观点，人们为了克服自然状态的缺陷，主动放弃了自己的一部分权利，相互订立契约形成国家，但国家并不能凌驾于市民社会之上，相反，国家的权力来自人民的同意同时也应当接受人民的监督与制约。国家理性并不是天赋的，国家甚至也可能会“作恶”，侵犯人民的权利，因此民众必须对国家权力保持警惕，同时通过建立各种制度以保持国家权力运行的理性化。此后，密尔、伯林等人承继并发展了洛克的政治自由主义思想，积极宣扬个人权利与人民主权，提出要审慎看待国家理性，强调以公民理性来规约国家理性。

我们注意到，两种国家理性论说（绝对化国家理性与限制性国家理

---

① 〔德〕黑格尔：《法哲学原理》，范扬、张企泰译，商务印书馆 1961 年版，第 259 页。

② 任剑涛：《国家理性：国家禀赋的或是社会限定的》，载《学术研究》2011 年第 1 期。

性）具有不同的理论演绎逻辑：在对国家属性的认知层面，前者偏于从抽象角度与应然意义上理解国家，赋予国家以道德性、民族性与神秘性，对国家的权力运行充满积极期待，后者则侧重从实践角度与实然意义上看待国家，把国家拟人化、具体化，对国家权力运行保持高度警惕；在国家与社会的关系层面，前者认定国家高于社会，国家控制社会，后者则主张社会先于国家，社会规约国家；在国家构建层面，前者强调国家精英在国家构建中的主体地位，其目标指向是威权主义国家，后者强调的是普通民众在国家构建中的主体地位，其目标指向是民主主义国家。值得注意的是，两种不同的国家理性论说也意味着不同的实践结果，“就政治而论的限定性国家理性，与就道德而论的绝对化国家理性，它们具有的知识满足感与政治有效性，必须加以严格区分。前者的政治有效性有目共睹，后者的政治风险性一再印证”①。

回归国家学派显然注意到了国家理性的两种不同内涵，从其国家自主性理论的言说中，我们也能够感受到其在规避绝对化国家理性方面的努力，如斯考切波就说，“从任何意义上来说，自主性国家行为都绝不可能真正的‘大公无私’”。② 此外，从回归国家学派对国家与支配阶级的关系、官僚制的建构以及国际地缘环境的塑造等国家自主性理论核心话题的讨论来看，国家理性的制度化养成问题也明显得到了一定程度的关注。然而另一方面，回归国家学派又对国家精英及其个人禀赋充满了积极期待，认为通过对国家精英正义感、忠诚精神及其他道德品格的塑造可以有效保证国家自主性权力公共性的价值导向，由此，回归国家学派在不知不觉中已经陷入绝对化的国家理性泥潭中。由于国家自主性理论对精英主义表现出过多偏好，导致其应有的“国家的理性”（限制性国家理性）受到严重削弱，而国家自主性理论在价值理性与工具理性之间的立场也由此变得含混不清。国家自主性成为一个缺少“疆界”的概念，国家权力走向过度膨胀乃至国家侵吞社会的结果也就在所难免。在国内学界，在国家理性理论论辩的过程中，有些学者对绝对化国家理性显然更加“情有独钟”，在他们那里，国家理性往往被视为国家自身的禀赋，国家自主性则被视为国家存在的道德前提，国家自主性的目标也被想当然地设想成为“公共利益”，由此，诸如公平、正义、公共利益、整体利益等价值理性成为国家自主性

---

① 任剑涛：《国家理性：国家禀赋的或是社会限定的》，载《学术研究》2011 年第 1 期。

② 〔美〕彼得·埃文斯等：《找回国家》，方力维等译，生活·读书·新知三联书店 2009 年版，第 19 页。

理论探讨的主题，而国家理性的限制性、国家权力的规约以及国家自主性的限度问题都被有意无意忽略掉了。毋庸置疑，这样一种忽视对于中国现代国家构建而言并无益处。因此，若要准确理解国家自主性的真正内涵，就必须正本清源，对两种国家理性予以仔细辨识，以此有效调和国家价值理性（应然）与工具理性（实然）之间的内在紧张关系。

为了缓和国家自主性理论的内在冲突，回归国家学派的埃文斯引入“镶嵌的自主性”（embedded autonomy）一词来解释新兴工业化国家中政府与市场的关系问题。他认为，国家机构在一国经济发展中扮演着重要角色，不同类型的国家机构对经济的干预能力不同，成功的国家行为需要了解其作用极限。发展型国家不应当与社会隔离，而应当包含或镶嵌在无形的社会联系的网络之中，唯此，国家才能获取发展所需的必要信息与支持，进而推动经济发展。[①] 澳大利亚学者维斯和霍布森也提出了类似的观点，他们在《国家与经济发展：一个比较及历史性的分析》一书中认为，国家回归学派在“把国家找回来”的同时，有“将社会踢了出去”的嫌疑，为此必须将“镶嵌的自主性”与“孤立的自主性”区分开来，前者强调国家与社会的协调与融合，而后者则把国家自主性凌驾于社会之上，扮演着政策制定者的角色，既缺乏社会力量的参与同时也无法获得必要的社会支持。[②] 埃文斯等人关于“镶嵌的自主性”的理论阐述，对于我们更好地理解国家自主性与国家能力之间的关系、国家自主性的限度等问题提供了帮助，但“镶嵌”一词似乎使得问题更加含混不清。如何“镶嵌”？“镶嵌”中双方的地位又是怎样？对于类似问题，埃文斯等人并没有作出明确的解释。实际上，这一概念并没有明确划定国家主体与社会主体之间的活动边界，这样一种看似完美的调和，不仅未能真正体现市民社会组织在社会治理中的主体地位，同时甚至还有可能导致国家作为“元治理”[③]主体地位的丧失。因此，所谓的“镶嵌的自主性”并没有从根本上缓和国家自主性应然性与实然性之间的矛盾。但是，埃文斯等人的观点还是给了

---

① Peter Evans, *Embedded Autonomy: States and Industrial Transformation*, Transformation, Princeton, NJ: Princeton University Press, 1995, pp. 39 – 42.

② 〔澳〕琳达·维斯、约翰·M. 霍布森：《国家与经济发展：一个比较及历史性的分析》，黄兆辉、廖志强译，吉林出版集团有限责任公司2009年版，第100页。

③ 英国学者鲍伯·杰索普认为，治理也会失败，因此应当由治理走向“元治理”。所谓元治理，即“自组织的组织”，其理论要旨在于重新强调国家（政府）在治理中的作用，通过提供治理的基本原则，保证不同治理机制的兼容性，以及建立权力关系新的平衡等，来规避治理的内在缺陷。参阅杰索普《治理的兴起与失败的风险：以经济发展为例的论述》，载俞可平主编《治理与善治》，社会科学文献出版社2000年版，第79—80页。

我们新的启示。一是充分认识到并设法缓和国家自主性应然与实然之间的内在紧张关系，是重新认识国家自主性问题的一个前提。二是国家与社会并非二者选一、非此即彼的零和关系，它是一种基于社会治理的合作关系，因此必须抛弃国家中心主义与社会中心论的两极来看待国家自主性问题。

国家自主性显示了国家作为独立的行为主体之重要意义，但并不意味着国家自主性行为的孤立，相反，国家自主性目标的提出与最终实现均离不开社会主体的支持与合作。斯考切波在展望国家理论研究前景时认为，今后“既不会是所有的国家研究都被对阶级或集团的关注所替代，也不会是纯粹的国家决定论调取代社会中心主义的解释”[①]。杰索普在西方马克思主义“国家的相对自主性”理论的基础上，提出用一种“策略相关性”的方法来研究国家，很有启示意义。根据他的观点，国家必须与各种政治、经济、社会环境联系在一起，国家的组织结构与管理制度在发展的过程中往往存在一种独立的逻辑，一旦离开上述环境便很难发觉这种逻辑的存在。用杰索普的话说，“这意味着国家权力始终是有条件的，与其他事物相关联的。它们的实现要依靠国家及其周边政治系统间的关系，国家管理者与其他政治力量之间的策略联系，复杂的相互依赖关系网和把国家系统与大范围连接在一起的社会网络”[②]。如此看来，国家与社会之间的关系并非如国家中心主义描述的那样是一种简单的主客体支配关系，它更带有一种“主体间性”的意蕴。因此，以主体间性理论来解释国家自主性的生成及其特征，或许可以成为一种新的路径。

二　主体间性：一个新的分析路径

（一）主体间性理论的知识缘起及其理论意义

作为西方哲学的一个概念，主体间性（Inter-subjectivity）又称为交互主体性，是两个或两个以上的主体在交往中建立的主体与主体之间的相互关系。这个概念超越了主体与客体之间的单一关系模式，显示了主体与主体之间的理论结构。主体间性的思想缘起于早期的德国古典哲学，例如黑格尔在其哲学体系中就提出“相互性”这样一个与主体间性较为相似的概

---

① 〔美〕彼得·埃文斯等：《找回国家》，方力维等译，生活·读书·新知三联书店 2009 年版，第 27 页。

② 〔美〕史丹利·阿若诺威兹、彼得·布拉提斯：《逝去的范式：反思国家理论》，李中译，吉林人民出版社 2008 年版，第 166—167 页；Bob Jessop, *State Theories: Putting Capitalist States in Their Place*, London: Macmillan, 1990, p. 367.

念，用以表述人与人、人与社会之间的相互承认关系。率先对主体间性进行系统阐述的是现象学大师胡塞尔。在胡塞尔那里，主体间性就是“自我”对“他我”的构造以及交互主体对共同世界的构造，他说：“我在我周围世界中发现其他人的有效性。要把他们作为人来经验时，我把他们中的每一个人都理解和承认作一个像我自己一样的自我主体，并把他们理解为与周围自然世界相关。”① 胡塞尔主体间性的理论建构旨在揭示这样一个事实，即一切主体意识都是在与“他主体”交往的过程中形成的。虽然，胡塞尔的现象学仍未能真正摆脱传统形而上学的束缚，且其主体间性思想更多停留于认识论而非实践层面，但他有关“生活世界”与“交互主体性”的观点却成了哈贝马斯“交往理论”的思想来源。② 承继胡塞尔的“交互主体性”概念，哈贝马斯从交往实践的角度把主体间性理论的研究向前推进了一大步。在哈贝马斯的交往理论中，“语言转向”中“普遍语用学”的语境意义得以充分体现，“实践”和“有效性”被加以重点强调，自我与他人的交往由一种单纯的认知思辨关系上升为生活世界中的真实互动场景，这些使得主体间性概念开始脱离理论抽象而走近生活本真。同时，哈贝马斯的交往理论也开创了商谈伦理这样一种主体间话语交往的全新模式。所谓商谈伦理是一种倡导不同的主体通过开放性、主体间的论辩与协商，最终就某一价值标准达成普遍一致的伦理思辨，其意义在于促成平等条件下的商谈参与者共同利益的达成，并以此来消解多元差异、弥合个人利益与社会利益之间的冲突，最终实现社会公平正义。

主体间性理论的提出是哲学思维方式的一个重大变革，它宣示了主体间的共在性、平等性、联系性与可沟通性，同时也凸显了主体自身的限制性与规定性。主体性的解放有时需要主体选择一个非主导者的位置以保障主体性，“若将认识扩展至主体间性，则人择就是局限（制），就是规约。任何主体绝无傲然的理由，其自身就是限制”，“限制性就是规约性就是质，不仅无损主体性（与主体性丝毫不矛盾），反而强化、凸显了主体性。（大自然）规约的、人择的才是主体的。主体性≠无限性、绝对性。在此立场上，顽强地一再重申主体性，可致回归循环不断进入更清醒、更逼近终极存在的层次”③。

---

① 〔德〕胡塞尔：《纯粹现象学通论》，李幼蒸译，商务印书馆 1997 年版，第 92 页；转引自周菲《“主体间性”理论视域中的公共生活》，载《河北学刊》2006 年第 5 期。

② 王树人：《关于主体、主体性与主体间性的思考》，载《江苏行政学院学报》2002 年第 2 期。

③ 庞绍堂：《现代性、主体性、限制性》，载《学海》2008 年第 6 期。

（二）主体间性语境下国家自主性的生成

无论是国家中心论还是社会中心论，都未能从根本上摆脱传统的主客体对立的思维模式，主体间性理论的引入为我们更好地理解国家自主性的内涵提供了一种新的路径。国家自主性意味着现代民族国家成为独立的行动主体和相关制度的安排者，但倡导国家自主性从来都不是对社会支持的排斥。就生成国家自主性的要素来看，国家（政治官员）仅仅是其中一个重要的主体之一，诸如跨国公司、国际组织、外国政府以及国际非政府组织等国际主体，以及利益集团、社会媒体以及公众等国内层面主体同样对国家自主性的生成产生重要影响。下面，我们以主体间性为分析视角对国家自主性的生成加以探讨。

国家自主性表现在国内与国际两个层面，虽然由于本研究讨论的主题是国家的内部自主性，因此对于国家外部自主性并不会展开论述，但是，并不意味着国家内部的自主性可以游离于国际环境独立存在。一方面，从国际层面来看，影响一国国家自主性的重要主体主要是外国政府、跨国公司、国际（非政府）组织等。这些主体对国家自主性的影响是间接的，即它们主要是通过影响一国内部的国家与社会关系来作用于国家自主性的。但这样的影响显然不可忽视，从东欧剧变到前独联体国家的“颜色革命”，再到埃及、利比亚等北非国家的政府合法性危机，我们都可以看到国际环境（外国政府）对国家自主性的深刻影响。另一方面，国家的内部自主性同样会对国家的外部自主性产生影响，很难想象，一个在国内成为利益集团傀儡的国家会在国际上挺起腰板讲话。亨廷顿也指出了政治共同体之自主性的两个维度及其相关性的问题，认为一个易受社会内部非政治因素影响的政治组织和政治程序，也易受到其外部因素的影响，同样，“发生在某一政治体系里的军事政变会轻易引发其他不发达政治体系中类似的集团的军事政变”①。从国内层面来说，影响国家自主性的要素主要是国家的政治系统，它包括政党、政府、立法部门、司法部门、利益集团以及专家、媒体、公众等。如果仅仅从“国家”的层面，国家自主性的实现路径应当如此：由政治家（政党）提出国家自主性目标——各项方针、路线、政策，政府机构依赖其官僚体系执行相关政策，由立法部门与司法部门对政策的执行结果进行监督与评估。但这里我们注意到，社会领域诸主体并没有被考虑在内。国家自主性并非

① 〔美〕塞缪尔·P. 亨廷顿：《变化社会中的政治秩序》，王冠华等译，上海人民出版社2008年版，第17页。

孤立的自主性，国家自主性目标的提出与最终实现，都是国家相关主体与社会相关主体之间互动的结果。从政策制定来看，国家通常可以依赖暴力工具等专断性权力提出自己的行动目标，若这一目标同时也符合民众的期待，则国家的权威性行为自然能得到社会的充分支持，因此公共政策往往也能够得以顺利执行。但是，如果国家提出的自主性目标未能体现多数民众的意愿，民众必然会对其产生抵触甚至加以反对，即便是迫于压力接受了国家的政策行为，其贯彻力度与效果也会大打折扣。所以，无论是国家自主性目标的提出还是其贯彻执行，都需要国家与社会之间的互动协商，例如公共政策制定与执行过程中的专家咨询、政策听证、民意测验以及舆论应对等。在主体间性语境下，国家与市民社会实现了共融、互动，既相互支持又相互制约。

应当指出，这样一种主体间性互动关系的描述与多元主义强调的国家成为利益集团角斗场的观点是截然不同的。多元主义虽然也有多主体交互影响之内涵，但其理论假设却是，强势利益集团必然出于多主体勾连的核心，国家是其实现自身利益的工具，而诸如社会组织、公民个人、新闻媒体等治理主体则被排斥在中心之外，最终结果是强势利益集团的意愿上升为公共政策。因此，利益集团理论从本质上仍然是主客体的单向驱动而非主体间性的良性互动。相反，以主体间性来考量国家自主性，首先就预设了社会治理各主体之间的平等商谈地位，社会各主体通过完善的制度安排广泛参与公共政策过程，以一种“来自人民利益的合力对国家权力的规范”，其中，“最重要的是不同的社会利益群体的充分发育，以及为这些群体表达经济要求和政治参与提供制度化的渠道”①。

（三）主体间性语境下国家自主性内涵的再认识

在主体间性语境下，本研究对国家自主性内涵的阐释如下：首先，国家自主性是现代民族国家的一个基本特征，它意味着国家能够超越社会个别利益集团尤其是强势利益集团而提出自己的政策目标。其次，国家自主性并不拒斥国家与社会的合作与互动，国家自主性目标的提出与最终实现更多是国家行动主体与社会行动主体之间相互作用的产物。最后，国家自主性并不表示国家权力增长的无极限，恰恰相反，国家自主性的获致往往意味着国家作为行动主体的规约与限制。

在对国家自主性理论进行梳理反思的基础上，我们认为国家自主性具

① 孙立平：《向市场经济过渡过程中的国家自主性问题》，载《战略与管理》1996 年第 4 期。

有以下四个方面的基本特征：①客观性。国家自主性是现代民族国家的一个基本特征，是一种真实的存在而非虚拟的事实。一个政府上台就意味着国家拥有了一定程度的自主性。国家自主性是一个政体用以建立国家政权、树立国家权威所必需的一种属性。当国家面临各种危机与压力时，国家自主性就显得尤其重要，它是一国摆脱各种危机、化解社会矛盾和维护政治稳定与社会秩序的基本前提。即便在正常的社会发展条件下，一定程度的国家自主性同样不可或缺，它是国家制定稳定、长远且具有全局意识的公共政策，克服市场失灵并对经济社会生活有效干预的重要保障。没有任何自主性的政府是无法想象的，诚如亨廷顿而言，“用普通的政治术语来说，缺乏自主性的政治组织和政治程序就是腐败的”[①]。②超越性。从应然意义上说，国家的超越性意味着国家能够超脱特定的利益集团，对各种分散的社会利益进行有效整合，进而提出有别于其他机构与社会势力的政策目标。国家不应当成为强势利益集团的代言人，它还要更多关注弱势群体的利益要求。在一个社会中，资源的分配应当是公正的，国家要做的不仅仅是“锦上添花”更应当是“雪中送炭”。无论是政府所掌握的公共资源，还是政府所要提供的公共服务，都必须考虑到公平的原则，应当把每个公民都视为平等的主体。在市场经济已经造成较大不平等的情况下，政府公共资源的分配更应该向弱势群体倾斜，因为“以创造财富的能力来决定分享公共资源的比例，必将会对社会平等造成损害，并危害公正社会秩序的建立”[②]。③相对性。国家自主性是一个相对的概念，它超越了傀儡型国家，但并不意味着国家权力的绝对化。国家自主性的缺乏意味着腐败和国家的堕落，但国家自主性走向极致也会招致国家自主性的消亡。在极权国家里，国家权力没有任何羁绊，国家权力往往演化为国家精英或者某些掌权者的权力，国家自主性就自然异化为当权者的个人自主性。而一旦国家个人化、非制度化，国家自主性就如同“在只有一个参赛选手的比赛中获得冠军”一样失去了存在的意义。一些前现代国家往往被认为具有较高的“国家自主性”，但彼“自主性”非此“自主性”，正如回归国家学派坚持认为的那样，他们所探讨的国家自主性从来就不会是指前现代国家。此外，国家自主性的相对意义还意味着，国家自主性的目标及其最终实现存在一定程度的不一致性，正如上文所言，国家自主性的目标实现受到国

① 〔美〕塞缪尔·P. 亨廷顿：《变化社会中的政治秩序》，王冠华等译，上海人民出版社2008年版，第17页。

② 孙立平：《政府势利损害社会公正性》，载《廉政瞭望》2007年第2期。

家能力、社会支持等众多因素的制约。④动态性。国家自主性并非一种固定不变的现象，伴随国家与社会关系的此消彼长，国家自主性的强度及其表现形式也在动态变化。国家自主性永远处在国家与社会坐标轴之间的某个位置之上，它的理想状态与结果应当是国家与社会的某种“正和”均衡。就此意义上说，合理的国家自主性不是其数量与程度问题，有时，国家自主性的增长甚至成为其进一步衰退的根源。回归国家学派的埃文斯与阿姆斯登曾指出，虽然国家对经济的强势有效干预最初可能是来源于国家官僚集团的自主性，但同时这种干预可能会削弱国家的自主性和其进一步干预的能力，因为“国家对市民社会不断的渗透会激发政治反应、增加社会利益集团入侵并瓜分国家的可能性”①。此外，国家自主性的动态性还意味着其具体性。国家自主性是现代国家的一个基本特征，但并不意味着国家自主性无所不在，原因是国家并非总是需要逆社会强势利益集团而行事。当社会强势利益集团的利益要求恰好反映了国家的意志时，国家只需把强势利益集团的要求上升为国家意志即可，而不是违背其意志，当然，前提是这些要求符合国家的整体利益和长远战略。因此，国家自主性的真实状况通常要结合具体的公共政策实际加以考察。

值得注意的是，在主体间性的语境下，国家自主性的相对性、动态性特征尤为明显。国家自主性在任何时候都不意味着国家行动对社会支持的拒斥，同时也不意味着国家权力自主性的无限扩张，考虑到中国现实时更是如此。

三 国家自主与社会自主的均衡

主体间性的分析路径可以避免把国家与社会的关系描述推向极致（单纯的国家中心论或者单纯的社会中心论），同时也有助于国家自主性的理论解释走出非此即彼的认识困境。国家与社会之间不是谁统御谁、谁强于谁的问题，而是良性互动与正和博弈的对等主体。一句话，国家自主要与社会自主达成均衡。一方面，需要强调国家自主性，确保国家行为不会受制于社会利益集团尤其是强势利益集团，以此形成体现国家整体利益与长远利益的公共政策。另一方面，也要强调社会自主性，确保市民社会对国家治理的有效参与以及公共政策对民意的有效吸纳，进而实现公共利益与个体利益的有机融合。国家与社会均保持一定的自主性，既相互辅助又相

① 〔美〕彼得·埃文斯等：《找回国家》，方力维等译，生活·读书·新知三联书店 2009 年版，第 92 页。

互制衡，有助于实现“互动式自主性”下国家与社会的合作共进，由此避免任何一方在“孤立式自主性”下走向偏执或极致。

在西方国家尤其是英美等自由民主式国家，国家自主性与社会自主性并未能达至均衡状态，主要表现为，市民社会和利益集团处于强势地位，而国家与政府却相对弱势。社会偏强与其较为发达的市民社会、多元主义的传统以及民主自由的理念有很大关系。而政府偏弱则更多是国家权力过于分散加之各种利益集团渗透其间的结果。当然，在西方国家政府偏弱，弱的是国家权力而不是国家能力。专断性国家权力偏弱有利于“权力的驯化”，但也可能会带来其他问题，那就是国家公共政策往往因受制于各种牵绊不能及时出台。实际上，无论是社会中心论与国家中心论都注意到了上述现实，不过两者的观察视角与具体观点却迥然相异。前者认为社会高于国家且决定国家，因此国家偏弱、社会偏强的事实不会改变也不应改变；后者则认为国家高于社会且支配社会，因此这一现实可以改变也能够改变。于是，前者发展出多元主义和结构功能主义来解释国家与社会的关系，要么把国家视为各种社会力量角逐的被动场域，要么干脆以政治体系取代国家的概念。后者则提出国家自主性理论与之抗衡，把国家视为具有自我逻辑与自我利益的独立于社会的行动主体，能够发挥主体性、能动性，有效干预经济社会。很显然，无论是社会中心论，还是国家中心论都没有从国家与社会互动的视角进行辩证思考。

西方语境下国家自主性的理论演绎旨在纠正社会中心主义的理论偏见，以此凸显国家的行为主体地位。因此，西方学者所谓以强化专断性国家权力来提高国家自主性的观点较容易理解。但是，如果国内学者在分析中国问题时也持有这样的观点，就容易产生误导。在当前中国，国家自主与社会自主之间显然也没有达到均衡状态，然而我们的非均衡状态恰恰与西方国家相反——政府相对偏强而社会相对偏弱，具体表现为两个方面：其一，国家与社会未能就各自的权力和活动边界达成共识，导致政府职能界定不清、政企不分、政社不分，经济社会缺乏必要的活力。其二，国家与政府利用自己的特殊地位，广泛参与社会资源分配，与民争利。① 国家与社会之间的这样一种非均衡状态直接导致一种“悖论”情形的出现：一方面，专断性国家权力一家独大，国家干预无所不在，另一方面，基础性国家权力弱化，国家干预缺乏成效。在上述情况下，我们同样需要强调国

① 参阅曾峻《公共秩序的制度安排——国家与社会关系的框架及其运用》，学林出版社 2005 年版，第 131 页。

家自主与社会自主之间的均衡，当然其具体实现路径既不应当是社会中心主义，也不应当是国家中心主义的。前者不符合中国的现实，因为在中国，自主意义上的市民社会并没有真正确立。后者则可能会产生误导，因为中国并没有“社会中心论”需要纠正，相反，我们倒需要纠正我们自己的“国家中心主义”，变全能政府为有限政府。国家自主与社会自主之间的均衡具体到国家权力层面实际上就是专断性权力与基础性权力之间的均衡，对于这个问题我们将在第五章作进一步探讨。

第五章　国家自主性的制度安排

根据回归国家学派的观点，国家具有自己的逻辑与利益，同时能够独立于社会利益集团，实现以国家利益为体现的社会整体利益与长远利益。但必须指出，国家具有独立利益，并不意味着国家利益就能自发生成公共利益。众所周知，国家不是一个纯粹的抽象物而是由许多具有个人偏好的政府官员组成的现实体。因此，在强调国家自主性对一国经济社会发展重要作用的同时，如何确保国家的自主性权力不蜕变为政府官员实现个人私利的工具，就成为国家自主性理论探讨的一个不可回避的问题。回归国家学派并未能有效解释这一问题，毋宁说是回避了这一问题，而国内学界同样未能给出令人满意的解答。考虑到国家自主性理论的内在缺陷以及国家自主性理论的中国适用性限度，我们需要从制度安排的视角对这一理论进行重新建构，同时以此为切入点探讨中国国家治理现代化的可能进路。在主体间性的语境下，国家自主性制度安排的根本目标是实现国家自主与社会自主的均衡，这一均衡在国家权力领域的表现就是专断性国家权力与基础性国家权力之间的均衡。具体到中国国家治理现实就是：规约专断性权力以构建有限政府，同时完善基础性权力以构建有效政府。当然，国家权力的发展逻辑离不开国家自身的发展逻辑，而且，无论是专断性国家权力的规约还是基础性国家权力的完善，都与现代国家构建密切相连。因此，对国家自主性制度安排的理论探讨就有必要放在现代国家构建的背景下进行。

第一节　国家自主性制度安排的知识背景

中国公共政策实践案例表明，生搬硬套西方理论不能真正解决中国问题，运用国家自主性理论解释中国问题必须充分考虑中国国家治理的实际。国家自主性是现代国家的一个重要特征，而国家治理现代化则是政治现代化的一个重要内容。因此，现代国家、国家治理现代化的基本理论以及中国现代国家治理探索的具体实践就成为我们探讨国家自主性制度安排的重要背景。

一　现代国家与国家治理现代化

现代国家是现代化的基本特征与重要内容，同时也是推进现代化的制度依托。一般认为，国家作为一种制度出现于15世纪的欧洲，到19世纪前后在发达国家普遍形成。这种新近出现的国家制度与古希腊、古罗马以及中世纪的城邦或者共和国有很大区别。由于古代与中世纪的制度也被人们称为“国家”，因此15世纪以后出现的国家制度就被称为“现代国家”。

对于何为现代国家、它有哪些基本特征，不同的学者有不同的回答。鲁斯托和华尔在《日本和土耳其的政治现代化》一文中对现代政体（现代国家）的基本特征问题进行了探讨，他们认为，现代国家就是“从专制政治和寡头政治趋向大众社会的某些形式”，它具有以下几个基本特征：①政府机构高度分殊化和功能特定的制度；②政府机构内部的高度整合；③政府决策制定的理性化和世俗程序的普遍化；④政府政治与行政决策的广范围、大容量、高效率；⑤公民对国家历史、领土以及民族统一的普遍认同；⑥政治制度中包含广泛的公众利益，虽然不一定体现在政策制定的所有方面；⑦政治职务的分派建立在成就而非歌功颂德的基础之上；⑧基于支配性的世俗化和非个人化的法律制度之上的司法的和制度的技术。[①] 从上述观点可以看出，鲁斯托和华尔主要还是从政府机构、功能以及职责等技术层面来描述现代国家的，而诸如公众参与、利益分配等价值层面的议题基本未在其讨论范围之内。这一偏好也直接导致他们得出一种近似悖论的结论，即政治现代化可以不必以民主制度为必要条件，一些缺乏民主但政治机构却极其有效的国家同样可以划归为现代政体。

奥罗姆认为，历史学家布莱克（C. E. Black）对现代民族国家的基本原理所作的概括最具综合性和说服力。布莱克认为，首先，现代民族国家的首要特征是政策制定的强化，即政治权威的集中化。这种强化得益于发达的通信与交通，更是来自政府官员与企业家动员并合理利用社会资源以实现效率与产出的愿望。其次，与先前的政体相比，现代国家的任务与目的都极大地拓展了，诸如扶贫救济、公共事业、社会保障等事务极大地扩张了国家的权力及其作用的范围。再次，法律规范增多也是现代国家的一

① 转引自钱乘旦、陈意新《走向现代国家之路》，四川人民出版社1987年版，第54—55页。

个重要特征。伴随法律规范的增多，独特但却令人生畏的官僚机构成为现代国家治理的一个不可避免的制度现实。最后，在现代民族国家中，公民在公共事务中的作用不断扩大。从某种程度上说，公民参与成为政府合法性的一个基石，所以“无论是民主政体还是威权政体下的领导人，似乎都发现有必要借助于民众的广泛支持，为他们的统治披上一件合法的外衣”[①]。尽管布莱克对现代民族国家基本特征的概括颇具说服力，但也存在不足，主要是他更多是基于国家内部的视角，而未能在更大的范围内，如在国家间关系的背景下来认识现代国家。

查尔斯·蒂利在其著作《西欧民族国家的形成》一文中初步概括了现代国家在其早期发展阶段的一些基本特征。蒂利认为，现代国家是一个控制特定的人口，占有一定领土的组织，主要具有以下几个方面特征：①它与在同一领土活动的其他组织存在差异性（differentiated）；②它是自主的（autonomous）；③它是集权的（centralized）；④它的各个构成部分之间存在正式的协作关系。[②] 贾恩弗朗哥·波齐认为，蒂利描述的对象主要是16、17世纪的一些西欧现代民族国家，因此蒂利的上述概括无法全面解释近两个世纪以来国家的发展状况。在蒂利上述观点的基础上，波齐对现代国家作了进一步的阐述，他把现代国家的主要特征扩展为十四个方面：①国家是一套用来保障统一目的与利益实现的制度体系；②国家的差异性，即国家承认公民具有非政治性的利益与能力，国家只能通过一般的、抽象的方式来约束私人的活动；③国家是一种强制控制；④国家的主权性；⑤国家对领土的独占性；⑥国家的集权性；⑦国家（不同部分之间）的协作性；⑧国家属于更广范围国际体系中的一个单位；⑨国家的近代性；⑩国家的民族性；⑪国家的合法性；⑫公民权利；⑬国家的制度化；⑭官僚制。[③] 波齐上述对现代国家的界定显然更加宽泛，从技术上到价值上，从国内层面到国际层面，可谓比较全面系统，但缺点是不够简练，现代国家的本质属性问题未能凸显出来。

近年来，国内许多学者也对现代国家及其基本特征作了相关探讨。李强认为，现代国家的基本特征可以概括为以下几个方面。其一，现代国家

① 参阅〔美〕安东尼·奥罗姆《政治社会学导论》，张华清等译，上海世纪出版集团2006年版，第262—263页。

② Charles Tilly, *The formation of national states in Western Europe*, Princeton: Princeton University Press, 1975, p. 70.

③ 〔美〕贾恩弗朗哥·波齐：《国家：本质、发展与前景》，陈尧译，上海世纪出版集团2007年版，第20—32页。

是居于特定领土之上的，垄断了合法使用暴力的权力的一套公共权力机构。其二，现代国家对使用暴力权力的垄断是与其对税收权的垄断紧密相连的。其三，国家对暴力权力与税收权力合法垄断，目的在于为本国人民提供“公共产品”，而不是为国家机构自身或国家机构的成员谋求福利。[①]林尚立认为，中国走向现代国家的集中体现是改革开放以来的政治发展，它主要具有以下五个方面特征：一是政治逻辑的现代性；二是国家权力的公共性；三是政治过程的合理性；四是法理权威的普遍性；五是政治建设的开放性。[②] 杨雪冬指出，相对前现代国家而言，现代国家的基本特征突出表现在两个方面：其一，主权化，即国家拥有对内对外的一切“主权”。对内，国家是权力的唯一中心，所有组织与个人等都要服从国家权力。对外，国家是领土与人民的唯一代表，其权力的行使不受其他任何国家的干涉或侵犯。其二，理性化，即国家需要创设一整套制度来协调其与市场及市民社会的关系，以实现国家治理的制度化、规范化。[③]

总的来看，上述诸多学者所探讨的现代国家的一些基本特征，例如国家的民族性、集权性以及官僚制等，在近代以前的政治体系中也有存在，只是这些特征要不是狭隘的和局部的，要不就是非正式的和非常规的，一句话，这些特征的存在是非制度化的。因此，波齐在列举现代国家若干基本特征之后立即指出，国家权力的高度制度化是现代国家基本特征的集中体现。人类社会结构的制度化“意味着一方面人类结构是历史上形成的，另一方面意味着大量的期望形成了一种有序的复合体，每一种期望均集中于一种特定的社会活动”[④]。国家权力的制度化主要包括三个紧密相连的方面：其一，政治权力的非个人化，即国家作为一种组织结构，通过相关制度安排，使得个人的活动相对不重要，其主要表现就是官员的非个人化和公民的非个人化。其二，政治权力的形式化，即通过宪法、法律、规则等手段使权力运行标准化。其三，政治权力的整合化，即政治权力被整合到一个更大的社会整体中，在一系列连接国家与个人的共同权利和关系的公

---

① 李强：《从现代国家构建的视角看行政管理体制改革》，载《中共中央党校学报》2008 年第 3 期。

② 林尚立：《走向现代国家——对改革以来中国政治发展的解读》，载《当代中国政治研究报告》2004 年第 3 辑。

③ 杨雪冬：《政治文明、现代国家与宪政建设》，载《社会科学》2007 年第 9 期。

④ 〔美〕贾恩弗朗哥·波齐：《国家：本质、发展与前景》，陈尧译，上海世纪出版集团 2007 年版，第 89 页。

民权利中得以体现。[①] 基于波齐的上述观点，我们认为，国家权力是国家构建的核心问题，其他诸如领土、民族、官僚、军队等要素都是围绕这一核心问题展开的。与前现代国家相比，现代国家的核心特征或者本质属性就是国家权力的制度化，其具体表现就是权力运行的理性化与民主化，这意味着国家权力既是有效的同时也是有限的，换句话说，公共权力应当能够促进公共利益同时仅限于促进公共利益。

现代国家在国家治理层面主要体现为国家治理体系与治理能力的现代化。党的十八届三中全会提出，完善和发展中国特色社会主义制度，推进国家治理体系和治理能力的现代化。国家治理体系现代化与国家治理能力现代化是一个有机整体。国家治理体系是国家治理的制度框架，是国家治理能力现代化的重要支撑；国家治理能力是国家治理的核心要件，是国家治理体系功能发挥的主要体现。国家治理体系现代化是一项系统工程，它是国家治理价值理念、制度安排、组织体系以及运行机制等诸多领域现代化的统一体，其根本目标就是实现国家治理的科学化、民主化、法治化。其中，国家权力的制度化，即国家自主性的规约性与有效性无疑尤其重要。国家治理能力主要包含国家的政策执行力、社会整合力以及资源提取与配置力等几个重要方面，其主要表现形式是基础性国家权力。推进国家治理能力的现代化，就是要不断完善基础性国家权力，提升政府的公共物品供给能力，强化公共政策的渗透与执行力度。国家治理能力的现代化同样是一项系统性工作，需要国家治理体制机制、价值理念、方式方法等层面的同步推进。

二　国家自主性与国家治理现代化

国家自主性与国家治理现代化关系密切。我们之所以在现代国家构建的基础上对国家自主性理论进行必要的拓展，主要是因为国家自主性与国家治理现代化具有本质的契合性，这种契合性主要表现为三个方面：

首先，国家自主性是国家治理现代化的一个重要方面。正如上文指出的那样，尽管国家很早就出现了，但国家真正作为一种制度化的组织结构出现却是15世纪以后的事情。现代国家与以往国家的不同就在于，以往的国家为经久不息的派别纷争所困扰，而现代国家则有能力在一个既定的

---

① 〔美〕贾恩弗朗哥·波齐：《国家：本质、发展与前景》，陈尧译，上海世纪出版集团2007年版，第32—33页。

疆域内垄断暴力的合法使用。[①]“国家者，就是一个在某个固定疆域内肯定了自身对武力之正当使用的垄断权利的人类共同体。”[②] 韦伯上述关于现代国家的经典定义，侧重强调了国家发展过程中的两个基本要素：领土与暴力。这两个要素同时也是国家自主性与国家能力的前提条件，因为一旦失却它们，国家将不再被视为一个重要的和权威性的行动主体，同时其公共政策的执行能力也更是无从谈起。国家治理现代化的一个重要目标就是，让国家权力真正从经济权力、意识形态权力等其他社会权力中解脱出来，从而使其无条件地运用自己的资源对领土内的人口实施控制。以斯考切波等人为代表的回归国家学派正是基于韦伯式国家观开始其国家自主性理论探讨的，他们在不同的场合多次强调的一点就是，其探讨的国家自主性与前近代国家无关。此外，在诸如古代中国、古代埃及等传统政治体制下，谈论国家自主性同样毫无意义，因为王权专制体制下，国家自主性不复存在，伴随国家权力的个人化，“国家自主”也最终沦为皇帝或者法老的个人自主。从上文对现代国家概念的观点梳理来看，蒂利、波齐等人更是直接把国家自主性视为现代国家的一个主要特征，这里不再赘述。

其次，国家治理现代化是国家自主性生成并最终实现的基本前提。从理论上看，国家治理现代化是国家自主性理论推演的前提与背景。正如前文所述，国家自主性理论推演的逻辑起点可以追溯到韦伯的官僚制，基本演绎的路线就是：由官僚理性建构国家理性、以官僚自主性推动国家机构的自主性。这一逻辑推演的理论预设就是，官僚理性来源于现代国家及其权力的制度化，官僚会自动地把国家利益（公共利益）而非个人利益作为其目标追求。然而，这一理论预设存在明显缺陷，因为更多时候国家理性其实是一种理想状态，几乎任何一种制度都无法确保国家行为的完全理性化，其结果更多是一种相对理性，例如法律虽然被视为国家理性的主要来源，但“在公众心中，大多数法律无法表达任何一种所谓正确的理性，而是体现了某种利益，这种利益凭借自己的能力施加影响和压力以获得优势的地位”[③]。尽管这是国家自主性理论推演的一个明显缺陷，但我们要指出的是，没有国家治理现代化，没有国家权力的制度化，国家将很难制定并

① 〔英〕戴维·赫尔德：《民主的模式》，燕继荣等译，中央编译出版社 2008 年版，第 151 页。

② 〔德〕马克斯·韦伯：《韦伯作品集：学术与政治》，钱永祥等译，广西师范大学出版社 2004 年版，第 197 页。

③ 〔美〕贾恩弗朗哥·波齐：《国家：本质、发展与前景》，陈尧译，上海世纪出版集团 2007 年版，第 189 页。

实施整体性与长远性的发展规划，在更多情形下，国家要么成为利益集团追逐特殊利益的傀儡，要么成为官僚集团攫取社会财富的工具。一句话，国家自主性成为不可能。从实践上看，国家自主性的生成及实现与国家的官僚结构、财税制度以及国家能力等要素密切相关，这些要素的获取不是一朝一夕的事情，而是一个长期的制度建构的过程，而这一过程唯有在现代国家构建的历史进程中才能顺利实现。正如斯考切波指出的那样，忠诚且有技能的官员与丰富的财政资源是国家有效追求各类目标的基础，但这些要素却根植于变化缓慢且不易为短期操纵所影响的制度性关系当中。比如，国家机关能否吸引并留住技术过硬且有事业心的就职者，很大程度上取决于历史演化而成的精英教育制度、政府组织以及与政府机关竞争人才的私人组织三者之间的对比关系，很显然，这种对比关系的形成无法脱离现代国家建设的历史背景。①

最后，国家自主性是进一步推进国家治理现代化的必要手段。“传统之后是现代，现代之后是后现代，那后现代之后呢?”这样的诘问看上去有些“无事生非”，但却是有意义的，因为社会的发展是无止境的。同样，现代国家也远非国家建设的终点，国家的成长是一个漫长的过程，现代化进程不断推进，国家治理现代化也在不断向前发展。制度是理性与秩序的重要保障，然而所有制度都有缺陷，国家的发展就是要不断克服现有制度的缺陷，推进国家治理体系与能力不断创新，进而使国家在理性化道路上不断前进。制度创新或曰改革就一定会对现有利益格局产生重要影响，而这往往又会招致既得利益集团的激烈反对。此时，国家唯有保持一定程度的自主性，果断超越于各种利益集团之外，甚至在关键时候能够违背某些利益集团的意志而行事，才能有效推进国家改革与制度创新。反之，如果国家不能摆脱相关利益集团羁绊，甚至沦为利益集团的工具，改革失败或者创新搁浅以至国家发展受阻的结局将不可避免。此外，现代国家发展的基础必然是现代社会的全面发展，而现代社会的全面发展则是一个政治、经济、文化等诸多领域齐头并进的过程。从本质上说，这些不同领域的目标之间是相互影响、相辅相成的。国家建设和政治文明的推进，往往会对经济发展与文化进步产生积极影响，而经济发展与文化进步也会为国家建设的进一步完善提供更多动力支持。必须指出的是，无论是政治文明、经济发展还是文化进步，都无法脱离一定程度的国家自主性，人类

---

① 〔美〕彼得·埃文斯等:《找回国家》，方力维等译，生活·读书·新知三联书店 2009 年版，第 21 页。

社会的不断向前既需要国家以专断性权力果断确立各项发展战略，同时也需要借助于基础性权力确保这些战略得以贯彻执行。

三　中国探索现代国家构建的历史进程

国家构建意指在既定疆域内创造出一个处于中央政府统治权威下的主权民族国家，建立起国家对暴力和强制权的合法垄断同时完善相关制度、组织和机构建设，以强化民族国家的政权强度和提高相关职能范围的国家能力。① 历史的演进表明，在传统国家向现代国家转型的过程中，必须形成以国家为轴心的公共性的最高权力，要达至这一目标，有两种可能的路径：其一是诉诸制度变革，重塑传统权力运行的价值与制度基础，以此增加传统权力的公共性；其二是诉诸社会革命，完全颠覆传统的绝对权力体系，以公共意志为基础构建公共权力。② 近代中国正是基于上述两种路径，作出了构建现代国家的努力。

中国对现代国家构建的探索发端于20世纪初期。晚清的“预备立宪”是近代中国构建现代国家的首次尝试，其政治目标在于改革传统封建专制体制的结构与行政，建立类似于西方的“君主宪制”，进而实现现代国家转型。但是，这场宪政改革运动带有很大的保守性与欺骗性，加之改革涉及的范围过广、触动利益过多，加剧了各种既存的矛盾，引起了社会的极大混乱，导致这一尝试最终宣告失败。“预备立宪”加速了清王朝的灭亡，催生了新的政治制度，也为新一轮中国现代国家构建探索奠定了历史基础。受其影响，辛亥革命终于推翻了清朝统治，结束了两千多年的封建专制制度，建立了亚洲第一个民主共和国——中华民国，推动了民主共和思想在中国的传播，促进了部分国民尤其是青年知识分子国家观念的更新。然而，从结果来看，辛亥革命并没有完成它所担负的反帝反封建的历史任务，中国仍处于帝国主义和封建主义双重压迫之下。以中华民国为表现形式的国家建设明显存在先天性缺陷，主要表现在：其一，国家治理缺乏必要社会基础与阶级支持，尤其是农民阶级的支持，导致国家建设无法全面深入地展开；其二，国家主权未能完全独立，加之受到军阀混战侵扰，致使国家权力的自主性难以有效实现。上述先天性缺陷愈演愈烈，最终导致

---

① 郁建兴、何子英：《后社会主义国家转型的结构性危机与国家建构》，载《求是学刊》2008年第3期。

② 林尚立：《走向现代国家：对改革以来中国政治发展的一种解读》，载黄卫平、汪永成主编《当代中国政治研究报告Ⅲ》，社会科学文献出版社2004年版，第30页。

中华民国的现代国家成长发生严重变形，进而走向失败。①

亨廷顿指出，“如果在旧政权崩溃之后，没有哪一个集团已经准备好而且能够建立一套有效的章法，那么，众多的集团和社会势力就将为权力而角逐。这种角逐又导致争相动员新的集团投入政治，从而使革命升级”②。历史事实表明，在中国早期现代化的过程中，伴随旧的君主专制制度的分崩离析，新政体却因有效性、权威性不足而陷入合法性危机，近代中国的统治者们在致力于现代国家构建时一直无法摆脱这一问题的困扰，直到新中国成立以前，他们都未能解决国家的合法性问题，最终不得不把现代国家构建的领导权拱手让出。③

新中国成立以后，中国现代国家建设的探索翻开了新的一页，现代国家构建开始由革命的逻辑向建设与发展的逻辑转换。但是，由于在阶级斗争问题上存在误判，加之没有协调好国家发展与现代国家构建之间的关系问题，新的建国设想（建设与发展）未能完全取代过去的建国实践模式（革命与战争），导致国家治理在“阶级斗争为纲”的干扰下迷失了自我。④ 此外，加之国家对社会的统一控制，压制了社会的自主性，限制了现代社会的发育与成长，进而最终阻滞了现代国家建设的进展。“文化大革命”的爆发，给党、国家和人民带来了严重灾难，彻底打断了中国的现代化的历史进程，同时致使中国的现代国家建设探索陷入重重危机。改革开放后，中国从一开始就确立了以经济建设为中心的发展道路，中国共产党在建设中国特色社会主义的探索过程中，开始从人类社会发展规律、社会主义发展规律以及中国社会发展规律的视角来重新认识现代国家建设。整个20世纪80年代，经济体制改革从农村到城市全面铺开。经济体制改革的全面推进，一方面诱发了新的经济因素与利益要求，使得以前被计划经济体制所抑制的市场经济得以复苏，另一方面也诱发了新的社会因素与政治诉求，使得因各种原因被延缓的政治体制改革逐步进入国家的议事日程。到了90年代，随着社会主义市场经济体制的全面建立，倡导个体自主与公民权利的现代市民社会初见端倪，社会建设和经济建设不仅成为国

---

① 林尚立：《走向现代国家：对改革以来中国政治发展的一种解读》，载黄卫平、汪永成主编《当代中国政治研究报告Ⅲ》，社会科学文献出版社2004年版，第30页。

② 〔美〕塞缪尔·P. 亨廷顿：《变化社会中的政治秩序》，王冠华等译，上海人民出版社2008年版，第223页。

③ 弓联兵：《现代国家与权威危机——近代中国国家建设的政治逻辑及受挫原由》，载《人文杂志》2011年第1期。

④ 林尚立：《国家建设——中国共产党的探索与实践》，载《毛泽东邓小平理论研究》2008年第1期。

家建设的重要内容，而且成为国家建设的重要推动力量。改革开放所取得的巨大成绩，为国家治理现代化奠定了更加坚实的经济社会基础。进入21世纪，中国面临重要的战略机遇期，同时也进入全面建设（建成）小康社会的发展新阶段，构建和谐社会、科学发展以及“四个全面”先后成为党在新时期的主要施政纲领。在此背景下，中国改革开放的步伐不断加快，以有限政府和有效政府为主题，以政府职能转变、政府能力提升、政府权力规范以及法治政府、服务型政府建设等为主要内容的行政管理体制改革正在稳步推进，国家治理现代化探索进入一个新的发展时期。

尽管新中国成立后尤其是改革开放三十多年来，中国的国家治理现代化探索取得了很大进步，但我们还是应当清醒地认识到，在中国国家治理与政治文明建设的过程中仍存在一些不容忽视的问题，这些问题主要有：国家权力的制度化水平仍然不高，“人治”代替法治的现象时有发生；专断性国家权力过于膨胀，而基础性国家权力薄弱，政府的执法能力、政策的执行能力以及危机应对能力亟须提高；公共权力缺乏有效的监督制约，公共权力侵害个人权利的现象仍大量存在；政府诚信缺失现象较为严重，政府信任状况不容乐观；贪污腐败屡禁不止等。上述问题表明，中国现代国家建设仍然任重而道远，国家治理现代化的水平亟待进一步提升。对于现代化进程中的中国来说，当前的主要任务仍然是建构，即建构一个民主化、理性化的现代国家。理性化强调国家权力的独立性问题，其结果表现为国家行为的有效性与合法性。民主化强调的则是国家权力的价值归属问题，其结果表现为国家行为的有限性与公共性。事实上，在现代国家构建过程中，国家的理性化目标与民主化目标是相辅相成、紧密联系的：国家的理性化是国家民主化的前提和基础，而国家的民主化则是国家理性化的必然要求。因此，当前推动中国国家治理体系与治理能力的现代化也应围绕上述两个目标、两条路径同时展开，即一方面树立国家的治理权威，强化国家在经济社会发展中的重要作用，另一方面要界定国家治理的边界，对国家权力进行制度化规约，使国家权力真正服从于公共利益。

第二节　国家自主性制度安排的基本逻辑

当前中国地方政府治理过程中存在的所谓“国家自主性悖论”，即专断性国家权力膨胀与基础性国家权力弱化并存的困局问题，正是国家治理体系与治理能力不够完善、国家权力制度化水平不高的集中体现。引入国家自主性理论解释中国问题必须充分考虑上述客观现实。“研究国家的目的和研究国家作用的限制是很重要的，也许比任何其他政治的研究更具有重要性。”① 在现代国家构建的背景下探讨国家自主性的制度安排议题，必须对国家职能与国家限度两个层面的问题予以同等关注。从根本上说，国家自主性制度安排的目标指向就是国家权力的制度化，它既包括专断性国家权力的制度化也包括基础性国家权力的制度化。在中国国家治理的语境下就是：限制专断性国家权力以实现有限政府，同时完善基础性国家权力以实现有效政府。

一 国家自主性与专断性国家权力

按照迈克尔·曼的观点，国家的专断性权力（despotic power）就是国家精英在不必与市民社会进行制度化讨价还价的前提下自行行动的范围。在弗朗西斯·福山那里，这一概念则被表述为国家强制性权力的活动范围，意指“政府所承担的各种职能和追求的目标”，同时这一强制性权力“既可以用来保护财产权和提供公共安全，也可以用来没收私有财产和侵害本国公民的权利”②。综合曼与福山的观点，我们认为国家的专断性权力其实就是国家强制性权力在一国之内所统御的范围，这些强制性权力之所以不需与市民社会商谈，是因为国家合法垄断了军队、警察、监狱等暴力工具。当然，公民赋予国家的这种对暴力的合法垄断，又是因为公民相信国家会积极保障他们的权利免受侵害，以避免霍布斯多说的“人人反对人人”的战争。随着国家的发展，国家的专断性权力范围也在不断调整过程之中。以西方发达国家的国家发展为例，在西欧封建主义国家发展的早期阶段，即封建君主制时期，分封制与采邑制度的实行大大削弱了国王的专断性权力（其实际权力往往只局限于自己的领地）。而在稍晚的等级君主制下，中央集权得以加强，地方势力受到抑制，国王的专断性权力得到大幅度提升。11 世纪以后，以共和主义为原则的城市共和国开始出现，贸易与商业的恢复促进了市民阶层的极大发展，加之国家机构与法律制度的日趋完善，国家权力受到了较好的限制。到了 15 世纪以后，随着以中央集权为特征的绝对主义君主制的建立，国王又开始全面垄断国家权力。到了近代之后，欧洲的绝对主义国家日益式微，伴随资产阶级革命的胜利和代

① 〔德〕威廉·冯·洪堡：《论国家的作用》，林荣远、冯兴元译，中国社会科学出版社 1998 年版，第 24 页。

② 〔美〕弗朗西斯·福山：《国家构建：21 世纪的国家治理与世界秩序》，黄胜强、许铭原译，中国社会科学出版社 2007 年版，第 7、5 页。

议制政府的建立，宪政主义国家开始登上历史舞台，专断性国家权力得到明确规范，同时国家权力的运行能力也得到前所未有的提升。

应当指出，专断性国家权力并不是一个贬义词。尽管不受制约且过度膨胀的专断性国家权力可能会引发独裁政治和极权主义，但毫无疑问，专断性国家权力并不等同于专制主义。对于现代国家而言，一定程度的专断性权力不仅是必要的而且是必需的，在国家发展的特殊时期如危机、动乱时尤其如此。20 世纪 30 年代，罗斯福新政之所以能在权力分立的美国取得成功，与其专断性权力的运用不无关系（政府甚至可以跳过议会和法院行事）。[①] 作为国家权力的一种基本存在形态，专断性国家权力是国家权威与国家自主性得以形成的基础。没有对强制性暴力的合法垄断，国家将无法有效实施统治，同时也会因缺少权威导致合法性丧失，以致国家分崩离析、社会动荡不安，对于现代化进程中的国家来说更是如此。尽管亨廷顿并没有对“强政府”和独裁政府作进一步区分，但他有关转型国家需要强化国家权威以保持政治稳定的论述还是具有一定合理性的。韦伯也指出，武力是国家特有的手段，“如果社会的构成竟全然不知以武力为手段，那么‘国家’的概念必荡然无存”[②]。所以，专断性国家权力绝不是一个存在与否的问题，而是一个以何种方式存在的问题。

尽管专断性权力有其存在的理由，但并不意味着它可以随意运用，恰恰相反，这一权力必须得到有效的规约。从理论上说，任何一种权力都有自我膨胀的欲望，专断性国家权力更是如此，一旦超越必要的范围与限度，国家权力就可能压制社会自主，侵害公民权利。而且，专断性国家权力从本质上说是一种个体而非集体性权力，如若放任自由，专断性权力的自主性就有可能演化为国家官员的个人自主性，国家自主性就可能异化为国家官员的自利性。随着人类社会进入民主政治时代，国家在政策制定与执行方面越来越需要征得公民的同意与认可，国家与社会之间的合作与协商正在成为一种常态，专断性国家权力的适用领域也在逐渐收缩。

就中国的现实来说，对专断性国家权力进行规制约束尤为重要。从历史看，中国是一个具有几千年君主专制传统的国家，以王权为核心的专断性国家权力一直表现强势。专制性王权通过对政治、经济、社会以及文化的全面控制，在中国古代国家统治和社会治理中发挥了决定性作用。此

① 王伟：《美国政界“潜规则”》，载《青年文摘》2011 年第 12 期。

② 〔德〕马克斯·韦伯：《韦伯作品集：学术与政治》，钱永祥等译，广西师范大学出版社 2004 年版，第 197 页。

外，王权专制导致社会孱弱、公民意识缺失和官本位思想盛行，这又进一步强化了专断性国家权力。从现实看，不受规约的专断性国家权力是导致各种腐败行为频发的制度根源，如以权谋私、贪污受贿、官商勾结等正是政府权力过于专断且缺乏有效监督制约的后果。另外，专断性国家权力的强势存在也使得国家行动大而无当、力不从心，进而导致基础性国家权力弱化、国家能力尤其是政策执行力下降。当前，在中国的某些政策领域尤其是社会政策领域（如住房、医疗、教育以及社会保障等），国家政策无法落实到位，甚至国家官员为利益集团所俘获，出现了所谓“国家自主性弱化”现象。当然，这一现象从本质上并不是国家自主性的真正弱化，相反它恰恰是国家专断性权力过度膨胀的结构性后果。所以我们认为，当前中国存在的“国家自主性弱化”现象与西方语境下专断性国家权力尤其是行政权力受限引致的国家自主性弱化完全不是同一个概念。因此，西方国家通过增强专断性国家权力以提升国家自主性的做法根本就无法适用中国现实。在中国，维持一定程度的国家自主性，就必须对专断性国家权力进行必要的规约与限制。

二 国家自主性与基础性国家权力

尽管专断性国家权力对于政治统治和社会生活来说是不可或缺的，但正如上文所述，片面依赖专断性权力、无视与市民社会的合作只会带来国家的“孤立自主性”，进而导致国家自主性目标无法有效实现。更有甚者，专断性国家权力本身又具有自我扩张的欲望，因此若缺乏必要的控制与约束，专断性国家权力将很容易引发权力寻租与政治腐败。在英国学者迈克尔·曼那里，这一困局是通过国家权力的另一个层面，即国家的基础性权力来加以调和的。所谓基础性国家权力（infrastructural power），是一个中央集权国家的制度能力，其目的在于渗透其统治领域，以及在逻辑上贯彻其命令。“基础权力是集体权力，是一种‘贯穿’社会的‘权力’。它通过国家基础来协调社会生活。”①

那么，基础性国家权力是如何发展起来的呢？专断性权力来源于国家对暴力工具的垄断，而基础性权力则更多依托于国家基础设施与官僚组织制度。历史地看，前现代的欧洲国家（如古罗马）主要是通过其公共基础设施（如道路、水利、征税系统、通信体系等）和官僚体制来渗透社会

---

① 〔英〕迈克尔·曼：《社会权力的来源》（第二卷·上），陈海宏等译，上海世纪出版集团2005年版，第69页。

的。所谓“条条道路通罗马”实际上正是这一渗透力的写照。不过，这样一种权力还不是真正意义上的基础性国家权力，毋宁说它是专断性国家权力在社会领域的额外延展，因为这种渗透最终依靠的还是国家的专断性权力。而所谓的官僚体系也不过是君主或帝王的办事机构，这与现代意义上的理性官僚制不可同日而语。唯有国家发展进入现代国家时代，尤其是国家与社会开始分殊，亦即蒂利所言“国家与在同一领土活动的其他组织存在差异性”的时候，现代意义上的基础性权力才真正出现。这时，伴随经济社会的发展，国家需要处理的社会事务日益增多，专断性国家权力无法再像前现代社会那样无所不能，国家对社会的渗透力受到了挑战。进入工业社会以后，这一窘境变得更加明显。在工业社会，社会事务变得更加复杂、专业，同时，各种不同于前现代社会的风险也开始显现，这些形势迫切要求现代社会建立专业化的行政管理体系予以应对，这直接促成了现代官僚制的产生。由此，理性化、非人格化的官僚制开始成为基础性国家权力的主要制度支撑。尽管理性官僚制对于提升现代国家的行政能力起到了极大的促进作用，但这一体制也存在不少缺陷，例如僵化保守、缺乏创新、低效以及容易滋生官僚习气等。因此，进入后工业社会以后，尤其是20 世纪 70 年代以后，以官僚制为组织基础的传统公共行政面临前所未有的挑战，强调主体多元化的公共管理开始登上历史舞台。此后，伴随治理理论的兴起和全球结社运动的蓬勃开展，政府政策的制度依托逐渐由官僚体制向其外部转移，市民社会开始成为影响基础性国家权力的一个重要变量。

基础性国家权力在中国的发展情况与西方国家有很大不同。在前现代社会，古代中国同样没有形成真正的基础性国家权力，这一点与西方国家基本相似。实际上，在皇权专制体制下，专断性国家权力在中国的表现有过之而无不及（西方至少还存在一段时期真正意义上的封建国家）。20 世纪初期，内忧外患之下的中国开始了现代国家构建的艰苦探索，然而，作为近代中国构建现代国家的首次尝试，晚清的“预备立宪”并未能带来封建专制体制的根本变革。此后的辛亥革命尽管推翻了两千多年的封建专制制度，但并未给新的政体带来有效性与合法性，加之受到军阀混战的侵扰，基础性国家权力仍然无从谈起。新中国成立后，中国的国家建设翻开了新的一页。尽管国家与社会的关系有所改善，但国家治理社会的基本手段仍然还是专断性权力而不是基础性权力。虽然国家因其对社会资源的垄断处于“无所不能”的地位，但由于没有建立理性化的官僚体制加之社会自主缺乏，导致国家政策执行能力严重弱化。改革开放后，中国国家与社会的关系发生了重要变化，但国家与社会的分离并没有达至理想化的状态，而是形成了一种法团主义（corporatism）式的社会结构。在这一结构下，国家以各种借口不断干预经济生活，导致政府非但未能超脱于市场之外，反而成为经济活动的行为主体和利益主体，最终导致国家自主性的削弱。[①] 当然，这里所说的“国家自主性的削弱”实质上只是基础性国家权力的削弱，其根本原因仍然是专断性国家权力的过度膨胀。

当前中国正处于经济转轨与社会转型的关键时期。在这一时期，经济发展带动社会结构、行为方式和价值观念的诸多变化，社会结构出现了一定的不协调性，长期积蓄的各种矛盾、危机都可能在这一时期内找到突破口而爆发出来；有的已经爆发出来，由风险转化为伤害或者灾难，打断了社会的演进过程。在此过程中，政府亟须提升自身能力，尤其是利益协调、社会整合以及危机应对能力，以此保持经济社会的健康可持续发展，从而赢取公民信任、树立国家权威的合法性。从政治规模的视角来看，大国治理显然要比小国治理更加复杂，更加需要“公共管理的艺术”。在现有行政管理体制下，如何保证中央的政策不折不扣地贯彻到基层，而不是“上有政策，下有对策”，这是国家在制定和执行公共政策时不得不考虑的一个问题。此外，全球化给今天的中国带来发展机遇的同时也带来了前所未有的挑战。就政府治理来说，全球化的影响同样是双重的：一方面它赋予了政府治理以新的课题，强化了政府治理的地位，另一方面它增加了政府治理的复杂性，对政府能力提出了更高的要求。由此可见，完善基础性国家权力是当前中国国家建设与社会建设的一个重要的连接点，同时也是提升国家治理绩效的基本保证。

三　两种国家权力：冲突与调和

从根本上说，国家权力的制度化是专断性国家权力制度化与基础性国家权力制度化齐头并进同时又相互持衡的过程。舍弃任何一方，都有可能导致国家建设的失败。为此，一方面，需要保持适当的专断性权力，以树立国家权威，确保国家行动的权威性与果断性。另一方面，也要保持适当的基础性权力，以强化国家政策的贯彻与落实。所谓“适当”，意思是说无论是专断性国家权力还是基础性国家权力都有其作用限度。过度膨胀的专断性国家权力有可能演变成专制独裁，给国家与社会带来灾难。基础性

① 孙立平：《向市场经济过渡过程中的国家自主性问题》，载《战略与管理》1996 年第 4 期。

国家权力超越其必要限度则有可能削弱国家行动应有的权威性，尽管需要通过社会基础来贯彻其政策与意志，但如果国家无论事态轻重缓急都要与市民社会进行商谈，都要寻求市民社会的支持，就可能导致政府政策难以及时出台，进而损害社会公共利益。尤其是当国家面临外部压力需要果断决策的时候（例如危机与动乱）更是如此，这时强调权力的专断性反而是必要的。

那么，具体到不同的国家，究竟该怎样促成两种国家权力之间的均衡呢？这里，我们首先有必要分析一下两种国家权力的关系问题。一般认为，专断性国家权力与基础性权力之间是一种正向相关关系，即两者是相互促进的。这种说法有一定的道理，因为无论是专断性国家权力还是基础性国家权力均是动态发展的，两种国家权力之间的界限并不是泾渭分明，所以很多时候其中任何一方的增长都可能会引发另一方的扩张，有时甚至是一方直接转化为另一方，例如，随着现代国家的建立与民主制度的推行，在前现代国家中的一些专断性权力逐渐失却其专断性色彩，进而转化为更具有商谈性的基础性权力；同样基础性权力也可能会因为国家的强势而转化为专断性权力。但事实上，这样一种正向相关性并不具有规律性特点。众所周知，美国是一个专断性国家权力相对较弱的国家，由于受到权力分割和强势利益集团的影响，国家自主性受到了很大限制，但这丝毫没有削弱其基础性国家权力，相反，无论是在政策执行、执法还是在遏制腐败方面，国家治理的能力都是相当有效的。具体到中国实践，同样无法证明这样一种正向相关关系。正如上文提到的那样，强大而又无所不在的专断性国家权力不仅没有带来基础性国家权力的提升，反而成为后者完善的阻碍。

因此，尽管中国与美国在国家自主性具体表现形态上存在较大差异，但有一点可以肯定，那就是两者都未能证明两种国家权力正相关性的假设。事实上，两种国家权力之间可能存在的负相关性或许更加需要引起我们的关注，尤其是在现代民主政治的宏大背景下，这一趋势似乎更加明显。我们并不否认，在一些特殊情况下（如自然灾害、危机、动乱时）两者相互强化的可能依然存在，但伴随民主政治价值理念及其制度安排的不断发展，“孤立式国家自主性”运行的空间日益萎缩，国家权力的天然垄断地位面临前所未有的挑战。与此相反，随着国家公共基础设施日趋完备、理性官僚制不断完善以及市民社会逐渐崛起，国家越来越依赖基础性权力来贯彻其政策与意志，“互动式国家自主性”运行空间由此不断扩大。就上述意义而言，我们认为，在更多时候专断性国家权力与基础性国家权力之间是相互制衡而非相互增进的。就中国现实来说，这一逻辑似乎更具合理性。一方面，合理限定政府职能，对专断性国家权力进行必要制约，可以解放市民社会、提升社会自主，有效规避政府失灵，进而提升基础性国家权力、增强国家治理能力。另一方面，提升基础性国家权力，完善国家基础设施，有效提供公共物品，同时倡导合作治理、强调公民对公共政策的积极参与，也有利于社会权力对专断性国家权力的制约。当然，正如上文所述，这种相互制衡机制的运作也是有其前提条件的，那就是两种国家权力都不应超越其限度。例如，专断性国家权力并不能无限弱化，否则将可能导致国家权威与合法性的丧失，在这种情况下，所谓的基础性国家权力也势必荡然无存。正是在此意义上，迈克尔·曼认为，最为合理的权力运行应当是上述两种权力的某种结合与平衡。[①]

专断性国家权力与基础性国家权力的平衡问题，具体到国家治理层面其实就是有限政府与有效政府的平衡问题。亨廷顿有关“强大政府”的理论实际上已经涉及这一问题。亨廷顿认为，对于许多处在现代化之中的国家来说，首先考虑的是政治秩序而不是自由问题，因为“人们当然可以有秩序而无自由，但不能有自由而无秩序。必须先存在权威，而后才谈得上限制权威”[②]。当然，亨廷顿的这番表述其实还是比较笼统的。一是他并没有对“现代化之中的国家”作进一步的区分。因为同是“现代化之中的国家”可以处于不同的发展阶段，而且即便是处于相同的发展阶段也可能会有不同的国情，比如中国与印度相比会有所不同，而与索马里相比会更加不同。因此，虽然强化国家权威以建立合法化的公共秩序是所有转型国家不可回避的问题，但如何强化、强化到何种程度，对于不同的转型国家却是不尽相同的。二是亨廷顿并没有对专断性国家权力和基础性国家权力作出明确界分，因此导致其在界定有效政府时显得模棱两可。事实上，亨廷顿所说的有效政府既包括英美这样的基础性权力强大的“有效政府”，也包括苏联这样的专断性权力强大的“有效政府”，例如他说“共产主义集权国家和西方自由国家一般都可归入有效能的国家的范畴”[③]。当然，此后的一个重要变化，即苏联的解体基本上否定了亨廷顿的上述观点。事实证明，专断性国家权力并不能带来国家的持续有效。后来，弗朗西斯·福山

① 〔英〕迈克尔·曼：《社会权力的来源》（第二卷·上），陈海宏等译，上海世纪出版集团2005年版，第8页。

② 〔美〕塞缪尔·P. 亨廷顿：《变化社会中的政治秩序》，王冠华等译，上海人民出版社2008年版，第6页。

③ 同上书，第1页。

对亨廷顿的“强政府”理论作了进一步注解，认为依赖权威主义建立的有效政府短期内与民主并不冲突，“但在更长的时期内，如何保证权威主义领导的持续有效将是个问题，有些情况下权威主义的政府是非常坏的，这种不受监督的权力在长期内会产生很多负债”。①

具体到中国实际，若要构建制度化的国家自主性，同样不能照搬亨廷顿的理论。一是今天的中国并不符合亨廷顿描述的那种转型初期的政治混乱与社会涣散状态（民国初期的军阀割据倒有点类似）。中国共产党通过领导中国革命，成立新中国，再到开展经济建设和实行改革开放，国家权威与统治合法性已基本确立，今天的中国已开始进入亨廷顿所说的“限制权威”阶段。而且，由于专断性国家权力一直未能得到有效制约，导致各种贪污腐败案件频发，所以，对于专断性国家权力进行规约更加刻不容缓。二是就中国的现实来说，我们要建立的有效政府应当是基础性权力强大而非专断性权力强大的有效政府。然而，在此过程中，专断性国家权力的过度膨胀已经成为完善基础性国家权力的严重阻碍，因此，要建立真正意义上的有效政府，首先必须强化对专断性权力的限制，建立有限政府。综上所述，在当前中国，构建制度化国家自主性的过程，必然是一个以实现两种国家权力均衡为目标的“双管齐下”的过程，即规约专断性国家权力以构建有限政府，同时完善基础性国家权力以构建有效政府。

第三节　国家自主性制度安排的具体路径

中国国家治理现实表明，构建制度化国家自主性需要在规约专断性国家权力的同时完善基础性国家权力，在实现有限政府的同时实现有效政府。尽管上述两个目标分属两个层面，但在主体间性的语境下，它们之间又是相辅相成的。因此，我们在探讨国家自主性制度安排的具体路径时，就必须注意到各种不同路径的具体特点及其内在关联性，同时充分考虑国家自主与社会自主之间的均衡。总的来看，应当从国家治理职能的合理界定、国家权力的多重制约、国家能力的全面提升、人民民主的不断扩展以及社会发展活力的持续增强等几个层面做起，同时，还应注意上述五个层面之间既彼此独立又相互交织的内在关联。

① 〔美〕弗朗西斯·福山：《有效政府与民主不冲突》，载《社会观察》2011 年第 2 期。

一 合理界定国家治理边界

合理界定国家治理边界是确保专断性国家权力合法、理性且有效运行的一个重要前提。正如洪堡（Wilhelm von Humboldt）指出的那样，“对于任何新的国家机构的设置，人们必须注意两件事。其中任何一件被忽视都将会造成巨大的危害：一方面，界定在民族中进行统治和提供服务的那一部分人以及界定属于政府机构设置的一切东西；另一方面，政府一旦建立，界定它的活动的扩及和限制范围”[①]。国家治理的范围究竟在哪里？对于这个问题，不同的学者基于不同的理论旨趣给出了不同的回答。亚当·斯密认为，国家就是一个“守夜人”：维护国家安全，保护本国国民免受别国的暴力与侵略；维护社会安全，保护社会成员不受其他成员的侵犯与压迫；建立必要的公共基础设施。洛克认为，国家的存在就是为了保障公民的生命自由与财产等自然权利不受侵犯。洪堡认为，国家本身不是目的，国家的主要——如果说不是唯一的——任务是关心公民的“负面福利”，即保障公民的权利不受外敌的侵犯和不受公民之间的相互侵犯。诺齐克也认为，国家的作用仅仅局限于保护所有的公民免遭暴力、偷窃、欺骗之害，并强制实行契约等，除此以外，任何其他多余的功能都将因为可能侵犯个人的权利而得不到道德证明。美国经济学家斯蒂格里兹（Joseph E. Stiglitz）指出，政府应当扮演六种角色：其一，作为立法者，提供法律框架，保障正常交易行为的有序进行。其二，作为调控者对宏观经济进行调控。其三，作为生产者，提供公共物品与服务。其四，作为消费者购买商品和服务。其五，作为保障者向全社会提供社会保险。其六，作为再分配者对国民收入进行再分配。[②]

尽管学术见解存在分歧，但从政府职能的历史演进来看，总的趋势还是相当明晰的，即从传统社会的政治统治职能到工业社会的经济管理与经济建设职能，再到后工业社会的公共服务职能。把握这样一个趋势将有助于我们更好地理解现代政府职能。1997 年世界银行在其发展报告《变革世界中的政府》中指出，政府职能的界定应当集中于解决市场失灵和促进社会公平正义两大领域。从层次上政府职能则可分为三个方面：其一，基本职能，又称小职能或底线职能，它主要涉及纯公共物品的供给，比如宏观

---

① 〔德〕威廉·冯·洪堡：《论国家的作用》，林荣远、冯兴元译，中国社会科学出版社 1998 年版，第 23 页。

② 〔美〕约瑟夫·斯蒂格里兹：《政府经济学》，曾强等译，春秋出版社 1988 年版，第 26 页。

经济调控、产权保护、传染病防治、基础设施建设以及维护社会公平等，这些职能从某种意义上说都是政府不可推脱的责任。其二，中型功能，是政府应当发挥主要作用的职能层次，主要涉及部分纯度较高的准公共物品的供给，例如外部效应治理，垄断规制以及社会保障等。这里，政府要选择的不是是否干预的问题，而是如何更好干预的问题。政府可以与市场和市民社会形成合作关系，以保证这些公共物品得以提供。其三，积极职能，是有较强能力政府应当积极作用的领地，其主要目的在于规避市场失灵，例如协调私人活动、促进市场发展，实现资产再分配等。①

那么，在现代国家构建过程中，政府的职能究竟应该怎样界定？其界定原则又是什么呢？我们认为可以从以下两个角度加以考虑：其一，应以社会事务的市场化程度作为政府职能界定的基本原则。社会事务可以粗略地分为两大类：私人事务与公共事务。一般来说，私人事务的市场化程度较高，完全可以依靠市场机制对此类事务资源进行有效配置，例如个人或者家庭收入的支出与消费，企业规模与经营管理等。这类事务应当由公民个人、家庭或者营利性组织来承担，政府一般不应干预。但众所周知，市场自身存在缺陷，同时在一些领域会“失灵”，例如公共物品与公共服务的供给，外部效应的排除，收入分配的调节，宏观经济的调控等，在这些领域政府必须承担责任以弥补“市场失灵”。私人事务由市场承担、市场失灵由政府弥补，这样看来社会事务的履行似乎已经“完美”，然而事实上并非如此。因为，一方面，在现代社会中各种事务层出不穷、纷繁多样，公共事务与私人事务之间的界限已经变得越来越不明显，两类事务在许多领域都有交叉，越来越多的准公共事务的出现就是明证。对于此类事务，仅以政府或者市场之力作为承担主体往往很难奏效，尽管它们都有努力介入的愿望。另一方面，政府并非全能全知，尽管政府可以弥补市场缺陷，但政府同样也会“失灵”，例如政府在提供公共物品与公共服务时的低效率，公共权力“寻租”，职能掣肘、责任推脱等。实际上，在市场经济体制尚未健全的中国，由于政府不适当地介入经济社会事务，政府职能“缺位”“越位”与“错位”的现象尤为突出。因此还应认识到，政府与市场并不是国家治理和社会治理的全部，市民社会与第三部门同样是不可或缺的一极，政府、市场都不愿做或者都做不好的事情，也许正是各种非政府组织、非营利组织、社会团体作用的场域。实际上，第三部门大多发

① 世界银行：《1997年世界发展报告：变革世界中的政府》，中国财政经济出版社1997年版，第26—27页。

源基层、扎根民众，再加上其灵活性、专业性、志愿性、公益性等天然优势，很多时候可以弥补政府或者市场“失灵”留下的缺陷。

其二，应以社会事务的公益性程度作为政府职能界定的重要标尺。这一原则与第一条原则在本质内涵上是一致的。一般来说，划分公共事务与私人事务，除了以市场化程度作为依据以外，其价值指向的公益性程度也是一个重要标准。公共事务更多涉及国计民生、社会进步、经济发展与普遍福祉，它服务的不是某一个体、某一个群体的特殊需求，而是大多数人的公共利益。相反，私人事务更加强调满足个人或者个别群体的个性化特殊需求，个人或者组织利益的最大化是其所有行为的出发点也是其根本归宿。因此，在面对这类事务时，政府可以充分发挥市场机制的作用，因为，促成资源优化配置、最大限度实现经济利润正是市场机制所擅长。有些准公共事务同时兼具公共利益与私人利益的特点，对于此类事务虽然可以引入市场机制，但为保证其公共利益性，政府仍然必须适当介入。我们可以以医疗卫生的服务供给为例进行说明。在医疗卫生领域，传染病的防治、疫苗接种等基本公共卫生服务具有很强的正外部效应，换句话说它是公共利益指向的。虽然利国利民、利于子孙后代，但因其具有非竞争性或非排他性特点，这类事务市场主体往往不愿做或不能做，因此为了保证公共利益的实现，政府责无旁贷，必须承担此类服务的供给责任。还有公立医院的医疗服务，其公益性特征也非常明显，尽管在服务供给中可以引入一些市场机制，但在此过程中，政府仍然是最终的责任主体，政府必须承担对市场主体与市场运行的监管责任，以保证广大人民群众都能便捷地享受到高效而又低廉的医疗服务。但同样是医疗服务，由私人诊所提供，其营利性特点性就非常明显，私人诊所完全可以根据市场供求决定服务内容、服务方式甚至是服务对象（如专科诊所），但即便如此，政府也不能完全推脱监管责任，例如政府必须对其营业资质进行审核，对其药品与医疗设备进行检查等，因为医疗卫生服务无论其供给主体是谁，都关涉社会成员整体福利和国家长远发展，因此从本质上说其价值指向仍然是公共利益。

二　多维度制约国家权力

合理界定政府职能只是在大致范围内确定了国家作用的主要边界，确定了专断性国家权力的行使领域，但是这仍不能保证专断性国家权力的行使不会超越其界限。著名学者陈哲夫曾对权力的自然属性作过如下概括：其一，权力是政治强制力；其二，权力是在社会中产生而又凌驾于社会之上的东西；其三，权力具有强烈的占有欲；其四，权力具有强烈的扩张性；其五，权力具有极强的排他性；其六，权力可能践踏法律；其七，权力必然形成权力崇拜，形成权力集团。[①] 上述权力属性特点隐含了如下事实，即权力若缺乏必要规约就有可能过度膨胀，进而给社会带来危害。毫无疑问，专断性国家权力同样不能例外，正如孟德斯鸠指出的那样，"一切有权力的人都容易滥用权力，这是万古不变的一条经验"[②]。专断性国家权力的过度膨胀往往会引发一些不受制度约束的结果，归纳起来至少有以下几个方面：其一，导致国家淹没社会，社会自主性失却。其二，导致国家偏离公共利益，使得国家权力异化为强势集团剥夺弱势群体的工具。其三，导致国家体制中腐败现象的滋生与蔓延。[③]

当前，中国地方政府治理过程中出现的国家自主性悖论问题，其实正是国家专断性权力过度膨胀而基础性权力相对弱化的表现，而国家治理能力下降则又与专断性国家权力大而不当有直接关联。正如有学者指出的那样，"如果说中国目前存在某种权威危机的话，这个危机并不是中央权威的危机，而是'公共权威'的整体危机。这种危机可以从许多方面分析，但从制度主义的角度来看的话，危机的原因之一恰恰是政府权力过大的制度后遗症"[④]。另外，专断性国家权力的膨胀也常常导致国家超越自身职能范围，过度干预经济社会生活，然而这种干预很有可能会削弱国家的自主性及其进行进一步干预的能力，因为受到政策影响的利益集团会动员起来，对政府施压或对相当部分的政府机构进行渗透。[⑤] 因此，在许多时候，公民对国家抱有一定的"幽暗意识"是必要的。[⑥] "政治组织最主要的特征，并不是民族国家已经代替了所有其他的形式，也不是国家的领域已经变得如此庞大，而是已经找到了其控制强制性权力的方法。"[⑦] 专断性国家

① 陈哲夫主编：《监察与监督》，北京大学出版社 1994 年版，第 32—41 页。

② 〔法〕孟德斯鸠：《论法的精神》（上卷），张雁深译，商务印书馆 1959 年版，第 184 页。

③ 时和兴：《关系、限度、制度：政治发展过程中的国家与社会》，北京大学出版社 1996 年版，第 135—141 页。

④ 李强：《国家能力与国家权力的悖论》，载张静主编《国家与社会》，浙江人民出版社 1998 年版，第 22 页。

⑤ 〔美〕彼得·埃文斯等：《找回国家》，方力维等译，生活·读书·新知三联书店 2009 年版，第 57 页。

⑥ "幽暗意识"是一种对人性中与宇宙中与始俱来的"恶"的正视与醒悟，它与"道德唯我主义"有很大不同，后者在价值上接受人的私利与私欲，并以此为前提考虑个人与社会的问题，而前者则在价值上否定人的私利与私欲，进而在此前提上求其防堵、疏导与化弥，参阅张灏《幽暗意识与民主传统》，新星出版社 2010 年版，第 23 页。

⑦ 〔美〕斯科特·戈登：《控制国家——从古代雅典到今天的宪政史》，应奇等译，江苏人民出版社 2005 年版，第 4 页。

权力制度化的本质要求就是权力的非个人化，要想达至这一目标，就必须从制度上对其进行全面约束。

（一）以宪法法律规约国家权力

习近平总书记指出，要加强对权力运行的制约和监督，把权力关进制度的笼子里。习总书记还强调，依法治国，首先是依宪治国，依法执政，关键是依宪执政。凡是制度都有其缺陷，最好的制度就是法治。对于国家权力制约而言，就是建立健全以宪法为核心的法律制度体系，同时推进其贯彻与落实。“转型国家的国家建构，其目的既不能是构建一个大而全的国家，也不能是形成一个‘强国家，弱社会’的权力结构，而是要结合市场经济与公民社会的发展，在适当的国家职能范围内提高国家能力，同时为民主宪政建设开放空间。”[①] 宪法作为根本大法，是一个国家政治制度和法律体系的核心，是现代民主法治国家的基石。按照西方政治学的理论观点，宪治立足于一种消极的政治观，其理论预设是：国家是“恶”的，掌握权力的人都有滥用权力的倾向。正如斯科特所言，“说到底，对权力的渴望并不是渴望占有行善的权力，而是渴望占有权力本身。不管权力是由君主行使还是由一个小团体行使，把自己当作格外贤明和善良的人就有可能是权力的最糟的看管人”[②]。宪治的本质是“法治”（the rule of law）而非“法制”（rule by law）。前者意指立法权威制定的法律应当应用到每个人，包括立法者自身以及各级行政官员，因此它与“人治”是截然对立的。后者则偏重形式意义上的法律制度及其实施，其本质是一种国家事务管理的方式，它并没有完全排斥“人治”。同样，宪法与宪治也是两个意义不同的概念。“宪法是国家的结构、权力分配方式，以及公民的权利和义务的基本框架”[③]。仅从这一点来说，无论是英国、美国等资本主义民主国家，还是纳粹德国或者斯大林时期的苏联这样的极权主义国家，所有成立了政府的国家都颁布了自己的宪法。然而，一个国家有无宪法是一回事，它是否归属于宪治国家则是另外一回事。一定意义上说，宪法本质上仍然只是一种“工具”而不是结果，并不是每一部宪法都自动导向宪治。与宪法相比，宪治明显强调了价值理性的重要性。宪治首要关心的是国家

---

① 郁建兴、何子英：《后社会主义国家转型的结构性危机与国家建构》，载《求是学刊》2008年第5期。

② 〔美〕斯科特·戈登：《控制国家——从古代雅典到今天的宪政史》，应奇等译，江苏人民出版社2005年版，第17页。

③ 〔美〕莱斯利·里普森：《政治学的重大问题》，刘晓等译，华夏出版社2001年版，第200—201页。

为什么必须使用权力，其次是如何防止这一权力的滥用。宪治不仅仅意味着国家权力实质性地受到了宪法与法律的规约，同时还意味着政府官员是在获得人民同意并依据正当程序的基础上来行使公共权力的。新制度主义学派认为，宪治应当包含三个方面内容：其一是宪法秩序，它规定并确立集体选择条件的基本规则，即“制定规则的规则”，包括确立生产、交换以及分配的基础的一系列政治、社会和法律的基本规则。其二是在宪法秩序框架内所创立的宪法安排，它包括法律、制度、规章、社团和合同等。其三是规范性行为准则，其重要性在于赋予宪法秩序和制度安排的合法性。① 由此可见，宪治更多发挥的是政治发展理论中所说的“整合”作用。通过建立健全制度化的权力，宪治可以将国家权力尤其是专断性国家权力规范在一定范围之内，从而有效防范各种形式的绝对主义，降低公共权力对自由与尊严侵害的风险。除此之外，宪治也可以有效保护产权与经济活动自由，妥善划分中央与地方关系，激发市民社会活力，进而完善基础性国家权力。

中国对宪治的探索距今已经有一百多年的历史了，从晚清的《钦定宪法大纲》到新中国成立后制定的数部宪法，这些努力与结果均显示了中国人民向往并积极推进宪治的决心与态度。但就宪法法律的具体实施而言，中国宪治之路依然任重而道远。有学者指出，中国现阶段仍然处在宪治建设的非主导阶段，或曰“宪法微控制阶段”，在这样一个阶段，宪法更多是通过其理论影响而非制度存在来发挥作用。② 言下之意是，虽然我国已经制定并颁布了宪法及其他法律制度，开始了依法治国的探索征程，但从宪治理念的普及、宪法法律的具体实施过程及其最终绩效等层面来看，中国的宪治仍处在一个相对较不成熟的阶段。为了走出这一困局，真正推进依法治国和依宪治国，必须在宪治的本源意义即“限政”的意义上，重新理解宪法并对其予以制度机制完善。

首先，要明确树立宪法的最高权威，维护宪法的连续性与稳定性，进一步健全宪法实施监督机制和程序，发挥宪法应有的“限政”职能。宪法的生命在于实施，宪法的权威也在于实施。一是全面贯彻实施宪法可以考虑从较低层次的抽象行政行为入手，例如，确保各级行政部门制定的行政法规与部门规章必须符合相关法律规范，进而在全国形成统一的法律秩

① 〔美〕V. 奥斯特罗姆等编：《制度分析与发展反思：问题与抉择》，王诚等译，商务印书馆 1992 年版，第 134—135 页。

② 郭泽强、张高洁：《中国宪政过程中的困境分析》，载《学习与实践》2007 年第 12 期。

序。二是全面贯彻实施宪法还须成立独立专门的违宪审查机构，建立违宪追究与惩罚机制，完善实施宪法的制度基础。

其次，以民主政治制度建设为核心，推进政治、经济以及文化等多领域、多层面制度创新，为全面贯彻实施宪法创造良好外部环境。民主政治制度建设与依宪治国是相辅相成、密不可分的。依宪治国可以有效弥补民主政治制度的缺陷、防止公共权力过度扩张。另外，民主政治制度则是依宪治国的重要前提与制度基础，毫无疑问，诸如公开辩论、理性协商、开放性权力中心以及广泛的政治参与等民主公共生活的要素同时也是宪法得以有效实施的重要条件。此外，尽管并不一定是必然的正向相关联系，但不可否认，经济繁荣与文化发展肯定会给宪法的贯彻实施带来极其重要的影响。

再次，坚持国家一切权力属于人民的宪法理念，发展更加广泛、更加充分、更加健全的人民民主，最广泛地动员和组织人民依照宪法和法律规定行使国家权力，发挥人民在宪治中的主体作用。依宪治国是一种真实的政治生活方式，而不是一种虚无缥缈的理想。宪法和法律无疑是为了保护人民的利益而设计的，然而只有在人民积极参与的过程中依宪治国才能成为现实。“如果国家制度结构使得不同层级的政府官员都将宪政作为既得利益者的威胁，而非对所有人的权利保障，那么宪法将注定得不到落实；要真正落实宪法，人们自己还得站出来维护属于自己的权利。”① 由此可见，保障公民的政治参与权不仅是依宪治国的目标，同时也是达致这一目标的重要前提。

最后，通过开展宪法与法律教育，普及宪法精神与宪治理念，提升公民的法治修养。这其实是一个公民理性参与宪治的问题。中国现代政治学家萧公权先生认为，仅仅有人民的政治参与还是不够的，民众参政只是增加宪治的“量”而未必改善其“质”，人民如果没有理智的修养，言论自由也不能发挥应有的作用，因此必须把培养民众的理智视作宪治的第一要务。他认为，“人民的政治智慧，大半只能于实际政治生活中求之”，“冀政府能于法令与教育之中，双管齐下，兼程并进，而尤冀负教育之责者勿斤斤于枝节问题，而能对国家百年大计，努力有所贡献，庶人民于宪政实施之先知所准备，宪政开始之后知所从事，或可从此一洗民元以来具文宪法口惠而实不至之羞乎？”②

① 张千帆：《中国宪政的路径与局限》，载《法学》2011 年第 1 期。

② 萧公权：《宪政与民主》，清华大学出版社 2006 年版，第 22—23 页。

（二）以公共财政监管国家权力

公共财政属于政府经济学的范畴，是伴随市场经济的发展而逐步形成并与之相适应的一种政府收支制度。当代意义上的公共财政是政府服务于市场，服务于社会的财政，即“取之于民，用之于民”的财政，同时也是政府提供公共服务与公共物品的财政。[①] 公共财政的基本特征表现为三个方面：其一，以满足全体社会成员的公共需要为根本目的。其二，以提供公共服务与公共物品为主要活动范畴与手段。其三，公共财政运行上的公开化、制度化与规范化。总的来说，公共财政的核心就在于“公共”二字，所以公共财政不等于国家财政，因为后者有可能会蜕变为官员的个人财政，例如公车私用、公款“出国考察”以及政绩工程、形象工程等无不是其例证。同时，公共财政亦有民主财政之义，即公共财政要清晰划定国家财政权力与公民财政权利之间的界限，以防国家财政权力对私人产权的侵害。在此基础上，发挥公共财政的监督职能，也可以对国家的行政行为及其权力的运用产生强大的约束作用。就此意义上说，国家财政到公共财政的演绎逻辑也正是国家权力到公共权力的演绎逻辑，由此，公共财政也成为现代宪政国家的前提与基础。正如布伦南和布坎南指出的那样，“对统治者的控制，一直是通过对征税权的约束来实现的。英国议会通过限制君主的税收而处于支配地位，这是我们的政治遗产的一部分”[②]。

从公共收入来看，公共财政以税收作为主要的和基本的收入手段，国家需要从社会中汲取经济资源；从公共支出来看，公共财政要生产和提供更多更有效的公共物品回馈“纳税人”与社会。由此可见，纳税人的概念在公共财政理论中的地位非常关键。在某种程度上说，建构现代公共财政制度，就是要培养具有纳税人意识的现代公民。应当指出，“纳税人”不仅仅是一个指称公民义务的概念，同时也是一个与公民权利密切相关的范畴。然而，在当前的中国，纳税人仍然更多停留在“税款缴纳人”这样一个义务履行的层面，纳税人究竟享有哪些权利以及如何享有这些权利的问题并没有得到足够重视，毋宁说，在当前的中国，真正意义上的“纳税人”并没有根本形成。在现代公共财政制度框架下，应当明确纳税人以下四个方面的基本权利：[③] 其一，同意纳税权。即“非同意毋纳税”的权力。

---

① 参阅庞绍堂《公共服务型政府的财政基础》，本文系南京市政府委托课题《地方公共服务型政府建设研究》未发表成果。

② 〔澳〕杰佛瑞·布伦南、〔美〕詹姆斯·M. 布坎南：《宪政经济学》，冯克利等译，中国社会科学出版社 2004 年版，第 10 页。

③ 参阅张馨《析“纳税人”权利》，载《中国经济问题》2003 年第 1 期。

尽管税收的征缴依赖的是国家的强制性权力，但这并不意味着国家可以不经公民同意任意征税。税收的基本原则可以描述为“取之于民、用之于民、取之有度、用之有道”，其中，无论是“度”还是“道”显然都不能也不应当由政府单方面决定。毫无疑问，一切都应当充分听取公众的意见，一切都要以公众认可的法律为依据。因此就此意义上说，同意纳税权也是税收及其征缴合法性的体现。一旦税收失却民众的赞同与认可，其合法性的丧失就会成为一种必然。其二，选举代表权。这一权利和上述“非同意毋纳税”的权利是相辅相成的，因为没有公民对立法的参与，任何法律与政策都无法保证其公平正义性。在代议制民主下，公民需要通过选举其代表参与国家事务。因此，公民能够选出他们希望选出的代表，并且保证这些代表在立法过程中真正致力于“被代表者”的权益，这一点至关重要。也正是在这一前提下，公民的同意纳税权才真正具有现实意义。否则，税收则完全有可能异化成“代表者”剥夺“被代表者”合法权益的工具。其三，政府服务权。按照社会契约论的观点，人们相互之间建立契约形成政府，放弃自己的小部分权利以此获取更大程度权益保护。很显然，作为部分财产资源的让渡，公民向国家缴纳税收是基于以下事实：政府应当且必须提供相应的公共物品与公共服务作为回报，这些物品与服务的供给相比公民个体供给更具有规模效应（有效）。否则，公民自然会质疑政府的存在的合理性甚至是合法性。因此，政府应当提供何种服务，在何种情况下以及以何种方式提供服务，都必须由纳税人自己决定而不是完全由政府代劳，因为前者而不是后者才是国家权力的真正主体。其四，税款节俭权。即便公民同意了政府的税收并且政府也做到了为民服务，仍有一个问题需要强调，即纳税人的钱应当得到最高的收益而不应有丝毫的挥霍与浪费，“在市场社会中，‘浪费纳税人的钱’是政府及其官员的最大罪过，也是政府及其官员最不光彩的事情”①。作为服务的提供者，政府必须谨记其财政收入来源于公民，应当遵循成本收益原则，更加有效地运作公共财政，不浪费纳税人的每一分钱；作为纳税人，公民则应当强化对政府财政收支的制度化监督，以使自己的每一分钱都用于社会公共利益的实现。

就中国实践来看，公民纳税人意识的培养不仅必要而且重要。有不少人至今还认为公共财政是国家和税务部门的事情，与自己无关，甚至有的人到现在还不知道其实自己就是一个纳税人（购买商品时发生的商品增值税常常被有些人所忽略就是例证）。从某种意义上说，纳税人是公民主体

① 张馨：《析“纳税人”权利》，载《中国经济问题》2003年第1期。

地位或者人民主权地位的根本体现，因此，只有每一个公民都真实地把自己视为一个纳税人，理直气壮地接受政府的公共服务，理直气壮地对政府的服务提出批评或者建议，理直气壮地看护好公共财政的每一分钱，才能真正发挥公共财政对于国家权力的制度化规约作用。此外，现代公共财政制度的核心是建立政府预算制度，基本要求是财政行为的透明化，即普通百姓可以了解详细的政府预算资料，而不会因其属于“国家机密”而被拒绝告知。最后，还要加大对违反公共财政行为官员的惩处力度，提高其贪腐成本，以保证公共财政在国家权力监督方面应有的威慑力。

（三）以责任伦理规范国家权力

根据马克斯·韦伯的观点，责任伦理并不是一种基于价值理性（目的）的伦理态度，同时它也不完全建构在形式理性（手段）之上，“履行责任伦理最重要的就是要顾及后果或至少可预知的后果”①。因为责任伦理要求行动者必须对自己的行为负责，所以行动者除了确保其行为目的的正当性、精确计算手段的有效性之外，也要权衡具体的行为及其所采取的手段可能产生哪些后果。在此意义上，责任伦理可被视为韦伯试图调和价值理性与形式理性之间的一项努力。② 国家构建的过程其实也是一个形式理性与价值理性、国家权力与公民权利、专断性国家权力与基础性国家权力之间不断调和的过程，在这样一个过程中责任伦理扮演同样重要的角色。“有权必有责，权责须对等”，这一原则既是政府及其行政人员责任行政的必然要求，同时也是提升国家治理能力的应有之义。正如乔治·弗雷德里克森（H. George Fredrickson）指出的那样，“政府行政实践的核心问题是责任问题”③。专断性国家权力的政治伦理带有更多的价值理性色彩：国家对强制性权力的垄断是为了更好地服务公共利益。然而，正如上文所言，国家并非一个抽象概念，而是由具体的机构与人员组成的现实存在。进一步，权力都有自我膨胀的欲望，任何掌握权力的人都有滥用权力的倾向，把国家想象成“公共利益理所当然的代言人”，无法准确预知国家行为可能带来的后果，因此就难以采取有效的手段来控制这一后果。

责任伦理通过对国家行为及其后果的关注，在某种程度上实现了价值理性与工具理性之间的和解，从而使国家行为及其后果有了更多的可预期

---

① 何怀宏：《政治家的责任伦理》，载《伦理学研究》2005 年第 1 期。

② 王千文：《官僚体制中“服从”与“自主”矛盾现象之探讨——韦伯观点的诠释》，载《中国行政》（台湾）2008 年第 80 期。

③ 〔美〕乔治·弗雷德里克森：《公共行政的精神》，张成福等译，中国人民大学出版社 2003 年版，第 151 页。

性和可控制性。那么，责任伦理是如何引致一种更加负责任的公共行政行为的呢？尽管韦伯提出了责任伦理的概念，但他没有就其具体内涵及其实现过程作进一步的探讨。在这方面，美国行政伦理学学者特里·L. 库珀（Terry L. Cooper）的有关论点很有启示意义。库珀认为，责任（responsibilty）是建构行政理论学的关键概念，是“在多元化、技术性的现代社会中重建义务的方法”①。库珀指出，“责任”一词比“义务”一词的概念要更加宽泛。责任概念包含两个主要方面，即主观责任与客观责任。主观责任是指行为人员内在的态度、情感与价值观念，它根植于行为者自己对忠诚、良知与认同的信仰；客观责任则与诸如法律、规范等外部强加的事物有关，它主要体现为职责和应尽的义务两个方面，前者强调对人（上下级、同事等）负责，后者强调对事（任务与目标）负责。在公共行政过程中，行政人员通常要面临由权力、角色与利益等引发的各种责任冲突，由此变得困苦不堪。库珀建议，为了更好地协调行政人员主观责任与客观责任之间的冲突，走出行政伦理的困境，必须在外部控制与内部控制两个层面强化责任控制机制。外部控制强调通过立法、规则与制度等的制定与实施以及组织机构改革等来控制公共行政行为，其理论预设是：个人判断力与职业素质无法保证道德行为的生成；内部控制则主张通过强化行政人员内在的职业价值观和职业水平来保持负责任的行为，其理论预设是：个体在缺乏规则和监督机制的情况下，同样具有从事符合道德规范行为的动机。毋庸置疑，无论是外部控制还是内部控制都不是一种至善至美的责任控制机制。20 世纪 30 年代，西方公共行政学学者曾经围绕这一议题进行过激烈的争论，这就是著名的“弗雷德里克与芬纳之争”②。库珀认为，两种控制手段存在冲突但并非不可调和，促成两种手段之间的互补与和解、保持两者之间的均衡不仅重要而且必要。因此，一方面，需要施加充分的外部控制以防止个人沉溺于自私自利，另一方面，也要实施充分的内部控

① 〔美〕特里·L. 库珀：《行政伦理学：实现行政责任的途径》，张秀琴译，中国人民大学出版社 2001 年版，序言第 11 页。

② 1935 年卡尔·弗雷德里克（Carl Friedrich）在《美国公共服务中的问题》一书中指出，负责任的行为需要有外部控制机制，但也离不开内部控制。他指出，现代社会公共行政事务日趋复杂，行政人员经常会被卷入政策制定中去，政治上的职责无法保证负责任的公共行政。赫尔曼·芬纳（Herman Finer）则提出了针锋相对的观点，他认为尽管道德规范、内心自律等为更加灵活创新并富有成效的行政管理提供了保障，但还没有任何东西比基本的政治制度和政治责任更为重要，只有依靠外部控制才能保证公共利益，依赖行政人员的良知或德性往往会导致腐败与权力滥用；参阅〔美〕特里·L. 库珀《行政伦理学：实现行政责任的途径》，张秀琴译，中国人民大学出版社 2001 年版，第 126—129、141—144 页。

制以鼓励自主意识、利他主义与创新精神。[1] 他认为，构建一种公共行政内部控制与外部控制的综合体，在法律、规则、制度和官僚机构中融入更多的道德和价值观，是实现责任伦理的有效途径。试图在孤立无援的情境下得以实现符合责任伦理的行为是不可能的，要获得负责任的行政行为，就必须设计一种方法，把个人道德、组织制度、组织文化以及社会期待四个层面结合起来，进而在此基础上创设一个环境，来实现四种要素之间的相互促进与共同发展。[2]

库珀关于责任伦理的观点对于中国的政治文明与国家建设具有重要启示，尤其是其关于责任实现的两种控制方式，以及负责任行为生成机制的设计等观点很具有借鉴意义。在今天的中国，还普遍存在这样一种认识，即认为政治伦理或者行政伦理的实现充其量是一个道德教育与道德养成问题，而这些往往被称为“软约束”，而每每论及这一话题，人们的语气多少有些悲观：“道德的软绳如何驯服权力的烈马?”但根据库珀的观点，责任伦理的实现不仅是一种个体的道德自我约束（内部控制），同时也是一种具有极大威慑力的制度安排（外部控制）。当然，责任伦理上升到制度安排的高度是与其完备的伦理法制密切相关的。所以，就此意义上说，加快我国相关政府伦理法律法规的出台已经成为一个迫在眉睫的任务。此外，库珀把道德、价值观嵌入法律、规则以及官僚机构中的分析方法，也有助于深化我们对“德治”“法治”及其契合问题的认知。

（四）以社会权力制衡国家权力

社会权力是社会主体凭借其拥有的社会资源和独立的经济、社会地位而形成的对国家和社会的影响力、支配力。[3] 以社会权力来制约国家权力是一种权力制约的新路径。我们上文分析的几种权力制约方式基本上是按照两种传统路径进行的，其一是以权力来制约权力，其二是以权利来制约权力。前者起源于洛克与孟德斯鸠的“权力分立”思想，后者更多继承了卢梭等人的人民主权和民主的观点。尽管有所不同，但事实上两种制权的思路都没有超越“以国家权力来制约国家权力”的范畴，因为公民权利对国家权力的制约最终还要诉诸国家权力。尽管以国家权力来制约国家权力

---

① 参阅〔美〕特里·L. 库珀《行政伦理学：实现行政责任的途径》，张秀琴译，中国人民大学出版社 2001 年版，第 150 页。

② 参阅刘召《库珀行政伦理理论初探》，载《道德与文明》2010 年第 1 期；〔美〕特里·L. 库珀：《行政伦理学：实现行政责任的途径》，张秀琴译，中国人民大学出版社 2001 年版，第 169、179 页。

③ 郭道晖：《社会权力与公民社会》，凤凰出版传媒集团、译林出版社 2009 年版，第 47 页。

在很多时候是必要的有效的，但它却存在一个明显的缺陷，那就是，这一权力制约方式是在密闭的国家机器内部寻求权力制约的力量，因此制权的主动性更多掌握在权力运行者（其本身也是权力制约的对象）的手中，普通民众要么被排斥在这一机制之外，不能对国家权力进行制约，要么停留于象征性的参与，不能对国家权力进行实质性的制约。相比传统的制权方式，以社会权力制约国家权力具有以下几个方面的独特优势：其一，强调从国家机器外部启动对国家权力制约的社会力量，确保了制权主体的广泛性与多样性。其二，强调社会力量的制权主体地位，彰显了自由、平等、公正、开放等民主价值理念，推动了现代民主政治制度的可持续发展。其三，强调自下而上与汇聚式的权力制约，可以弥补传统制权运行路径（自上而下式与平行式路径）之不足，增强制约的实效性。

社会权力对国家权力的制约主要通过以下三种方式进行：一是分权，即将本应属于社会主体的权力，从国家权力中分立出来，划为社会自主与自治权力。由此改变市民社会的被支配地位，同时避免国家权力的过度集中。二是“参权”，即通过公民和社会组织汇聚不同社会群体的利益要求，建言献策以及为国家治理提供社情与民情依据等，直接参与公共政策的制定与执行。三是“监权”，即通过舆论媒体、利益集团游说，对政府机构施加压力，通过公民对选举权、集体诉讼权、检举权等权利的行使，形成社会权力，以监督国家权力。①

当然，上述三种制约方式之间并非截然对立，而是存在一种相互交织同时又相互促进的关系。尽管如此，在中国的政治改革实践中，三种方式发展的程度与水平并不同步。国家向社会分权尽管提的较早，但实际上分权的结果并不理想，尤其是政社分立，许多事业组织虽然从政府部门分出去了，但在编制、人事等方面还是“藕断丝连”。社会组织尽管有了一定的活动空间，但从政府那里承接的公共管理权力与职能还相当有限，更多是扮演补缺补差的角色。由于国家与社会之间的分权不明确，加之市民社会自身发展孱弱，导致公民的参政议政权利也无法实至名归，社会权力的“参权”无论是在数量上还是质量上都不尽如人意，参政无门、形式化参政等现象仍广泛存在。相对而言，社会权力的“监权”职能发展较为迅速，舆论媒体尤其是网络媒介对国家权力的监督作用日益凸显。从“正龙拍虎”到“天价香烟”，从“表哥杨达才”到“雷政富事件”，越来越多的政府或者政府部门的渎职与腐败事件被网络曝光。随着微博、微信等新

① 郭道晖：《社会权力与公民社会》，凤凰出版传媒集团、译林出版社2009年版，第69页。

型信息分享与传播平台的流行，新型信息媒介在社会监督与人民监督领域发挥的作用也愈加重要。当然，网络媒体的存在意义显然不仅仅是传递和交流信息，对于政治文明而言，尤为重要的是网络促进了民主理念在基层的扎根生长，培养了积极公民进而催生了市民社会（从虚拟社区到现实社会），由此进一步提升了社会自主，扩充了社会权力，很大程度上改变了国家与社会之间的不均衡状态。事实上，伴随现代媒体对公共事件的介入越来越广泛、深入和频繁，由互联网引发的“草根民主”逐渐演变成当前中国政府体制改革的一种倒逼机制。在强大且无所不在的网络媒体监督下，政府及其官员在其履行公务乃至处理私人事务时，学会了谨小慎微而不是飞扬跋扈，学会了遵规守矩而不是恣意妄为，学会了主动回应而不是搪塞遮掩。一句话，政府感到了前所未有的压力，这种压力迫使其在行使公共权力时变得理性且慎重。当然，仅有社会的“监权”是不够的，毕竟，“监权”对社会权力的提升还是有限的，因此，必须在更大范围内推进国家与社会的“分权”，同时带动市民社会的积极“参权”。前者需要合理界定国家与政府职能，进一步推动政企分开与政社分开，后者则需公共参与渠道的不断拓展与延伸。

此外，社会权力制约国家权力需要一定的社会政治基础，即要存在积极公民（负责任的公民）和发育良好的市民社会组织，或曰一个健全的市民社会。从本质上说，构建现代市民社会、增强社会发展活力也是完善基础性国家权力的重要内容，该部分内容我们将在以下章节单独讨论。

三　全面提升国家治理能力

基础性国家权力更多是通过国家能力或者国家的制度能力体现出来的。曼把国家权力分为专断性国家权力和基础性国家权力两种形态，其实是对国家权力概念的广义运用，他所说的基础性权力在其他学者那里更多被表述为国家能力（如亨廷顿、福山等），而专断性国家权力就是狭义上的“国家权力”。我们这里借鉴曼的观点，同时结合中国国家治理的实际，把基础性国家权力（国家能力）集中于政府的公共物品供给能力层面进行探讨。

（一）国家能力的基本定义

给国家能力下一个定义是相当困难的。有学者总结，仅仅是国外学者给国家（政府）能力下的定义就不下 20 种。[①] 在国家能力的概念无法达成

① 黄宝玖：《国家能力：含义、特征与结构分析》，载《政治学研究》2004 年第 4 期；施雪华：《论政府能力及其特性》，载《政治学研究》1996 年第 1 期。

一致的情况下，类型列举成为一种更为常用的方法。例如，米格代尔认为，国家能力包括国家渗透社会的能力，调节社会关系的能力，提取资源以及以特定方式配置或运用资源的能力。[①] 王绍光和胡鞍钢认为国家能力应当包含四个方面：其一，汲取能力（extractive capacity），即国家动员社会经济资源的能力；其二，调控能力（steering capacity），是指国家指导社会经济发展的能力；其三，合法化能力（legitimation capacity），是指国家运用政治符号在民众中制造共识，进而巩固其经济地位的能力；其四，强制能力（coercive capacity），是指国家运用暴力手段、机构、威胁等方式维护其统治地位的能力。[②] 时和兴则认为，国家能力可分为以下几个方面：其一，社会抽取能力；其二，社会规范能力；其三，社会控制能力；其四，社会适应能力。[③]

虽然大多数学者意识到国家能力与国家权力并不是同一个概念，但不少学者实际上并没有对这两个概念作进一步的区分，有时甚至出现了两者混用的局面。例如有一种观点就认为，"权力是一种影响他人的能力，国家能力是国家依据其拥有的公共权力实现国家目标的能力"[④]。在上述定义中，国家权力与国家能力之间被描述为一种正向相关关系，即国家能力的增强必然带来国家能力的提升。王绍光等人把国家的强制力也划归到国家能力的范畴，同样也有把国家权力理解为国家能力的倾向。此外，还有学者把国家职能等同于国家能力，认为国家能力就是国家在履行其相关职能时体现出来的能力或力量，例如施雪华基本上把国家能力视同于国家职能，认为政府（国家）能力包括政治统治、社会管理以及推动经济发展三个方面；[⑤] 孙明军认为，国家能力是国家为实现其职能所确定的目标与任务，国家所具有的保证其政策有效性，维护自身稳定与发展以及高效治理社会的能量与力量的总和；[⑥] 汪永成也认为，国家能力是国家实现自我职

---

① 〔美〕乔尔·S. 米格代尔：《强社会与弱国家——第三世界的国家社会关系及国家能力》，张长东等译，江苏人民出版社 2009 年版，第 5 页。

② 王绍光、胡鞍钢：《中国政府汲取能力的下降及其结果》，载张静主编《国家与社会》，浙江人民出版社 1998 年版，第 1—2 页。

③ 时和兴：《关系、限度、制度：政治发展过程中的国家与社会》，北京大学出版社 1996 年版，第 161—168 页。

④ 黄宝玖：《国家能力：含义、特征与结构分析》，载《政治学研究》2004 年第 4 期。

⑤ 施雪华：《论政府权力的获得及其对政府能力的影响》，载《杭州大学学报》1996 年第 3 期。

⑥ 孙明军：《政治发展中的国家能力及其限度》，载《社会科学战线》1999 年第 3 期。

能时所具有的能量与资源。[①] 我们认为，这样的界定同样没有厘清国家权力与国家能力之间的关系。

在这里，我们无意参加国家能力概念与范畴的争论，同时也不打算给出一个所谓的综合性定义，但这并不意味着我们没有自己的观点。本研究认为，国家权力与国家能力是两个不同的概念，必须予以严格区分。从某种意义上说，国家权力更接近于曼所说的专断性国家权力，而国家能力则更类似于基础性国家权力。因此，对于上述有学者把国家的"强制能力"也视为国家能力的归类方式，我们不敢苟同。美国学者弗朗西斯·福山曾明确指出，国家职能范围与国家能力是两个完全不同的概念，前者是指政府所承担的各种职能和追求的目标，后者则是指国家制定并实施政策和执法的能力，尤其是廉洁的、透明的执法能力，现在通常被理解为国家能力或制度能力。我们认为，福山对于国家能力的这一界定与本研究所阐述的国家自主性制度安排的观点基本是契合的。国家自主性的制度安排意味着国家不仅能够提出符合社会整体要求的战略目标，同时也意味着这一目标的最终实现，因此，公共政策决策与执行、政府的执法问题无疑处于更加重要的位置。从国家自主性制度安排的第一个层面，即对专断性国家权力进行规约的意义来说同样如此，因为无论是政府职能的界定还是政府权力的制约，其最终目的都是国家行动目标的有效实现。

另外，就中国国家治理的实际来看，这样一种国家能力（基础性国家权力）也正是当前中国迫切需要的。中国政治社会生活领域存在的众多问题，绝大多数都可以归结到政府的公共政策制定与执行层面上来。这样说并不是夸张，本研究所探讨的宜黄自焚事件与番禺邻避式冲突事件两个典型案例，从某种程度上可以视为中国公共政策实践的一个缩影。从"土地财政"的难解症结到房地产调控政策的屡屡失灵，从政府官员"俘获"到"权贵资本主义"的抬头与蔓延，从 GDP 导向的"晋升锦标赛"到民生公共物品的短缺，从普通民众的"蜗居"到工薪阶层成为"房奴"，从看病贵、看病难到弱势人群的"贫病循环"……诸多现实都在表明，国家能力尤其是政府的公共物品的供给能力与广大民众的期待之间还存在很大的差距。

（二）公共物品供给：国家治理能力的逻辑起点

公共物品是公共经济学的主要研究对象之一，是用以说明政府存在合

---

① 汪永成：《经济全球化过程中政府能力的供求变化及平衡战略》，载《武汉大学学报》（社会科学版）2002 年第 2 期。

理性与合法性的重要理论。公共物品是相对于私人物品而言的，萨缪尔森在其著名的《公共支出的纯理论》一文中指出，所谓纯粹的公共物品就是这样一种物品和服务，每个人消费这种物品或服务不会导致其他人对这一物品或者服务消费的减少。根据此定义，经济学家们概括了公共物品的三个基本特性：①效用的不可分割性；②消费的非竞争性；③受益的非排他性。同时满足上述三个特征的物品，即可称为纯公共物品。最典型的纯公共物品是国防。只要一个国家建立了防务体系，就几乎不能把任何居住在国境内的公民排除在外。此外，即便是多增加一个公民也不会增加该国的国防费用或者减少他人享受国防的数量与质量。应当看到，公共物品是一个动态、历史的概念，公共物品与私人物品之间从来就没有泾渭分明的界限，“纯粹私人物品和纯粹公共物品只是一个闭区间的两个极点，居于其中的都是兼具二者特性的各种混合物品，共同组成一个连续的物品序列的链条，随着经济技术条件的改善，链条上的物品位置会发生移动，从而也随之改变着私人部门和公共部门的资源占有比例和配置方式”[①]。在现实生活中，纯粹的公共物品是非常稀少的。所以政府提供的“公共物品”更多还是仅具有公共物品部分特征的物品，即所谓的混合公共物品或准公共物品。大力发展准公共物品尤其是靠近纯公共物品极点的准公共物品，有利于保障民生、促进社会公平正义。

从最终形态上来看，无论是政府决策能力、执行能力，还是其干净、透明的执法能力，这些能力最终都要通过政府提供公共服务与公共物品的能力表现出来。这其实也正是曼所说的基础性国家权力的应有之义，即国家是通过有效提供基本公共服务才得以将其政策渗透于社会领域的。由此，国家能力的提升问题在某种程度上就可以视为政府公共物品与公共服务供给能力的提升问题。从这一意义上说，公共物品供给可以被解释为国家能力的逻辑起点。首先，提供公共物品与公共服务是政府的基本职能也是其首要职能。在古典自由主义者那里，政府的职能是充当“守夜人”，但即便是亚当·斯密也没有完全否定政府在公共物品供给方面的职能。根据斯密的观点，“底线政府”仍需履行以下三个方面职能：①保护本国国民不受他国的侵犯；②保护社会上的每个人，使其不受其他任何人的侵犯；③为了多数人的利益，向全社会提供某些公共基础设施。[②] 从斯密对

① 钱正荣：《“公共”探源及公共物品研究》，载《重庆社会科学》2003 年第 1 期。

② 〔英〕亚当·斯密：《国民财富的性质和原因的研究》（下卷），郭大力、王亚南译，商务印书馆 1974 年版，第 284 页。

政府职能的限定来看，尽管政府的职能被收缩到最小化，但提供诸如国防、安全以及其公共设施等公共物品仍是政府不可推脱的责任。从某种意义上说，政府供给公共物品（政府支出）也是对其征税行为（政府收入）的必然回应，反过来，公民依法照章纳税也是对政府提供公共物品的价值补偿，税收“取之于民，用之于民”的道理也正在于此。其次，有效供给公共物品是国家证明其有效性与合法性的重要前提。衡量一个政府是否有效的一个重要标准，就是要看其能否实现社会公共利益的最大化，而公共利益最大化最终要看公共需求的满足情况，因此，通过公共物品的有效供给来满足公共需求是证明政府有效性的一个基本路径。政府的有效性同时也是其合法性的重要来源。所谓合法性是指社会秩序和权威被自觉认可与服从的程度。合法性对于一个政体的维系至关重要，缺乏合法性的政府即使不会最终崩溃也会动荡不安。一般认为，政府信任是衡量政府合法性的一个重要指标。政府信任反映了公众对政府治理能力与信用义务水平的期望程度以及政府对此期望的回应程度。从某种意义上说，政府回应与公众期望之间的差值越小，说明政府的信任度越高，反之则说明政府的信任度越低。[①] 从这一意义上说，提供公共物品也是政府赢取公民信任进而获得合法性的重要途径。最后，有效的政府自身也是一种公共物品。有效的政府提供有效的法律制度，而法律制度本身就是一种公共物品。正如斯蒂格里兹指出的那样，“最重要的一种公共品是政府管理。我们都能从一个好的、有效率的、反应灵敏的政府那里得到好处。……如果政府能够变得更为有效率，而且在不降低服务水平前提下能减少税收，那么我们可以取得更多的益处”[②]。

尽管提供公共物品是政府义不容辞的职责，但并不意味着所有的公共物品都要由政府生产与供给。一方面，纯公共物品必须由政府来生产与供给。所谓政府生产即政府出资由政府企业或者其他公共组织生产；所谓政府供给，即非市场化免费供给，因为纯公共物品若以市场化付费的方式供给，“实质上是政府对社会实施的二次税收”[③]。这会让公众对政府信用产生怀疑：原先的税收用在了何处？另一方面，部分准公共物品可以由政府间接生产，同时采取市场化的供给模式。所谓政府间接生产，主要是两种出资方式：其一，政府动员、集中和凝结社会资金与政府资金联合生产，

---

① 刘召：《论政府信任》，载《云南社会科学》2011 年第 6 期。

② 〔美〕约瑟夫·斯蒂格里兹：《政府经济学》，曾强等译，春秋出版社 1988 年版，第 135 页。

③ 庞绍堂：《公共物品论：概念的解析延拓》，载《公共管理高层论坛》2008 年第 5 辑。

即共同出资；其二，政府不出资，而是通过合同外包、授权经营等方式委托民间资本生产公共物品。市场化供给是一种有偿供给方式，即公共物品按照市场交换的法则由私人部门供给。其基本原则有二：一是受益原则，即“谁受益、谁付费”。二是能力原则，即“谁有支付能力，谁就应当付款”[①]。没有能力者不付费，但其享有公共物品的权力依然存在且不可剥夺。虽然某些准公共物品可以由市场提供和生产，但政府的责任仍然不能推脱，因为“政府移交的是服务项目的提供，而不是服务责任的移交”[②]。在此过程中，政府需要做到：第一，创设制度环境。其中最重要的就是保护私有产权；第二，提供政策优惠。由于公共物品具有生产成本高、公益性强等特点，为鼓励私人部门的投资热情，政府有必要对提供公共物品的私人组织给予一定的补贴和优惠政策；第三，加强监督。市场在提供公共物品时会存在某些内在缺陷，比如市场本身无法消除负外部效应，市场主体的逐利本性容易消解公共物品的公益性。对此，政府有责任对私人部门进行必要的规制。

（三）公共服务型政府：提升国家治理能力的制度依托

尽管向其社会成员提供公共物品是政府一项不可推脱的基本职责，但这并不意味着政府在提供公共物品时一定会尽心尽责。若要保证公共物品的持续有效供给，需要通过相关制度机制安排对政府的这一职能加以规约。在当前中国，提升政府公共物品与公共服务供给能力的一个根本举措就是构建公共服务型政府。公共服务型政府是我国地方政府改革的主要方向与目标，其基本价值理念就是公民为本和社会为本，其职能与政策模式是对传统管制型政府、经济建设型政府职能与政策模式的继承与超越。作为政府治理的制度创新，公共服务型政府在文化、体制、政策与过程等诸多方面都表现出与其他治理体制（如管制型政府）截然不同的特征，具体来说主要是以下四点。①文化上的民主性。公共服务型政府倡导民本、法治、责任以及公平理念，强调政府行政伦理建设，突出公民权利意识与现代公民精神，追求民生目标与民主价值。②体制上的高效性。公共服务型政府通过合理划分中央政府与地方政府职权关系，充分发挥了地方政府的积极性与创造性；通过厘清政府与市场、政府与社会的活动边界，确立了政府公共服务与社会管理的职能主题；通过组织架构的再造，管理技术的

---

① 庞绍堂：《公共物品论：概念的解析延拓》，载《公共管理高层论坛》2008 年第 5 辑。

② 〔美〕戴维·奥斯本、特德·盖布勒：《改革政府：企业家精神如何改革着公共部门》，周敦仁译，上海译文出版社 2006 年版，第 20 页。

提升以及运行机制的重构，降低了行政成本、提高了政府绩效；通过构建法制保障，科学界定政府职能，有效制约了政府权力。③政策上的公共性。在政策主题上，公共服务型政府通过秉承科学发展的理念，坚持以经济政策为中心的同时，更加突出社会政策主题，体现了更多人文关怀与民生思考。在政策制定上，公共服务型政府坚持公民本位导向，倡导公民、社会及其他组织的全过程参与，努力实现公共政策制定的科学化与民主化。在政策结果评估上，公共服务型政府更加强调公民意见的采纳。在传统管制型政府体制下，政府即使不是唯一的也是一个最为核心的评估主体，政府提供了哪些服务，服务的绩效如何，基本上都是由政府自己说了算，公众与社会的意见没有得到应有重视。因此，尽管在传统政府治理体制下也存在对政府政策的绩效考核，但许多考核结果却因为公民参与缺位导致公信力下降。与此相反，由于强调公民本位与社会本位，公共服务型政府在政府政策评估时更加关注公民与社会的意见，普通民众、媒体、专家与第三部门等均被视为公共政策评估的重要主体，由此彻底扭转了政府政策绩效考核“自说自话”的局面。④过程上的互动性。管制型政府的服务流程本质上是一种基于“主体—客体”思维的单向驱动过程。在管制型政府体制下，政府意愿是公共服务的起点，同时决定公共服务的走向；政府被视为公共服务供给的当然“主体”，并因此居主动与支配地位。公民则被视为是公共服务供给的“客体”而处于被支配与被动地位，是否需要服务、需要什么样的服务以及如何提供服务，均由政府来决定。公民与社会组织的意愿即使不是完全没有得到体现，也处于无关紧要的位置。与此相反，公共服务型政府的服务流程则表现出一种主体间性的互动关系。在公共政策制定与执行、公共服务的生产与供给的过程中，公共需求与公众意愿成为影响公共服务流程走向的决定性因素；公民被视为公共服务供给的价值主体和重要的参与主体，公民有权利决定政府在什么时间、以什么样的方式、提供什么样的服务。此外，随着市民社会的兴起，第三部门、基层组织、社区组织、专业协会乃至私人组织等都可能成为公共管理的主体，它们在参与公共事务的过程中，相互作用影响同时又相互制衡，共同形塑了公共服务多元主体间的互动合作关系。①

① 参阅刘召《服务型政府：体系、过程与政策》，载《当代世界与社会主义》2010 年第 6 期。

四 不断扩展人民民主

在中国政治逻辑中，人民民主既是国家治理的基本形式，也是国家治理的重要目标，其基本要义就是人民当家做主。党的十八届三中全会强调，发展社会主义民主政治，必须以保证人民当家做主为根本。人民民主是国家治理的力量之源。伴随中国改革开放的不断推进，人民的主体性、积极性、创造性和自主性得到极大释放，人民的聪明才智和奉献精神得到极大激发，人民群众广泛参与国家政治生活并建言献策，为推进公共决策的科学化和国家治理的现代化提供了强大动力。在现代国家构建过程中，人民民主的不断扩展，也为国家治理赢得民心、增强权威合法性提供了重要保障。“民主虽然不是解决人类所有问题的万能药，但是它提供了最强有力的合法性原则——‘人民的同意’——作为政治秩序的基础。”① 此外，人民通过参政议政、民主监督，也可以防止国家专断性权力的过度扩张，避免国家因其自身行为的非理性走向衰败甚至消亡。正如毛泽东指出的那样，“只有让人民来监督政府，政府才不敢松懈。只有人人起来负责，才不会人亡政息”②。

就国家自主性的制度构建而言，人民民主也是释解国家与社会之间内在张力，调和专断性国家权力与基础性国家权力之间矛盾冲突的一个重要的衔接点。一方面，人民通过制度化渠道参与公共事务，监督公共权力机构的职能履行，对专断性国家权力形成了一种外在压力，有助于促使国家行为保持在应有的限度之内。另一方面，国家通过不断扩展公共参与的通道，向市场、社会和公民分权，以合作共治应对风险，有效克服了政府的有限理性，提升了国家的制度执行能力与执行效果。当前，扩展人民民主还须做好以下几个方面工作：

（一）拓展民主参与的渠道

人民群众的公共需求是国家治理的逻辑起点，公共需求能否通过制度化的渠道得以表达并得到政府的及时回应是衡量国家治理现代化水平的一个重要标尺。因此，必须构建人民民主参与的制度平台，不断拓展民主参与的制度化渠道。从渠道建构方向和发起主体来看，制度化渠道既可以是自上而下的，比如政务公开、开门迎评，政策听证、民意测验等，也可以

---

① 〔英〕戴维·赫尔德：《民主的模式》，燕继荣等译，中央编译出版社 2008 年版，序言第 3 页。

② 黄炎培：《八十年来》，文史资料出版社 1982 年版，第 157 页。

是自下而上的，比如基层自治、公民建言与申诉、网络参与、媒体参与、信访制度、人大制度等，还可能是双向互动的，比如政社互动、民主协商等。就当前中国公共参与的现状而言，应当特别注意避免两种可能趋向：其一，要防止自上而下的渠道走向形式主义。参与渠道的形式化将很可能导致公共参与的流程虚设与制度空转，耗费了大量人力物力却很难取得实质绩效，这不仅会打击人民群众的参与热情，也会损害公共机构的决策公信力。譬如，在当前中国行政决策听证尤其是价格听证方面就存在这样的问题，许多价格听证会变成了“听涨会”，人民群众的需求与呼声未能得到真实体现，决策参与流于形式。“每当有‘听证’这类的字眼出现在报端，多半就意味着马上水电煤气公交要涨价了，至于到底有谁参与‘听’了，最后又‘证’出了什么名堂，则没有人了解，也没有人让老百姓去了解，这就给人一种感觉或错觉：听证会是在走过场。”[①] 公共参与走向形式主义与参与渠道自身制度不够完善有直接关系，为此，需要在流程规范、主体制约、信息披露以及权力救济与保障等层面强化制度机制建设，确保民众通过自上而下渠道有效参与公共事务。其二，要防止自下而上的渠道走向非制度化和非理性化。自下而上的渠道更多体现了人民群众的自主性与自发性，可以直接快速真实地反映民众诉求，有利于弥补自上而下参与渠道的不足。但这一渠道也面临规范发展问题，基层民众受教育水平的不同状况、利益的多元化加之各种外在因素的复杂影响，也有可能使自下而上的政治参与走向非制度化，甚至失去控制导致社会基础秩序和价值体系混乱，譬如上访演化为围堵攻击国家机关及其工作人员、诉求表达升级为群体性事件、网络参与变成“网络暴民讨伐”等。以信访制度为例，尽管这一制度是人民群众权利救济和民意表达的重要渠道，但严格来说它并不是一种符合现代国家治理理念的制度形式，其以人治为导向的逆法治救济本质所引发的负面效应正在逐渐扩大，其合理性及可持续性也因此受到了批评与质疑。例如，学者于建嵘甚至认为，信访制度的根本改革目标就是取消信访制度，并因此提出了信访改革的三步走设想：一是“减压”，短期的行政治标策略是给各级党政部门减压和给信访公民松绑，以减小信访的规模和冲击性，维护社会稳定。二是“转移”，中期的法律治标之策是强化各级司法机关接受公民告诉、申诉及处理案件的责任和能力，由司法机关承办目前积压在信访部门的案件。三是“废除”，长期的政治治本之

---

① 张娟:《透析听证制度——兼对我国价格听证制度的思考》，载《安徽大学法学评论》2002 年第 1 期。

策是撤销各级政府职能部门的信访机构，把信访集中到各级人民代表大会，通过人民代表来监督一府两院的工作，并系统地建立民众的利益表达组织。[①] 也有学者持相反观点，强调信访是公民的基本政治权利，只有不断加强，不能弱化。“我们是一个行政主导的国家，在司法难以真正独立的情况下，中国需要这么一套反馈系统来了解社会存在的问题，了解民众的需要。这是一个没有门坎的系统。”[②] 不管怎样，现有自下而上参与渠道亟待制度化理性化却是不争的事实，譬如信访制度的改革、人大制度的完善、网络参与的规范等，毫无疑问，这些都是今后中国社会与基层治理必须重点加以思考和应对的问题。

（二）强化并落实人民监督

人民参与公共事务体现了人民在国家治理中的价值主体地位，同时提升了国家治理能力，但若要保证国家治理合理性与有效性，还必须强化人民群众对国家治理行为及其绩效的监督与评价。人民监督是现代政府监督体系的核心。人民主权理论强调，国家或政府的最高权力来源于并最终属于人民，而且这一来源是国家权力合法化的前提。人民主权意味着，一方面，国家的一切权力都来自人民的授予，国家权力必须保障人民的权利与自由，为人民服务同时接受人民的监督。另一方面，也意味着人民能够且应当对国家权力进行监督与控制，以防止后者偏离人民的利益指向。强化人民监督，一是要在不同层面不同领域把人民监督引向深入、落到实处。比如，在根本政治制度层面，加强各级人民代表大会的监督职能，通过优化监督手段、健全工作机制、做好跟踪监督等，增强人大监督的实效性；在基层自治领域，完善基层群众自治制度，倡导村民、居民参与社区治理并监督社区活动；在国有企事业单位中，健全职工代表大会制度，使工会在组织和保障员工参与本单位民主管理与民主监督方面发挥积极作用；在互联网领域，发挥网络问政与网络监督的积极作用，同时对其进行必要的引导和规范。二是要对人民监督的结果进行反馈，提升人民监督的威慑力。对国家治理绩效进行评价和反馈是人民监督的自然延伸。人民群众参与公共事务并对国家治理行为进行监督，会从参与者（主体）和服务对象（客体）两个层面对国家治理绩效作出客观评价。应当把人民群众的评价指数譬如满意度作为衡量政府绩效的重要标尺，提高其在政府绩效评估指标体系中的权重，真正使普通群众“说话管用”。若要做到这一点，除了

① 于建嵘：《中国信访制度批判》，载《中国改革》2005 年第 2 期。

② 赵凌：《信访改革引发争议》，载《南方周末》2004 年 11 月 18 日。

上文提到的扩大政府的开放性，为广大民众提供更多制度化参与渠道以外，还应建立人民群众监督评价的反馈机制，增强政府的可问责性。人民群众的监督与评价有无威慑力，关键是看相关监督评价能否在政府激励体系尤其是负向激励（惩戒）体系里得到反映。换言之，人民的监督评价能够对政府行为产生直接压力，譬如与政府官员职位晋升直接关联、成为政府官员责任追究的重要参照等。

（三）创新民主参与的形式

作为一种价值理念与制度安排，人民民主的实现形式绝非千篇一律。世界范围内众多国家的最新政治发展与变革表明，历史并没有像福山预言的那样终结于“自由民主”政体。作为现代民主政治的主流模式，代议制民主面临前所未有的挑战。在此情境下，20 世纪后期一种新的民主范式开始进入人们的视野，这就是协商民主（Deliberative Democracy）。协商民主是民主治理理论与实践的重要创新，“意指为政治生活中的理性辩论提供基本空间的民主政府”[①]，“它意味着政治共同体中自由平等的公民能够共同参与政治生活和政治决策，通过反思、对话、辩论等，就涉及公共利益的政策达成共识，并赋予立法和决策合法性”[②]。协商民主对于现代国家构建具有重要意义。其一，协商民主通过调动人民群众的参与热情，同时完善讨论、审议、对话等过程，赋予了国家立法与公共决策的合法性，有助于实现科学决策、合法决策。其二，协商民主对妥协、宽容、尊重和节制等价值理念的倡导，对公开、平等、有序等制度理性的强调，以及对社会信任的建构，培养了健康民主所需要的公民美德与公民精神。其三，协商民主通过对现代公共行政的建构与规范，以及对治理权能与责任的界定，可有效防止政府权力的过度膨胀。其四，协商民主对公民公共责任以及决策共识的重新强调，改变了重视自由而忽视平等的传统，有助于弥补自由民主的不足。[③]

改革开放以来，我国人民民主的实现形式得到了不断丰富，进入 21 世纪以后，协商民主在我国社会主义政治发展的各个方面也得到了充分体现，各种民主创新实践，尤其是基层政治中的创造性实践层出不穷，譬如民主恳谈会、社区居民议事会、党群议事制度、邻里自理、网络论坛等，在国家治理和社会治理领域都发挥了积极作用。江苏省南通市是中国社会管理创新综合试点城市，其在基层社会治理创新与基层民主实践探索方面

① Maeve Cooke, “Five Arguments for Deliberative Democracy”, in *Political Studies*, 2000, p. 969.

② 陈家刚：《协商民主与当代中国政治》，中国人民大学出版社 2009 年版，前言第 3 页。

③ 同上书，前言第 3—4 页。

走在全国前列。近年来，南通市崇川区在建立“邻里自理议事会制度”方面作出了重要尝试。崇川区着力调动居民参与社会治理的积极性，在社区居委会以下，以居民小组为基础，以网格化为依托，组建基础治理单元——邻里，推行“邻里自理”。按照“地域相近、楼幢相连、资源相通”原则，以3—10个楼栋、300户左右为单位设置邻里，构建区—街道—社区—邻里四级组织架构。每个邻里由居民选举产生“邻里和谐促进会”理事长、理事，社区为每个邻里配备1名专职社工担任干事，履行“服务、信息、自治”三项基本职能。同时，崇川区引导每个邻里建立“邻里自治议事制度”，最大限度地集中民智、激活民力、凝聚民心。居民所议之事，无论事情大小都记录在案，能当场解决的当场解决，不能当场解决的说明原因。主要流程有：①楼道长提议：对居民提出的意见或建议进行汇总；②邻里支部审议：组成审议组，对提议进行审议，决定是否确实需要召开会议；③邻里商议：由责任社区干部负责，由相关邻里代表组成的商议小组，对拟提请的事项，形成初步的讨论方案；④居民决议：召集邻里内的相关居民对事项进行商讨，形成解决方案或决议，并进行公示。崇川区为强化邻里自治议事会制度，还开展了三项民主实践活动，即以居民会议、议事协商、民主听证为主要形式的民主决策实践；以自我教育、自我服务、自我管理为主要目的的民主自理实践；以邻务公开、民主评议为主要内容的民主监督实践，推进“邻里自理”的制度化、规范化、程序化。[①] 2013年，崇川区下辖各社区围绕矛盾纠纷、治安秩序、公共安全、公共事务等议题，通过召开居民议事会，形成评议2900条，4.5万人次参评，反映问题1300余件。南通市崇川区的“邻里自治议事制度”是人民民主在社会主义市场经济条件下的新体现，它通过广泛政治参与、多元共治、有序协商，调动了人民参与社会治理的积极性，维护了人民当家做主的地位，满足了人民的公共服务需求，使社区居民共享经济与社会发展成果。同时，它通过对各种公共议题的公开讨论与理性对话，有效化解了社会矛盾，消除了社会分歧，推动了社会和谐发展。

需要指出的是，尽管协商民主的价值理念与制度安排对中国现代国家治理作出了有效回应，但其局限性也应引起足够重视。譬如，协商民主理论演绎存在一定程度的理想主义色彩，而实践执行往往难以取得预期成效；更多适用于基层社会自治而非大国治理的宏观决策场合等。因此，协商民主的推行并不意味着选举民主的抛弃。“在大国治理的宏观背景下，

---

① 吴旭：《探索“邻里自理”创新社会治理》，载《人民日报》2013年12月18日。

协商民主绝不足以充当票选民主的替代性方案，也不可能如其理论理想一样完整‘弥补’代议制民主的缺陷，其真正价值在于扩大政治生活的包容性，培养政治生活中的公民美德，为大国治理提供长效的动力。”①

五 持续增强社会发展活力

现代国家与现代社会是相互作用、相互依存的，这主要体现在两个方面：其一，现代国家是现代社会可持续发展的保障，没有现代国家就不可能有健全的市民社会。伴随国家与社会的分离，公民日益增长的各种权利需要得到现代国家及其法律体系的确认，各种社会组织的成长需要国家政策的引导与保护，市民社会的内在缺陷亦需要现代国家给予纠正；其二，现代社会是现代国家赖以存在的基础，没有现代社会就没有现代国家的理性发展。现代国家产生以后，国家权力运行的理性化成为国家建设的目标方向，而要确保国家权力运行的理性化就不能过多依赖个人意志，而必须依靠法律和一整套制度体系，其中不断完善市民社会、以公民权利制约国家权力更是不可缺少的重要环节。

就民主政治秩序的建构来说，国家建设与社会建设是相辅相成的，正如有学者指出的那样，“在今天，民主要想繁荣，就必须被重新设想为一个双重的现象：一方面，它涉及国家权力的改造；另一方面，它牵涉公民社会的重新建构”②。此外，根据治理理论的观点，作为公共治理的重要一极，各种社会组织积极参与公共事务治理，可以有效弥补市场失灵与政府失灵带来的不足，规避各种可能风险，为整个社会提供稳定的秩序。党的十八届三中全会强调，创新社会治理，必须增强社会发展活力，提升社会治理水平。就当前中国现实而言，当务之急是塑造积极公民，培养公共责任与公共精神，同时激发社会组织活力，发挥第三部门在国家治理中的重要作用。

（一）塑造积极公民

公民是国家治理和社会治理的主体，增强社会发展活力首先要激发公民的主体意识和参与热情。对于公民资格或者公民身份问题，经典公民权利理论与现代“公民共和主义”（Civic Republicanism）的观点并不一致。第二次世界大战以来的很长一段时间，T. H. 马歇尔开创的经典的公民权

---

① 彭姝：《协商民主：国家治理现代化转型的政治逻辑》，载《甘肃理论学刊》2014 年第 4 期。

② 〔英〕戴维·赫尔德：《民主的模式》，燕继荣等译，中央编译出版社 2008 年版，第 312 页。

利理论风行一时。根据马歇尔观点，“公民身份问题从本质上讲在于如何保证每个人被作为完整而平等的社会成员来对待。要保证这种意义上的成员资格，就必须不断增加公民权利”[①]。马歇尔把公民权利分为三种类型：市民权利、政治权利以及社会权利。他认为，只有在自由民主的福利国家中，上述三种公民权利才能真正实现，一旦其中任意一种权利遭到了侵害，人民都可能被边缘化，甚至被排斥于公共生活之外。从本质上说，这些权利更多是一种“消极公民权利”，即它强调的是公民的消极资格（entitlement），而不是对公共事务的积极与广泛参与。马歇尔的公民权利理论通过在政治、经济、社会生活诸领域赋予更多人以基本的人类利益，恢复了公民的“权利应享”地位。但由于其过多强调公民权的消极接受，公民容易仅仅被视为国家与社会治理的对象而不是其参与主体，导致公民应有的主体地位缺失。近年来，随着公民问题日益受到关注，经典的公民权利理论受到越来越多的批评，一种强调责任与德性的现代公民权利理论——“公民共和主义”开始登上历史舞台。公民共和主义认为，“一种适当的公民理论应该更多地强调责任、德性与素质而不是权利，这是其最基本的原则”[②]。公民共和主义本质上是参与民主的一种形式，它更加强调政治参与对于参与者的内在价值，认为政治生活而非家庭生活或者职业生活才是人类生活的核心。这一观点也存在明显不足，因为它与现代社会中大多数人对公民与美好生活的理解方式并不一致，因为对绝大多数人来说，政治参与并不是必然的和经常的。[③] 因此，综合上述两种有关公民权利的观点，我们认为，构建现代市民社会不仅要维护公民的应享权利，同时还应当塑造富有公共责任与公共精神的积极公民。

所谓积极公民，意指民众投身于思考、设计，影响公共部门的决策制定，至少在一定程度上满腔热情地考虑公共利益。[④] 美国学者理查德·C. 博克斯（Richard C. Box）根据公民期望影响国家公共政策过程的连续谱将公民资格概念化如下：其一，处于公民资格连续谱一端的是“搭便车者”，他们自身对社区公共事务漠不关心，更多希望别人来履行公民资格的职责。其二，处于连续谱另一端的是“积极参与者”，这些人往往关心

---

① 转引自许纪霖主编《共和、社群与公民》，江苏人民出版社 2004 年版，第 238 页。

② 孔繁斌：《公共性的再生产——多中心治理的合作机制建构》，凤凰出版传媒集团 2008 年版，第 252 页。

③ 许纪霖主编：《共和、社群与公民》，江苏人民出版社 2004 年版，第 238 页。

④ 〔美〕理查德·C. 博克斯：《公民治理：引领 21 世纪的美国社区》，孙柏瑛等译，中国人民大学出版社 2005 年版，第 62 页。

社区发展，能够积极参与社区事务，并希望自己在社区中发挥积极、持续的影响。其三，处于连续谱中间区域的被称为“看门人”，虽然这些人有参与社区事务的意愿，但他们往往只对与其自身利益密切的相关少数议题产生兴趣。[①] 根据博克斯的观点，塑造积极公民就必须扩展公民对公共事务的参与，使其更容易参与到自主治理中来。希冀每个公民都能直接参与每一项决策，在现代社会中越来越不可能。塑造积极公民，就是要激发公民在公共生活中的参与热情，使其更多扮演“积极参与者”而非“搭便车者”或者“看门人”的角色，为此，可以考虑将公民的参与热情向基层或社区导引，以此在草根层面建立一种容纳机制。[②]

无论是公民权利的实现，还是积极公民的塑造，都需要国家提供法律制度的保障。赫尔德指出，“当公民享有一系列允许他们要求民主参与并把民主参与视为权利的时候，民主才是名副其实的”，因此公民权利“应当被视为民主的统治观念本身的一个必然结果和有机组成部分”[③]。国家与市民社会都有其行为方式和限度，就公民参与而言，国家的一个最为基本的职责就是要从宪法与法律的高度对公民的各项政治、经济与社会权利加以保护，同时国家还有义务提供某些必要的公共基础设施（如学校、医院、休闲设施等），以此为公民权利的实现提供必要的载体。否则，公民权利与公民参与只会停留于形式而失去实质意义（如政治家竞选演说与施政纲领中的美好承诺与措辞）。实际上，美国公民参与的历史其实也经历了一个从形式民主到实质民主的演变过程。传统上对于政治的不信任使得美国人普遍表现政治淡漠，但到了20世纪六七十年代，随着美国人对政府的不满情绪与日俱增，公民开始重新要求对公共政策过程进行控制。然而，由于政府官员仅仅将公民参与限定在对管理者的规划作出评论，因此公民参与某处程度上被形式化。在此情况下，一些地方政府通过出台相关法律法规对公民参与作出强制性规定，例如俄勒冈州立法机关在1973年就通过一部法律，该法律强制性地把公民参与作为所有地方规划过程的一个部分，此后，公民参与成为政府决策一个不可分割的组成部分。另外，在公共事务日益复杂化、专业化的今天，公民与政府在公共事务信息上明显处于不对等的地位，加之出于某些特殊目的或者特殊利益，政府可能会

---

① 〔美〕理查德·C. 博克斯：《公民治理：引领21世纪的美国社区》，孙柏瑛等译，中国人民大学出版社2005年版，第62—63页。

② 同上书，第67页。

③ 〔英〕戴维·赫尔德：《民主的模式》，燕继荣等译，中央编译出版社2008年版，第313页。

以国家机密为由故意遮掩有关信息，导致公民参与渠道受阻。为此，国家也应在法律制度上确保政府信息的公开透明和公民参与的渠道畅通。

公民权利一词，不仅意味着国家有责任保障在法律面前的形式上的平等，同时还意味着公民有能力来真正实施这些权利。因此，塑造积极公民还必须加强公民教育、提升公民能力，以此摆脱“监护政治”。所谓监护政治，又称专家治国或者精英政治，意指政府应当完全移交给“那些能够为了普遍的利益进行统治，而比别人更有知识，更知道如何实现这种利益的专家们”[①]。罗伯特·达尔（Robert Dahl）认为，公民才有权利在个人事务上决定什么是自己的最大利益，因此必须“让专家待在身边，不要让他骑在头上”。当然，公民会犯错误，为了确保公民能够胜任国家治理的能力，就必须加强公民教育。达尔指出，寻求各种途径以帮助公民获得他们所需要的能力，是民主目标信仰者们义不容辞的职责，若过去的教育制度不适应，就必须创造新的制度来取代旧的制度。[②]

亨廷顿认为，亚洲是“不自由的民主”（illiberal democracy）的老家，这种民主来自亚洲独特的文化传统，它强调国家的养民与教民作用，并以此作为公民行为的准则，而非作为个人权利的保护者。[③] 显然，亨氏的指责过于偏激，但他所说的文化传统会对国民素质尤其是公民意识产生重要影响却是不争的事实。就当前中国市民社会发展的现状来说，公民权利意识强化与公民公共责任的培养应当同步进行。受到传统观念的影响，当前中国的公民权利意识与公共责任感现状不容乐观，主要表现为，公民普遍缺乏维权意识与维权能力，当自身权益遭受侵犯时更多选择息事宁人、忍气吞声，无形中助长了不正之风；普通民众仅仅把自己视为政府管理的对象和公共服务的被动接受者，而不是视为公共治理参与者、公共服务的选择者与决定者，失却了公共管理的主体性与主动性；在公共生活参与中，观望心态、搭便车心态广为存在，“事不关己，高高挂起”，导致参与热情递减、公共责任淡漠。

“一旦公共服务不再成为公民的主要事务，如果公民们只情愿为他们的口袋奔波而不为人民服务，那么，国家就已经离灭亡不远了。有什么必要出征打仗呢？他们出钱购买军队而自己却待在家里。有必要参加议会吗？他们任命代理人而自己却待在家里。在懒惰和金钱的驱使下，最后的

---

① 〔美〕罗伯特·达尔：《论民主》，李柏光、林猛译，商务印书馆1999年版，第77页。

② 同上书，第80—87页。

③ 〔美〕塞缪尔·亨廷顿：《第三波——20世纪后期民主化浪潮》，上海三联书店1998年版，序第11页。

下场是，让士兵们奴役了整个国家，代议者成了卖国贼。”① 两百多年前法国作家卢梭（Jean Jacque Rousseau）对代议制下的公民参与冷漠提出的批评，对于今天的中国同样具有启示意义。

（二）激发社会组织活力

增强社会发展活力，提升社会治理水平，还要不断激发社会组织的主体意识与运转活力。市民社会组织，或曰第三部门（the Third Sector）、非政府组织（NGO）、非营利组织（NPO）、志愿性组织等，是现代公共管理的重要主体。市民社会组织通过积极参与社会公共事务，提供地方性公共物品（服务）、准公共物品（服务），服务社区与基层，可以实现公民参与的制度化，有效弥补市场失灵与政府失灵，最终促成基础性国家权力的提升。

现代治理理论认为，一个多元社会若要持续发展，国家、市场、社会三者之间的均衡必不可少。当前，构建公共服务型服务正在成为中国政府治理创新的目标取向，这对地方政府治理能力尤其是公共物品的供给能力提出了更高要求。在此过程中，政府逐渐学会放低姿态，主动寻求与市场主体、市民社会组织之间的协作与互动，以期实现资源共享、风险共担。实际上，在很多时候，由第三部门承担相关公共物品的供给可能会比政府做得更好，例如在提供社区性公共物品方面，政府的作用并不见得比社区自治组织更有效；在对行业进行管理时，政府也不必然比行业协会做得更好。近年来，随着市民社会的不断发展和政府治理理念的不断创新，在公共管理实践中，志愿组织、社区组织、行业协会等第三部门广泛参与公共事务与公共政策，重要性日益凸显。在政府失灵与市场失灵的双重困境下，政府开始专注于“掌舵”而非“划桨”，逐渐把自己包揽一切公共服务的功能向起催化作用的功能转移，即政府资助大量的公共服务，但并不直接提供服务，而是委托或授权给“第三者”来提供。相比政府部门与私人组织，第三部门更加贴近民众、更富有灵活性且敢于创新，而且其价值目标上与政府具有更多的契合性，这些优势使得它们在公共服务的供给中发挥着政府和市场难以起到的作用，因此成为政府在选择“第三方”合作者时的天然候选人。一般来说，尤其是一些经济利益不太显著的任务，需要更多人文关怀与心理关注的服务，需要亲自动手的服务，以及需要顾客或者当事人具有广泛信任的服务等领域，相比政府与私人组织，第三部门

---

① 转引自〔美〕理查德·C. 博克斯《公民治理：引领21世纪的美国社区》，孙柏瑛等译，中国人民大学出版社2005年版，第58—59页。

的比较优势更加明显。①

尽管第三部门广泛参与公共事务，有效弥补了政府与市场的不足，一定程度上强化了基础性国家权力。但同时我们也应该注意到，市民社会并不是无所不能的“神话”，作为一个普通的社会行为主体，第三部门同样存在局限性，即“志愿失灵”（Voluntary Failure）问题，例如筹款不足，服务领域狭隘，管理不善甚至是挪用善款、贪污腐败等。这些问题既是第三部门进一步发展的障碍，同时也对国家与社会的良性互动关系造成了危害。因此，必须强化第三部门与政府的合作关系，以此消解并纠正“志愿失灵”问题。一方面，第三部门自身应不断强化公共意识与公共精神，完善管理体制，改善公共关系，增强筹款能力，同时也应积极开展政府合作，主动寻求政府支持。另一方面，政府应当发挥“元治理”的主体作用，扶持第三部门发展的同时对其进行有效监督。“公有社会主义者强调发展第三部门，用来解决当代社会的许多问题和提供公共物品。因此，政府的改革之道，就是运用它的力量去培育创造出更多的第三部门。……剩下的问题就是指导这些组织使之符合公有社会的价值要求，并且有能力去解决社会问题。”②

就当前中国社会组织发展现状而言，激发社会组织活力，首先，必须保证第三部门的相对独立性，不能使其成为政府的延伸或附属机构。今天我国不少社会组织实际上是政府机构的派生物（俗称“二政府”），对政府有着天然依附性，其他非政府、非营利性社会组织为了获得生存与发展空间，也不可避免地与政府机构保持千丝万缕的联系，以“嵌入”现有行政体制获得必要支持。这样一种身份依附严重削弱了社会组织的主体地位。为此，需进一步明确政府和社会的活动边界，加快推进政社分离；改革现有管理体制，对社会组织的登记部门进行统一规范，整合相关管理职能，防止多头领导和“登记无门”；健全社会组织立法，降低社会组织的登记门槛，明确社会组织的法人主体地位，切实维护社会组织的生存环境与发展空间。其次，应为第三部门的健康可持续发展营造良好的外部环境，同时为其有效运转保驾护航。一是转变观念，要认识到社会组织不是“洪水猛兽”，也不是政府决策的“应声虫”，它是社会发展成熟的重要标志，国家与社会之间的“黏合剂”，也是国家治理不可或缺的基础力量。

---

① 〔美〕戴维·奥斯本、特德·盖布勒：《改革政府：企业家精神如何改革着公共部门》，周敦仁等译，上海译文出版社 2006 年版，第 18—19 页。

② 〔美〕盖伊·彼得斯：《政府未来的治理模式》，吴爱明译，中国人民大学出版社 2001 年版，第 72—73 页。

二是出台相关法律政策，在资金、人才以及管理等各个方面提供实质性支持。再次，为了规避第三部门的“志愿失灵”，除了依靠第三部门自身监督以及外部监督以外，政府还应当在资格审批、绩效考核以及违规惩戒等诸多环节加强对第三部门的监管，以此在堵塞制度漏洞、弥补志愿失灵方面发挥作用。最后，在社会组织自身层面，应当加快制度机制建设，提升组织管理水平与管理绩效，增强运作和行为的专业性、规范性。社会组织应当树立投身公共事务与公共利益的使命感与责任意识，做好战略规划，着眼可持续发展；引进或培养高水平的经营管理人才和专业技术人才，提升组织管理与公共服务的专业化科学化水平；借鉴国外公共组织管理的先进经验，推动管理理念、体制、制度、机制、方式、方法创新，提升组织管理与运行效率；规范自身工作制度与工作流程，增强自律意识和同行互律意识，提升组织社会信誉度与公信力，同时促进社会组织间的资源共享与信息互动，提升组织的互助合作水平。

结　　语

国家问题一直是政治学研究的重要主题。回归国家学派以国家自主性、国家能力为核心概念进行理论演绎并提出了一系列命题假设，在一定程度上推动了国家理论尤其是发展中国家国家建设理论的相关研究。当国家的概念变得抽象隐晦和空洞无物时，回归国家学派倡导“把国家找回”，也为比较社会科学研究打开了一条新的路径。另外，国家自主性理论也存在明显的理论不足。尽管回归国家学派一再强调他们并不是根本否定社会中心论的观点，也不是要回归到彻底的“国家中心主义”，但从其理论推演来看，这样的嫌疑并未消除。在回归国家学派那里，国家更多被描述成一个“孤独的行动者”，国家自主性则更多以专断性国家权力的形式表现出来。他们“找回了国家”却“把社会踢了出去”，他们强调了国家精英的自主性却忽视了相关的制度规约。由于国家自主性理论在“精英主义”与“制度国家主义”之间摇摆不决，致使其在概念界定与理论推演上均显得含混不清，加之研究方法过于单一，导致其理论解释受限。

当前，我国正处在全面深化改革的重要发展时期。国家建设成为现代化实践的重要内容和理论探讨的热点话题。在此背景下，探讨国家自主性理论必须充分考虑中国国家治理的具体实际。国家治理体系与治理能力现代化水平仍然较低，专断性国家权力过度膨胀而基础性权力相对薄弱，以及由此引发的国家与社会关系张力失衡等问题，是当前中国国家建设无法回避的现实。此外，国家自主性既是一个需要关注的理论话题，同时也是一个亟待廓清与鉴别的概念。考虑到上述因素，国内学者在运用“国家自主性”这一概念及其相关理论时，必须格外审慎，对于西方学者所强调的“真正的精英主义”、国家官僚的自主性等问题尤应仔细分析和认真鉴别。就当前中国国家建设的现实而言，发掘国家自主性理论应有的“制度国家主义”内涵，界定国家治理边界，把国家及其强权机构纳入宪法、法律以及各种制度的规约之下，在此基础上提升国家治理能力与政府公共服务水平，同时不断扩展人民民主和增强社会发展活力，是推进国家治理体系与治理能力现代化的可能路径。

通过理论思辨去阐释一种西方学术理论及其中国适用性问题是一项艰巨的工作，本研究所做的仅仅是一个尝试。至少在以下两个方面，本研究还需进一步努力：其一，本研究运用了比较研究的方法，但由于受到现有文献资料的限制，比较的对象主要是中国和西方发达国家，中国与其他发展中国家的比较并未深入探讨。此外，本研究所说的西方发达国家主要是英美等具有自由主义传统的资本主义国家，而不是其他欧洲大陆国家，两者之间的区别在本研究有所体现但还不够完全。其二，就中国的政治体制来说，政党在国家治理体系中无疑处于举足轻重的地位。政党自主性在国家自主性中究竟扮演怎样的角色，是笔者感兴趣却未能深入探讨的话题。

党的十八届三中全会作出了全面深化改革的战略部署，提出要完善和发展中国特色社会主义制度，推进国家治理体系与治理能力现代化。不难预见，国家治理现代化将会成为今后一段时间国内学界理论探讨的热点话题，同时也会成为国家或地方层面实践探索的重要主题。本研究权当抛砖引玉，希望更多学界同仁加入上述议题的相关研究，以此为中国的国家治理现代化实践提供更多理论支持。

参考文献

一　中文著作类

1. 陈尧：《当代中国政府体制》，上海交通大学出版社 2005 年版。
2. 陈哲夫主编：《监察与监督》，北京大学出版社 1994 年版。
3. 陈振明：《公共管理学——一种不同于传统行政学的研究途径》，中国人民大学出版社 2003 年版。
4. 邓正来：《市民社会的研究》，中国政法大学出版社 2002 年版。
5. 郭道晖：《社会权力与公民社会》，凤凰出版传媒集团、译林出版社 2009 年版。
6. 何显明：《市场化进程中的地方政府行为逻辑》，人民出版社 2008 年版。
7. 何增科主编：《公民社会与第三部门》，社会科学出版社 2000 年版。
8. 胡鞍钢、王绍光主编：《政府与市场》，中国计划出版社 2000 年版。
9. 黄健荣：《公共管理新论》，社会科学文献出版社 2005 年版。
10. 黄小勇：《现代化进程中的官僚制——韦伯官僚制理论研究》，黑龙江人民出版社 2003 年版。
11. 孔繁斌：《公共性的再生产——多中心治理的合作机制建构》，凤凰出版传媒集团 2008 年版。
12. 李景鹏：《权力政治学》，黑龙江教育出版社 1995 年版。
13. 李景鹏：《中国政治发展的理论研究纲要》，黑龙江人民出版社 2003 年版。
14. 林闽钢：《社会政策——全球本地化视角的研究》，中国劳动社会保障出版社 2007 年版。
15. 刘军宁：《共和·民主·宪政——自由主义思想研究》，上海三联书店

1998 年版。
16. 刘晔：《理性国家的成长：中国公共权力理性化研究》，重庆出版社 2005 年版。
17. 刘泽华等：《专制权力与中国社会》，天津古籍出版社 2005 年版。
18. 毛寿龙：《政治社会学》，中国社会科学出版社 2001 年版。
19. 彭和平：《国外公共行政理论精选》，中央党校出版社 1997 年版。
20. 沈荣华、钟伟军：《中国地方政府体制创新路径研究》，中国社会科学出版社 2009 年版。
21. 时和兴：《关系、限度、制度：政治发展过程中的国家与社会》，北京大学出版社 1996 年版。
22. 世界银行：《1997 年世界发展报告：变革世界中的政府》，中国财政经济出版社 1997 年版。
23. 孙柏英：《当代地方治理——面向 21 世纪的挑战》，中国人民大学出版社 2004 年版。
24. 孙晓莉：《中国现代化进程中的国家与社会》，中国社会科学出版社 2001 年版。
25. 童星：《发展社会学与中国现代化》，社会科学文献出版社 2005 年版。
26. 童星、张海波：《中国转型期的社会风险及识别——理论探讨与经验研究》，南京大学出版社 2007 年版。
27. 王沪宁主编：《政治的逻辑：马克思主义政治学原理》，上海人民出版社 1994 年版。
28. 王绍光、胡鞍刚：《中国国家能力报告》，辽宁人民出版社 1993 年版。
29. 王诗宗：《治理理论及其中国适应性》，浙江大学出版社 2010 年版。
30. 王亚南：《中国官僚政治研究》，中国社会科学出版社 1981 年版。
31. 吴乐涛：《马克思主义国家相对自主性理论及其当代意义研究》，上海师范大学硕士学位论文 2010 年。
32. 萧公权：《宪政与民主》，清华大学出版社 2006 年版。
33. 许纪霖主编：《共和、社群与公民》，江苏人民出版社 2004 年版。
34. 薛澜等：《危机管理：转型期中国面临的挑战》，清华大学出版社 2003 年版。
35. 严强等：《宏观政治学》，南京大学出版社 1998 年版。
36. 严强主编：《公共政策学》，社会科学文献出版社 2009 年版。
37. 俞可平：《政治与政治学》，社会科学文献出版社 2003 年版。
38. 郁建兴：《马克思国家理论与现时代》，东方出版社 2007 年版。

39. 郁建兴等:《政治学导论》, 浙江大学出版社 2003 年版。
40. 曾峻:《公共秩序的制度安排——国家与社会关系的框架及其运用》, 学林出版社 2005 年版。
41. 张凤阳等:《政治哲学关键词》, 江苏人民出版社 2006 年版。
42. 张灏:《幽暗意识与民主传统》, 新星出版社 2010 年版。
43. 张静:《法团主义》, 中国社会科学出版社 1998 年版。
44. 张静主编:《国家与社会》, 浙江人民出版社 1998 年版。
45. 张千帆等:《宪政、法治与经济发展》, 北京大学出版社 2004 年版。
46. 张小劲、景跃进:《比较政治学导论》, 中国人民大学出版社 2001 年版。
47. 张馨:《公共财政论纲》, 经济科学出版社 1999 年版。
48. 周志忍:《当代国外行政改革比较研究》, 国家行政学院出版社 1999 年版。
49. 朱天飚:《比较政治经济学》, 北京大学出版社 2005 年版。

二 中文论文类

1. 巴基、巴里克:《国家在非西方社会经济发展中的作用》, 孙立平译, 载《国外社会科学》1993 年第 1 期。
2. 鲍伯·杰索普:《国家理论的新进展》, 艾彦译, 载《世界哲学》2002 年第 1—2 期。
3. 陈炳辉:《试析“国家的相对自主性”》, 载《理论学习月刊》1994 年增第 1 期。
4. 陈舟望:《政治现代化与国家自主性》, 载《理论与现代化》1998 年第 1 期。
5. 樊红敏:《传统中国政治结构与现代国家转型——韦伯的制度主义分析》, 载《求索》2006 年第 1 期。
6. 弓联兵:《现代国家与权威危机——近代中国国家建设的政治逻辑及受挫原由》, 载《人文杂志》2011 年第 1 期。
7. 郭泽强、张高洁:《中国宪政过程中的困境分析》, 载《学习与实践》2007 年第 12 期。
8. 何显明:《现代官僚制的理性审视》, 载《中共浙江省委党校学报》2004 年第 1 期。

9. 何艳玲：《“中国式”邻避冲突：基于事件的分析》，载《开放时代》2009 年第 2 期。
10. 黄宝久：《国家能力：含义、特征与结构分析》，载《政治学研究》2004 年第 4 期。
11. 金太军：《政府的自利性及其控制》，载《江海学刊》2002 年第 2 期。
12. 景维民、张慧君：《国家权力与国家能力：俄罗斯转型期的国家治理模式演进》，载《俄罗斯研究》2008 年第 3 期。
13. 孔繁斌：《行政管理理性化的追求与困境——马克斯·韦伯的官僚制理论分析》，载《南京大学学报》（哲社版）1998 年第 1 期。
14. 李景鹏：《走向现代化中的国家与社会》，载《学习与探索》1999 年第 3 期。
15. 李强：《从现代国家构建的视角看行政管理体制改革》，载《中共中央党校学报》2008 年第 3 期。
16. 李强：《后全能体制下现代国家的构建》，载《战略管理》2001 年第 6 期。
17. 李延均：《公共财政与“纳税人”范畴———由政治权力向公共权力的转变》，载《理论导刊》2005 年第 1 期。
18. 林尚立：《国家建设——中国共产党的探索与实践》，载《毛泽东邓小平理论研究》2008 年第 1 期。
19. 林尚立：《走向现代国家：对改革以来中国政治发展的一种解读》，载黄卫平、汪永成主编《当代中国政治研究报告Ⅲ》，社会科学文献出版社 2004 年版。
20. 刘春荣：《全球化与民族国家：建构开放条件下的政治观》，载《复旦学报》（社会科学版）2000 年第 5 期。
21. 刘剑：《国家自主性理论述评》，载《国外社会科学》2010 年第 6 期。
22. 刘军宁：《善恶：两种政治观与国家能力》，载《读书》1994 年第 5 期。
23. 鲁克俭：《试论全球化对国家自主性的影响》，载《教学与研究》2001 年第 9 期。
24. 毛昭辉：《依法遏制强势利益集团腐败》，载《政府法制》2009 年第 29 期。
25. 慕良泽、高秉雄：《现代国家构建：多维视角的述评》，载《南京社会科学》2007 年第 1 期。
26. 庞绍堂：《公共物品论：概念的解析延拓》，载《公共管理高层论坛》

2008 年第 5 辑。
27. 庞绍堂：《现代性、主体性、限制性》，载《学海》2008 年第 6 期。
28. 任剑涛：《国家理性：国家禀赋的或是社会限定的》，载《学术研究》2011 年第 1 期。
29. 沈德理：《简论地方政府自主性》，载《海南师范学院》（社会科学版）2003 年第 4 期。
30. 沈德理：《中国非平衡格局中的区域发展——转型期地方自主性的回顾与展望》，载《社会主义研究》2006 年第 2 期。
31. 施雪华：《论政府能力及其特性》，载《政治学研究》1996 年第 1 期。
32. 孙立平：《向市场经济过渡过程中的国家自主性问题》，载《战略与管理》1996 年第 4 期。
33. 孙立平：《政府势利将影响社会公正》，载《商界》2006 年第 11 期。
34. 孙永怡：《强势利益集团对公共政策过程的渗透及其防范》，载《中国行政管理》2007 年第 9 期。
35. 汪永成：《试论经济全球化对民族国家行政管理的影响》，载《中国行政管理》1998 年第 4 期。
36. 汪永成：《政府能力的结构分析》，载《政治学研究》2004 年第 2 期。
37. 王千文：《官僚体制中“服从”与“自主”矛盾现象之探讨——韦伯观点的诠释》，载《中国行政》（台湾）2008 年第 80 期。
38. 王树人：《关于主体、主体性与主体间性的思考》，载《江苏行政学院学报》2002 年第 2 期。
39. 王元华、张铭：《对西方近代社会契约论思想的再思考》，载《理论导刊》2005 年第 5 期。
40. 王振林：《“主体间性”是一个应该给予消解的无意义的概念吗?》，载《华东师范大学学报》（哲社版）2002 年第 4 期。
41. 吴敬琏：《中国：政府在市场经济转型中的作用》，载《河北学刊》2004 年第 4 期。
42. 萧功秦：《关于新权威主义体制与国家治理问题的若干思考》，载《华中科技大学学报》（社会科学版）2014 年第 3 期。
43. 新华社调研小分队：《我国贫富差距正在逼近社会容忍“红线”》，载《经济参考报》2010 年 5 月 10 日。
44. 杨耕身：《“血房地图”是不应忘却的纪念》，载《东方早报》2010 年 10 月 27 日。
45. 杨光斌等：《现代国家成长中的国家形态问题》，载《天津社会科学》

2009 年第 4 期。
46. 杨雪冬：《国家的自主性与国家能力——组织现实主义国家理论述评》，载《马克思主义与现实》1996 年第 1 期。
47. 杨雪冬：《政治文明、现代国家与宪政建设》，载《社会科学》2007 年第 9 期。
48. 郁建兴：《国家理论的复兴与马克思主义国家理论》，载《东南学术》2001 年第 5 期。
49. 郁建兴：《马克思的国家理论与现时代》，载《河北学刊》2005 年第 3 期。
50. 郁建兴、何子英：《后社会主义国家转型的结构性危机与国家建构》，载《求是学刊》2008 年第 5 期。
51. 郁建兴、周俊：《马克思的国家自主性概念及其当代发展》，载《社会科学战线》2002 年第 4 期。
52. 张定淮、黄国平：《西方官僚制与我国公共行政的发展取向》，载《深圳大学学报》2005 年第 2 期。
53. 张千帆：《中国宪政的路径与局限》，载《法学》2011 年第 1 期。
54. 张馨：《析"纳税人"权利》，载《中国经济问题》2003 年第 1 期。
55. 张星久：《亨廷顿的政治发展与政治稳定思想述评》，载《江汉论坛》1997 年第 4 期。
56. 张瑄、张国玉：《经济全球化中我国政府角色地位问题研究：基于政府自主性和政府能力视角的分析》，载《山西大学学报》（社会科学版）2009 年第 4 期。
57. 张艳伟：《"不要在我家后院"：国家自主性视域下的中国式邻避冲突——基于广东番禺垃圾焚烧发电厂事件的个案分析》，载复旦大学国际关系与公共事务网站，http：//www. sirpa. fudan. edu. cn/s/80/t/219/3b/45/info15173. htm。
58. 张勇、杨光斌：《国家自主性理论的发展脉络》，载《教学与研究》2010 年第 5 期。
59. 郑庆基：《市民社会视野下国家自主性透析》，载《重庆社会科学》2006 年第 6 期。
60. 郑永年：《中国住房政策的症结在哪里》，载《联合早报》（新加坡）2009 年 12 月 22 日。
61. 周菲：《"主体间性"理论视域中的公共生活》，载《河北学刊》2006 年第 5 期。

62. 周光辉、彭斌：《构建现代国家——以组织化、制度化与民主化为分析视角》，载《社会科学战线》2009 年第 6 期。
63. 周志忍：《政府自主性与利益表达机制互融》，载《21 世纪经济报道》2005 年 12 月 25 日。

三　译著类

1. 〔澳〕布伦南、〔美〕布坎南：《宪政经济学》，冯克利等译，中国社会科学出版社 2004 年版。
2. 〔澳〕琳达·维斯、约翰·M. 霍布森：《国家与经济发展：一个比较及历史性的分析》，黄兆辉、廖志强译，吉林出版集团有限责任公司 2009 年版。
3. 〔澳〕欧文·E. 休斯：《公共管理导论》，彭和平等译，中国人民大学出版社 2001 年版。
4. 〔德〕黑格尔：《法哲学原理》，范扬、张企泰译，商务印书馆 1961 年版。
5. 〔德〕马克斯·韦伯：《经济与社会》（上、下卷），林荣远译，商务印书馆 1997 年版。
6. 〔德〕马克斯·韦伯：《韦伯作品集：学术与政治》，钱永祥等译，广西师范大学出版社 2004 年版。
7. 〔德〕马克斯·韦伯：《支配的类型》，康乐等编译，远流出版事业股份有限公司 1996 年版。
8. 〔德〕威廉·冯·洪堡：《论国家的作用》，林荣远、冯兴元译，中国社会科学出版社 1998 年版。
9. 〔法〕阿尔都塞：《保卫马克思》，顾良译，商务印书馆 1984 年版。
10. 〔法〕雷蒙·阿隆：《社会学的主要思潮》，葛志强等译，上海译文出版社 1989 年版。
11. 〔法〕列菲弗尔：《论国家——从黑格尔到斯大林和毛泽东》，李青宜等译，重庆出版社 1993 年版。
12. 〔法〕孟德斯鸠：《论法的精神》（上卷），张雁深译，商务印书馆 1959 年版。
13. 〔古罗马〕西塞罗：《论共和国》，王焕生译，中国政法大学出版社 1997 年版。

14. 〔古希腊〕亚里士多德：《政治学》，颜一等译，中国人民大学出版社 2003 年版。
15. 〔加〕维尔·金里卡：《当代政治哲学》（上、下），刘莘译，上海三联书店 2004 年版。
16. 〔美〕戴维·奥斯本、特德·盖布勒：《改革政府：企业家精神如何改革着公共部门》，周敦仁等译，上海译文出版社 2006 年版。
17. 〔美〕盖伊·彼得斯：《政府未来的治理模式》，吴爱明译，中国人民大学出版社 2001 年版。
18. 〔美〕乔尔·S. 米格代尔：《强社会与弱国家——第三世界的国家社会关系及国家能力》，张长东等译，江苏人民出版社 2009 年版。
19. 〔美〕E. S. 萨瓦斯：《民营化与公私部门的伙伴关系》，周志忍等译，中国人民大学出版社 2002 年版。
20. 〔美〕V. 奥斯特罗姆等编：《制度分析与发展反思：问题与抉择》，王诚等译，商务印书馆 1992 年版。
21. 〔美〕埃莉诺·奥斯特罗姆：《公共事物的治理之道》，余逊达、陈旭东译，上海三联书店 2000 年版。
22. 〔美〕埃里克·A. 诺德林格：《民主国家的自主性》，孙荣飞等译，江苏人民出版社 2010 年版。
23. 〔美〕艾森斯塔得：《帝国的政治体系》，阎步克译，贵州人民出版社 1992 年版。
24. 〔美〕安东尼·奥罗姆：《政治社会学导论》，张华清等译，上海世纪出版集团 2006 年版。
25. 〔美〕巴林顿·摩尔：《民主与专制的社会起源》，拓夫等译，华夏出版社 1987 年版。
26. 〔美〕彼得·埃文斯等：《找回国家》，方力维等译，生活·读书·新知三联书店 2009 年版。
27. 〔美〕戴维·伊斯顿：《政治生活的系统分析》，王浦劬等译，华夏出版社 1989 年版。
28. 〔美〕道格拉斯·诺思：《经济史中的结构与变迁》，陈郁等译，生活·读书·新知三联书店 1994 年版。
29. 〔美〕弗朗西斯·福山：《国家的构建：21 世纪的国家治理与世界秩序》，黄胜强、许铭原译，中国社会科学出版社 2007 年版。
30. 〔美〕弗朗西斯·福山：《政治秩序的起源：从前人类时代到法国大革命》，毛俊杰译，广西师范大学出版社 2012 年版。

31. 〔美〕加布里埃尔·A. 阿尔蒙德、小G. 宾厄姆·鲍威尔：《比较政治学：体系、过程和政策》，曹沛霖等译，东方出版社2007年版。
32. 〔美〕贾恩弗朗哥·波齐：《国家：本质、发展与前景》，陈尧译，上海世纪出版集团2007年版。
33. 〔美〕柯武刚、史漫飞：《制度经济学——社会秩序与公共政策》，韩朝华译，商务印书馆2003年版。
34. 〔美〕莱斯利·里普森：《政治学的重大问题》，刘晓等译，华夏出版社2001年版。
35. 〔美〕理查德·C. 博克斯：《公民治理：引领21世纪的美国社区》，孙柏瑛等译，中国人民大学出版社2005年版。
36. 〔美〕罗伯特·B. 登哈特：《公共组织理论》，扶松茂、丁力译，中国人民大学出版社2003年版。
37. 〔美〕罗伯特·达尔：《论民主》，李柏光、林猛译，商务印书馆1999年版。
38. 〔美〕罗纳德·H. 奇尔科特：《比较政治学理论——新范式的探索》，高铦、潘世强译，社会科学文献出版社1997年版。
39. 〔美〕马克·E. 沃伦：《民主与信任》，吴辉译，华夏出版社2004年版。
40. 〔美〕米尔顿·弗里德曼、罗斯·弗里德曼：《自由选择：个人声明》，胡骑等译，商务印书馆1982年版。
41. 〔美〕尼古拉斯·亨利：《公共行政学》，项龙译，华夏出版社2002年版。
42. 〔美〕诺齐克：《无政府、国家与乌托邦》，何怀宏等译，中国社会科学出版社1991年版。
43. 〔美〕乔治·弗雷德里克森：《公共行政的精神》，张成福等译，中国人民大学出版社2003年版。
44. 〔美〕乔治·萨拜因：《政治学说史》（下卷），邓正来译，上海人民出版社2010年版。
45. 〔美〕塞缪尔·P. 亨廷顿：《变化社会中的政治秩序》，王冠华等译，上海人民出版社2008年版。
46. 〔美〕塞缪尔·P. 亨廷顿：《第三波——20世纪后期民主化浪潮》，刘军宁译，上海三联书店1998年版。
47. 〔美〕史丹利·阿若诺威兹、彼得·布拉提斯：《逝去的范式：反思国家理论》，李中译，吉林人民出版社2008年版。

48. 〔美〕斯科特·戈登：《控制国家——从古代雅典到今天的宪政史》，应奇等译，江苏人民出版社 2005 年版。
49. 〔美〕特里·L. 库珀：《行政伦理学：实现行政责任的途径》，张秀琴译，中国人民大学出版社 2001 年版。
50. 〔美〕托马斯·R. 戴伊：《理解公共政策》，彭勃等译，华夏出版社 2004 年版。
51. 〔美〕托马斯·潘恩：《潘恩选集》，马清槐等译，商务印书馆 1981 年版。
52. 〔美〕威廉·多姆霍夫：《谁统治美国？——权力、政治和社会变迁》，吕鹏、闻翔译，译林出版社 2009 年版。
53. 〔美〕文森特·奥斯特罗姆：《美国公共行政思想危机》，毛寿龙译，上海译文出版社 1999 年版。
54. 〔美〕西达·斯考切波：《国家与社会革命》，何俊志、王学东译，上海世纪出版集团 2007 年版。
55. 〔美〕詹姆斯·E. 安德森：《公共决策》，唐亮译，华夏出版社 1990 年版。
56. 〔美〕詹姆斯·M. 布坎南：《自由、市场与国家》，平新乔、莫扶民译，上海三联书店 1989 年版。
57. 〔美〕詹姆斯·博曼：《公共协商：多元主义、复杂性与民主》，黄相怀译，中央编译出版社 2006 年版。
58. 〔美〕珍妮·V. 登哈特、罗伯特·B. 登哈特：《新公共服务——服务，而不是掌舵》，丁煌译，中国人民大学出版社 2004 年版。
59. 〔日〕猪口孝：《国家与社会》，高宗杰译，经济日报出版社 1989 年版。
60. 〔希腊〕尼科斯·波朗查斯：《政治权力与社会阶级》，叶林等译，中国社会科学出版社 1982 年版。
61. 〔英〕戴维·赫尔德：《民主的模式》，燕继荣等译，中央编译出版社 2008 年版。
62. 〔英〕拉尔夫·密利本德：《马克思主义与政治学》，黄子都译，商务印书馆 1984 年版。
63. 〔英〕拉尔夫·密利本德：《英国资本主义民主制》，博铨译，商务印书馆 1988 年版。
64. 〔英〕拉尔夫·密利本德：《资本主义社会的国家》，沈汉等译，商务印书馆 1997 年版。

65. 〔英〕洛克:《政府论》(下篇),叶启芳、曲菊农译,商务印书馆1964年版。
66. 〔英〕迈克尔·曼:《社会权力的来源》(第二卷·上),陈海宏等译,上海世纪出版集团2005年版。
67. 〔英〕米切尔·黑尧:《现代国家的政策过程》,赵成根译,中国青年出版社2004年版。
68. 〔英〕帕特里克·邓利维、布伦登·奥利里:《国家理论:自由民主的政治学》,欧阳景根等译,浙江人民出版社2007年版。
69. 〔英〕托马斯·霍布斯:《利维坦》,黎思复、黎廷弼译,商务印书馆1996年版。

四 外文类

1. Alfred Stepan, *State and Society*: *Peru in Comparative Perspective*, Princeton, NJ: Princeton University Press, 1978.
2. B. Guy Peters, *The Future of Governing*: *Four Emerging Model*, Kansas: University Press of Kansas, 1996.
3. Bob Jessop, *State Theory*: *Putting Capitalist States in Their Place*, Cambridge: Polity Press, 1990.
4. Bob Jessop, *The Capitalist State*: *Marxist Theories and Methods*, Oxford: Blackwell, 1982.
5. Bob Jessop, *The Future of the Capitalist State*, Cambridge: Polity Press, 2002.
6. Charles Tilly, *Reflection on the history of European state-making*, in *The formation of national states in Western Europe*, C Tilly ed., Princeton: Princeton University, 1975.
7. Charles Tilly, *The formation of national states in Western Europe*, Princeton: Princeton University Press, 1975.
8. Ellen Kay Trimberger, *Revolution from Above*; *Military Bureaucrats and Development in Japan*, *Turkey*, *Egypt and Peru*, New Brunswick: Transaction Books, 1978.
9. Eric Nordlinger, *On the Autonomy of the Democratic State*, Cambridge: Harvard University Press, 1981.

10. Eric Nordlinger, Taking the State Serious, In Understanding Political Development, ed. Myron Weiner and Samuel Huntington, Boston: Little, Brown, 1987.

11. Eric Nordlinger, The Return to the State: Critiques, *The American Political Science Review*, Vol. 82, 1988.

12. G. William Domhoff, *State Autonomy or Class Dominance?: Case Studies on Policy Making in America*, Aldine Transaction, 1996.

13. Gabriel A. Almond, The Return to the State, *The American Political Science Review*, Vol. 82, No. 3, 1988.

14. Jack A. Goldstone, Reinterpreting the French Revolution, *Theory and Society*, Vol. 13, No. 5, 1984.

15. J. P. Nettl, The state As Conceptual Variable, *World Politics*, 1968 (20).

16. Michael Mann, *States, War and Capitalism*, New York: Basil Blackwell, 1988.

17. Peter B. Evans, *Embedded Autonomy: States and Industrial Transformation, Transformation*, Princeton, NJ: Princeton University Press, 1995.

18. Peter B. Evans etc, *Bring the State Back In*, Cambridge, UK: Cambridge University Press, 1985.

19. Stephen D. Krasner, Defending the National Interest: Raw Materials Investments and U. S. Foreign Policy, Princeton, NJ: Princeton University Press, 1978.

20. Theda Skocpol, Kenneth Finegold, State capacity and Economic Intervention in the Early New Deal, *Political Science Quarter*, Vol. 97, No. 2, 1982.

21. Theda Skopol, *Protecting Soldiers and Mothers: The Political Origins of Social Policy in the United States*, Cambridge: Harvard University Press, 1995.

22. Theda Skocpol, *State and Social Revolution: A Comparative Analysis of France, Russia and China*, Cambridge: Cambridge University Press, 1979.

23. Timothy Mitchell, The Limits of the State: Beyond Statist Approaches and Their Critics, *The American Political Science Review*, Vol. 85, No. 1. (Mar., 1991).

后记

本书是在我博士论文基础上完善的成果。在南京大学政府管理学院攻读行政管理博士学位期间，我对西方政治学理论尤其是现代国家构建理论产生了很大的兴趣。在此过程中，开始接触到西方“回归国家学派”的国家自主性理论并为之所吸引，以至萌发以该理论为分析视角解释中国地方政府治理实践的冲动。但在进一步研究时，我发现国家自主性理论自身存在一定局限，也注意到一些国内学者在引入该理论解释中国实践时存在某些误读与误用。于是我开始转换研究思路，尝试对国家自主性理论进行系统梳理和批判分析，对部分国内学者误读并在中国情境下滥用国家自主性理论的做法进行针对性评论，同时尝试联系中国国家治理实际，以国家自主性制度安排为切入点，对中国国家治理现代化的可能进路作出积极思考。这本书正是相关理论探索与实践思考的产物。

我能完成以国家自主性理论为主要研究对象的博士论文，首先应感谢导师庞绍堂教授。三年来，庞老师以其渊博的学识、率直的个性、高尚的师德以及严谨的治学精神一直感染着我，激励着我进步，在为学、做人与处事上给了我良多教益。因我非“科班出身”，庞老师对我多有提携，使我能正确认识自己同时努力做到以勤补拙。在我的毕业论文写作过程中，庞老师更是投入了大量的时间与精力，从论文选题到提纲拟定再到论文定稿，老师都给予了悉心指教。由于我是在职攻读，经常在寒暑假赶赴南京大学查找资料、撰写论文，因此常常在严冬与酷暑之时烦扰庞老师，但每次相约，庞老师均能在百忙之中及时莅临并给予悉心教导，由此也耽误了庞老师应有的休娱时间。每念于此，对老师充满感激之情的同时也带有深深的歉意。

感谢南京大学政府管理学院的各位可敬的老师，他（她）们是：童星教授、张凤阳教授、闾小波教授、严强教授、黄建荣教授、林闽钢教授、孔繁斌教授、王云骏教授、周沛教授、顾海教授、李永刚教授、魏姝教授。各位老师或启迪教诲，或指点迷津，促我不断进取。感谢南京师范大学的文晓明教授、南京农业大学的欧名豪教授，感谢博士论文的其他匿名评阅人，他们在预答辩、论文评审以及正式答辩时提供了很多指点。感谢学兄王家峰同学，他为本书的修改完善提供了真知灼见。感谢多年来给予我无私支持的同事、同学与朋友们，他们与我一起分享快乐，排解忧烦，让我在求知的旅途中不感孤单。

感谢中国社会科学出版社为本书出版提供的帮助，感谢本书出版人赵剑英老师、责任编辑喻苗老师、责任校对董晓月老师的辛勤工作。

感谢我的爱人程仁秀，她毫无怨言地承担起更多的家务，使我能够“轻装上阵”，全身心投入学术研究；她的督促与鼓励，使我远离懈怠与退缩，勇敢直面困难。我的女儿刘亦城，聪明、乖巧、懂事，这让我备感欣慰，同时也成为我不断向前的动力。感谢我的父母，他们给了我生命并且教会我诚实、善良地做人。

感谢国家社科基金后期资助（项目号：14FZZ001）。

刘　召

2015 年 11 月于南通